참선요지

옮긴이 • 대성大晟

『라마나 마하르쉬와의 대담』 등 라마나 마하르쉬 관련 시리즈와 『아이 앰 댓』 등 니사르가닷따 마하라지 관련 서적들을 다수 번역했고, 허운 화상의 『방편개시』, 감산 대사의 『감산자전』을 우리말로 옮겼다. 최근에는 『마음의 노래』, 『대의단의 타파, 무방법의 방법』 등 성엄 선사의 '성엄선서' 시리즈를 번역하고 있다.

직지인심 1

참선요지(參禪要旨)

초판1쇄 발행 2011년 2월 17일
3쇄 발행 2025년 12월 16일

지은이 | 허운 화상(虛雲和尙)
옮긴이 | 대성(大晟)
펴낸이 | 이효정
펴낸곳 | 도서출판 탐구사

등록 | 2007년 5월 25일(제208-90-12722호)
주소 | 121-854 서울 마포구 신수동 93-114(4층)
전화 | 02-702-3557 FAX | 02-702-3558
E-mail | tamgusa@naver.com

값 15,000원

※ 잘못된 책은 바꾸어 드립니다.

ISBN 978-89-89942-25-2 04220
978-89-89942-24-5(세트)

참선요지

허운화상(虛雲和尙) 말씀 | 대성(大晟) 옮김

參禪要旨

직지인심 1

탐구사

일러두기

1. 이 책의 제1, 2부는 香港佛經流通處에서 간행한 『虛雲老和尙 禪七開示錄, 參禪要旨』(1993, 법보시판)를, 제3부는 인터넷상에서 구할 수 있는 텍스트를 번역 대본으로 하였다.
2. 이 책에 나오는 스님들의 법명, 재가자들의 이름, 사찰명 그리고 지명地名은 모두 우리 한자음으로 표기하는 것을 원칙으로 하고, 일부 지명에는 중국음을 덧붙였다.
3. 이 책의 모든 각주는 역주이다.

應無所住

己亥夏 虛雲題 時年百廿

차 례

제1부 참선요지(參禪要旨)

제2부 선칠개시(禪七開示)

제3부 수시설법(隨時說法)

제1부

참선요지(參禪要旨)

참선요지 서(序)

선禪은 가장 궁극적인 일이며, 모든 부처님의 정법안장正法眼藏이다. 이 일은 언어의 길이 끊어지고 마음 갈 길이 소멸해 버린 자리言語道斷心行處滅이며, 생각으로는 미칠 바가 아니다.

달마達摩 스님이 서쪽에서 오셔서 "문자를 세우지 않고 곧바로 사람의 마음을 가리켜, 성품을 보아 부처를 이루게 한다不立文字 直指人心 見性成佛" 하였으니, 만약 어떤 사람이 바로 그 자리에서 알아 버리면 곧 법왕法王(부처님)의 사랑하는 아들이 될 것이다. 이후로는 오직 인연을 따르면서 과거의 업을 녹이고, 다시 새로운 재앙을 짓지 말라. 어머니가 낳아주신 콧구멍(본래 면목)은 털끝만큼도 모자람이 없다. 자기 옷 속의 구슬을 어찌 잃어버린 적이 있겠는가? 원래 찾을 것이 없다.

송대宋代에 와서 사람들의 근기根器가 점점 하열下劣해지자 조사祖師 스님들이 그 증세에 맞는 약을 베풀어 화두를 참구하는 법문法門을 열게 되었지만, 실은 화두도 망상의 하나일 뿐이다. 이것은 독毒으로써 독을 물리치는 것이니, 자기가 참구하는 화두로써 잡념을 대적하여 시시각각 밀고 나가면 점점 주관과 객관이 함께 없어지고, 나타나는 업과 흐르는 식이 끊어지며, 어지러운 마음이 다 소멸되는 때에 도달한다. 이때 어떤 경계境界나 연緣을 만나면 관문을 여는 손잡이에 닿게 되고, 홀연히 허공이 부서지고 대지가 가라앉으면서 본래의 성품을 직접 보게 될 것이다. 이렇게 되면 큰일을 마친 것인데, 어느 시대나 이런 인물이 나오지 않는 때는 없었다. 그러나 이렇게 성취하는 사람이 적어 멀리 당나라 때의 왕성함에 미치지 못하는 것은 무슨 까닭인가? 지금 사람들이 옛 사람들에 미치지 못하기 때문이고, 법法이 근본宗을 알지 못하기 때문이다.

예전에 나의 스승이신 허운 스님께서 운문산雲門山을 이끄실 때, 당시의 이러한 병을 구하기 위해 남의 비난을 개의치 않고 참선의 요지를 집어내어 선후를 제시한 것이 상당히 많은데, 이미 스님의 『법휘法彙』에 실려 있다. 이것을 읽어 본 사람은 비로소 자기가 돌아갈 길을 분명히 알게 될 것이다.

스님께서는 특별히 화두話頭와 화미話尾를 분별하여 말씀하시기를, "말은 마음에서 일어나므로 마음이 말話의 머리頭이다" 하셨다. 또, "이른바 화두란 곧 한 생각 일어나기 이전이다. 한 생각이 일어났다 하면 이미 화미가 된 것이다" 하셨다. 또 말씀하시기를, "죽도록 문 두드리개 하나를 붙들고 "염불하는 것은 누구인가?"를 염하다 보니 그것이 염화두念話頭가 되어 버린 것이다. 그러면서도 이렇게 하면 의정이 일어나서 깨달을 수 있을 거라고 생각하지만, 이것은 화미 상에서 마음을 쓰는 것이고 이는 곧 생멸법이어서 끝내 일념무생一念無生의 경지에 이를 수 없다는 것을 전혀 알지 못한다"고 하셨다. 무릇 이것은 예전 사람들이 말하지 못한 귀중한 법어이다. 이 외에도 네 가지 경계境界의 병과 그 병을 치료하는 약을 가르치셨으니, 이 역시 노파심의 간절함이 일찍이 없었던 일이다.

홍콩 불경유통처佛經流通處의 임협암林俠菴 거사가 스님의 『법휘』를 읽고 난 뒤에 특히 이 구절을 좋아했다. 그래서 이것을 단행본 소책자로 만들어 널리 유정有情들을 건지고자 하니, 참으로 좋은 일이다. 임 선생이 법을 가려내는 이런 안목을 갖춘 것은 마치 검은 용의 턱 안에서 구슬을 찾아내는 것과 같다.

옛 성현 구여직瞿汝稷은 "만물 중에 사람으로 태어나고, 사람 가운데 남자가 되고, 남자로서 책을 읽을 줄 알고, 책 중에서도 불경을 읽을 줄 알고, 불경 중에도 종문宗門(선종)을 알았으니, 이것은 마치 설산에 사는 소의 젖을 짜서 우유를 얻고, 다시 그 우유에서 낙酪을, 낙에서 갓 만들어진 소酥를, 거기서 숙성된 소酥를, 거기서 제호醍醐를 얻을 수 있는 것과 같다"고 했다. 아! 사람 몸 얻기 어렵고, 불법을 듣기도 어려우며, 중국에 태어나기도 어렵고, 선지식을 만나기도 어렵다. 우리는 다행히도 스님이 세상에 나오신 덕분에 네 가지 어려움을 다 극복했고, 임 선생 등 여러 사람은 법을 듣고 믿어 대중에게 공양하게 되었다. 경經에 이르기를, "여러 가지 공양 중에 법공양이 최상"이라 했으니, 이러한 공덕이 산수비유算數比喻로 어찌 미칠 수 있으랴.

가까운 분이 편지를 보내어 나에게 서문을 부탁하니, 수천 리 밖에서 의기가 서로 투합한 것이다. 이는 5백 생生 전의 인연들이 한데 모여 결과를 이루는 것이니, 나의 못남을 사양하지 않고 억지로 비단 위에 꽃을 더했다. 여러 사람의 뜻에 따르느라 결국 부처님의 머리 위에 똥을 바른 셈이다.

불기 2,500년(1956년) 병신년 초여름,

말레이시아 불학사佛學社 도사실道師室에서

석융희釋融熙 씀

제1장 참선의 선결조건

1. 참선의 목적

참선의 목적은 마음을 밝혀 성품을 보는 것입니다. 즉, 자기 마음의 오염을 제거하여 자성自性(자기의 본래성품)의 참모습을 실답게 보는 것입니다. 오염이란 곧 망상과 집착이며, 자성은 바로 여래의 지혜와 덕상德相입니다. 여래의 지혜와 덕상은 모든 부처님과 중생이 다 함께 갖추고 있으며, 둘이 아니고 서로 별개도 아닙니다. 망상과 집착을 여의면 자기의 여래 지혜와 덕상을 증득證得하니 이는 곧 부처이고, 그렇지 않으면 중생입니다. 다만 우리는 무량겁無量劫 이래로 생사의 구렁텅이에 빠져 오염된 지 오래여서, 그 자리에서 단박에 망상을 벗어나 본성(본래성품)을 실답게 보지 못합니다. 그래서 참선을 해야 하는 것입니다. 그러므로 참선의 선결조건은 바로 망상을 제거하는 것입니다.

망상을 어떻게 제거합니까? 석가모니 부처님이 설하신 말씀이 많지만, 가장 간단한 것으로는 “쉬면 곧 깨달음歇卽菩提”이라는 말씀의 ‘쉼’

만한 것이 없습니다.[1] 선종禪宗은 달마조사가 중국에 전래하여 육조六祖(혜능 대사)에 이른 뒤부터 선풍禪風이 널리 퍼져 고금에 떨치고 빛났습니다. 그러나 달마대사와 육조 스님이 학인學人들을 가르친 가장 긴요한 말씀으로는 "모든 연緣을 함께 쉬어 버리고, 한 생각도 일으키지 않는다屛息諸緣 一念不生"[2] 만한 것이 없습니다. '모든 연을 함께 쉬어버린다' 함은 곧 '온갖 연을 놓아버린다'는 뜻이며, 그래서 "온갖 연을 놓아버리고, 한 생각도 일으키지 않는다萬緣放下 一念不生"는 이 두 마디 말이 실로 참선의 선결조건입니다. 이 두 마디 말에 이르지 못한다면 참선이 성공하지 못하는 것은 물론이고, 선문禪門에 드는 것이 아예 불가능할 것입니다. 온갖 연에 뒤덮이고 휘감겨 생각 생각이 생멸한다면 여러분이 참선한다고 말할 수 있겠습니까?

2. 온갖 연을 놓아버림

"온갖 연을 놓아버리고 한 생각도 일으키지 않는" 것이 참선의 선결조건임을 우리가 이미 알고 있다면, 어떻게 해야 그것을 해낼 수 있습니까? 근기가 수승殊勝한 사람은 한 생각을 아주 쉬어 버려 곧바로 무생無生에 도달하고 단박에 보리菩提(깨달음)를 증득하여 털끝만치도 얽매임이 없게 됩니다. 그 다음 근기의 사람은 이치로 현상을 물리쳐서,[3] 비로

---

1) 154쪽의 각주 40) 참조.

2) 육조가 惠明 스님에게 가르침을 줄 때 "그대가 법을 위해 왔다면, 모든 반연을 다 쉬고 한 생각도 내지 말라. 그러면 그대를 위해 말하겠다(汝旣爲法而來, 可屛息諸緣, 勿生一念, 吾爲汝說)고 하였다. —『육조단경六祖壇經』, '悟法傳衣' 章.

소 자성이 본래 청정하고, 번뇌와 보리, 생사와 열반은 모두 거짓 이름일 뿐 본시 나의 자성과 무관함을 명료히 알게 될 것입니다. 모든 사물은 다 꿈이요 환幻이요 물거품입니다. 사대四大로 이루어진 나의 이 색신色身과 산하대지는 자성 속에서 바다의 물거품처럼 일어났다 꺼졌다 하지만, 본체를 장애함이 없습니다. 일체의 환幻과 같은 생주이멸生住移滅 현상을 따르면서 좋아하고 싫어하고 취하고 버리는 마음을 일으키지 않고, 통째로 놓아버려 죽은 사람처럼 되면 자연히 육근六根 · 육진六塵의 반연하는 마음이 떨어져 나가고, 탐진치애貪瞋癡愛도 모두 소멸될 것입니다. 이 몸을 통한 아픔과 가려움, 괴로움과 즐거움, 배고프고 추운 것과 배부르고 따뜻한 것, 영욕榮辱과 생사, 화복과 길흉, 헐뜯기와 칭찬, 얻고 잃음, 안전함과 위태로움, 험하고 평탄함 등을 모조리 도외시할 정도라야만 놓아버렸다 할 수 있고, 한 번 놓으면 일체도 놓아버리고 영원히 놓아 버려야만 '모든 인연을 놓아 버렸다' 고 말할 수 있습니다.

온갖 연을 놓아 버리면 망상은 스스로 없어지고 분별은 일어나지 않으며, 집착을 멀리 여의게 됩니다. 여기에 이르러 한 생각도 일어나지 않으면 자성광명自性光明이 오롯이 드러납니다. 이렇게 되면 참선의 조건이 구비된 것이며, 다시 노력하여 진실로 참구할 때 비로소 마음을 밝혀 성품을 볼 수 있는 가능성이 있게 됩니다.

---

3) '이치로 현상을 물리침(以理除事)' 은 어떤 이해나 수행법으로써 마음이 경계에 반연하는 것을 제어하고 자성을 통찰하는 것이다. 화두 참구도 그런 수행법의 하나이다.

3. 성불의 길

근래에 참선하는 사람들이 와서 화두에 대해 묻습니다. 무릇 법法이라는 것은 본래 법이 아니며, 한번 말에 떨어지면 실다운 뜻이 아닙니다. 이 한 마음一心을 밝히면 본래 부처이며, 바로 그 자리에서 아무 일도 없고, 모든 것이 제각기 그대로 이루어져 있어, 수행을 말하고 증득을 말하는 것도 모두 마魔의 이야기입니다.

달마 스님이 동쪽으로 오셔서 "사람의 마음을 바로 가리켜 자신의 성품을 보고 부처를 이루게 한다直指人心 見性成佛"고 하셨으니, 이 세상의 일체 중생이 모두 부처임을 아주 분명하게 일러 주신 것입니다. 이 청정한 자성을 바로 알아 버리면, 일체에 수순隨順하되 어디에도 물들지 않으며, 이륙시중二六時中 행주좌와行住坐臥에 마음이 전혀 어긋남이 없습니다. 이것이 지금 그대로 이루어져 있는 부처입니다. 마음을 쓰고 힘을 쓸 필요도 없고, 애써 어떤 행위를 할 것은 더욱 없으며, 털끝만큼도 언설이나 사유를 동원할 필요가 없습니다. 그래서 부처를 이루는 일은 가장 쉬운 일이고 가장 자연스러운 일이라고 말하는 것입니다. 뿐만 아니라 이것은 내가 하기에 달린 것이고, 밖으로 구할 필요가 없습니다. 이 세상의 모든 중생이 자신들이 오랜 겁이 지나도록 사생육도四生六道에 윤회하며 영원히 고통의 바다에 빠지는 것을 달가워하지 않고, 성불하여 상락아정常樂我淨을 얻기를 원한다면, 불조佛祖가 가르친 말씀을 전적으로 믿어야 합니다. 일체를 놓아 버리고 선도 악도 모두 생각하지 않으면 그 자리에서 부처를 이룰 것입니다. 제불보살諸佛菩薩과 역대 조사들이 모든 중생을 남김없이 제도하겠다고 발원한 것은 아무 근거 없이 공연히 큰 원을 발하고 공연히 큰 소리를 친 것이 아닙니다.

지금까지 말한 것은 법法이 본래 그러하기 때문입니다. 더욱이 경전과 불조가 되풀이해서 천명하고 간곡히 당부한 실답고 진실한 말씀에는 조금도 헛되거나 거짓된 것이 없습니다. 그러나 이 세상의 모든 중생은 무량겁 이래로 생사고해에 빠져 가라앉았다 떠올랐다 하면서 윤회를 그치지 않습니다. 그들은 미혹되고 전도顚倒되어 깨달음을 등지고 티끌(무지)과 결합하고 있습니다. 마치 순금이 똥구덩이에 던져진 것과 같아서, 그것을 사용할 수 없을 뿐만 아니라 그 더러움을 감당하기 어렵습니다. 부처님은 대자비의 마음으로 부득이 팔만 사천 법문을 설하여, 근기가 서로 다른 각양각색의 중생들이 그것을 가지고 탐진치애 등 팔만 사천 습기習氣의 병을 치료하도록 했습니다. 이는 마치 금이 오염되어 온갖 더러운 때가 끼어 있으므로, 주걱, 솔, 물, 헝겊 등으로 씻고, 털고, 긁어내고, 닦아내도록 하는 것과 같습니다.

그런 까닭에 부처님이 설하신 법은 모든 문이 다 묘법妙法이며, 모두 생사를 해결하여 성불할 수 있는 길인 것입니다. 다만 그 사람의 근기에 적합한가 아닌가가 문제될 뿐, 굳이 법문의 높고 낮음을 구분할 것이 아닙니다. 중국에 전해지고 있는 가장 일반적인 법문은 종宗(선종), 교敎(교종), 율律(율종), 정淨(정토종), 밀密(밀교)인데, 이 다섯 가지 법문은 각인의 성격과 취향에 따라 어느 것이든 한 문만 수행하면 됩니다. 한 문에 깊이 들어가는 것一門深入이 중요하니, 오래도록 변함없이 해나가면 성취할 수 있습니다.

4. 화두참선법

종문宗門은 참선을 위주로 합니다. 참선은 '마음을 밝혀 성품을 보는' 데 있습니다. 이는 곧 자기의 본래면목을 참구하여 뚫는 것이며, 소위 '자기 마음을 밝게 깨쳐, 본래 성품을 꿰뚫어 보는 것' 입니다. 이 법문은 부처님이 꽃을 들어 보인 때부터 시작하여 달마조사가 중국에 이를 전래한 이후로, 공부에 착수하는 방법은 여러 차례 변천이 있었습니다.

당 · 송 이전의 선덕禪德들은 일언반구에 곧바로 도를 깨쳤고, 스승과 제자 간의 전수라는 것은 마음으로 마음을 인가하는 것에 불과하여 어떤 실법實法도 있지 않았습니다. 일상적으로 묻고 답하는 것도 방편으로 속박을 풀어주는 것에 지나지 않아, 병이 있으면 약을 줄 뿐이었습니다. 그러나 송대宋代 이후로 사람들의 근기가 하열해져서 일러주어도 해내지 못하니, 비유해서 말하면 "일체를 놓아라," "선도 악도 생각하지 말라" 해도 도무지 놓지 못하고, 선을 생각하지 않으면 악을 생각하는 식이 되었습니다.

이러한 시대가 되자 조사 스님들이 부득이 독毒으로써 독을 물리치는 방법을 채택하여 학인들에게 공안을 참구하거나參公案 화두를 보라看話頭고 가르쳤습니다. 심지어는 하나의 죽은 화두를 물고 늘어지되 바짝 물어서 찰나간도 느슨히 놓지 말라고 합니다. 마치 쥐가 관재棺材(관을 짠 널판)를 뚫을 때 한 군데만 물고 늘어져 그것이 뚫릴 때까지는 그치지 않는 것처럼 말입니다. 그 목적은 한 생각으로 무수한 생각들을 물리치는 것인데, 실로 이는 부득이한 방법입니다. 마치 나쁜 독이 몸 안에 있어, 칼로 째서 치료하지 않으면 살기 어려운 것과 같습니다.

옛 사람들의 공안이 많으나, 나중에는 오로지 "화두를 보라"고만 가르쳤습니다. 어떤 이는 "송장 끌고 다니는 것은 누구인가拖死屍的是誰를 보라"고 했고, 어떤 이는 "부모에게서 태어나기 전에 어떤 것이 나의 본래면목인가父母未生前 如何是我本來面目를 보라"고 했습니다. 근래에 제방諸方에서 많이 쓰는 것은 "염불하는 것은 누구인가念佛是誰를 보라" 하는 이 하나의 화두입니다. 실은 다 마찬가지이며, 모두 평범하고 전혀 특이한 것이 없습니다. 가령 여러분이 "경經을 읽는 것은 누구인가?" "주문을 지송持誦하는 것은 누구인가?" "부처님께 절을 하는 것은 누구인가?" "밥을 먹는 것은 누구인가?" "옷을 입는 것은 누구인가?" "길을 가는 것은 누구인가?" "잠자고 깨어나는 것은 누구인가?"를 보라고 말해도 다 같은 것입니다.

"누구인가?"라는 물음의 답은 바로 마음입니다. 말은 마음에서 일어나므로 마음은 말의 머리요, 생각도 마음에서 일어나므로 마음은 생각의 머리입니다. 만법萬法은 모두 마음에서 생겨나므로 마음은 만법의 머리이기도 합니다. 사실 화두는 바로 생각의 머리이며, 생각 이전의 머리는 바로 마음입니다.[4] 요컨대 '한 생각 일어나기 전'이 곧 화두인 것입니다. 이로써 우리는 화두를 보는 것이 곧 마음을 관하는 것觀心이라는 것을 알 수 있습니다. 부모에게서 태어나기 전의 본래면목은 곧 마음입니다. 부모에게서 태어나기 이전의 본래면목을 본다看는 것은 곧 마음을 관觀하는 것입니다. 성품은 바로 마음이며, "들음을 돌이켜 자기 성품을 듣는다反聞聞自性"[5]는 것은 관觀을 돌이켜 자기 마음을 관하는

4) 여기서 '마음'은 번뇌 망상이 일어나기 전의 마음자리를 말한다. 29쪽에서 '한 마음' 또는 '한 생각 마음'이라고 한 것과 같다.

5) 『능엄경』, 제5권에서 문수보살은 관세음보살의 이근원통耳根圓通, 즉 '들음을 돌이켜 자기 성품을 듣는(反聞聞自性)' 수행법을 으뜸으로 쳤다.

것反觀觀自心입니다. "청정한 깨달음의 상을 원만히 비춘다圓照淸淨覺相"[6]고 할 때의 '청정한 깨달음의 상'이 곧 마음이며, '비춤'이 곧 관觀입니다. 마음이 곧 부처이며, 부처를 염하는 것念佛이 곧 부처를 관하는 것觀佛이고, 부처를 관하는 것이 마음을 관하는 것觀心입니다.

그래서 "화두를 보라"고 하는 것입니다. 어떤 이는 "염불하는 것은 누구인가를 보라"고 하는데, 이것은 바로 마음을 관하는 것, 곧 자기 마음의 청정한 깨달음의 체自心淸淨覺體를 관하여 비추는觀照 것이고, 자기 성품의 부처自性佛를 관조하는 것입니다. 마음이 곧 성품이고, 깨달음이며, 부처입니다. 이것은 형상이나 고정된 장소가 없으므로 도무지 붙들 수 없습니다. 청정하게 본래 있는 그대로 법계法界에 두루하며, 나오지도 들어가지도 않고 가고 옴도 없으니, 이것이 바로 본래 그대로 이루어져 있는 청정법신불인 것입니다.

수행인이 육근을 모두 거두어 들여, 한 생각이 처음 일어나는 곳을 보아 가며 이 하나의 화두를 비추어 살피면,[7] 생각을 떠난 청정한 자기 마음을 보게 됩니다. 다시 아주 면밀하고 담담하게 그것을 고요한 가운데 비추면寂而照, 곧바로 오온五蘊이 모두 공空하고 몸과 마음이 함께 고요해져서 전혀 아무 일도 없게 됩니다.[8] 이때부터 주야육시晝夜六時(24시

---

6) 이 말은 『원각경』, '문수보살장'에 나온다. "선남자여, 위없는 법왕에게는 대다라니大陀羅尼문이 있으니 이름하여 원각이라 하며, (…) 모든 여래가 인지因地에서 본래 일어남(本起)은 모두 청정한 깨달음의 상을 원만히 비춤에 의지하여, 무명을 영원히 끊고 비로소 불도를 성취하는 것이다."

7) '이 하나의 화두'란 앞에서 말한 '한 생각 일어나기 전', 곧 '자기 마음의 청정한 깨달음의 체'를 가리킨다. 여기서는 특정한 언구의 화두 자체보다는 화두의 본질인 '한 생각 일어나기 전 자리'를 비추어 보는 것을 강조한다.

8) 마음자리를 '고요한 가운데 비추어' 오온이 공함을 보는 것은 묵조선이다. 이것은 스님이 화두 참구에 묵조선의 방법을 도입 내지 접목한 것이라고 볼 수 있다.

간)로 행주좌와에 여여부동如如不動하게 나날이 공부를 깊이 해 가면 견성성불하여 고액苦厄을 다 건너가게 될 것입니다. 옛날 고봉高峯 조사(1238~1295)가 말하기를, "공부인이 화두를 볼 때는 마치 기와 조각을 만 길이나 되는 깊은 못에 던지면 곧장 밑바닥으로 내려가는 것과 같이 할 수 있어야 하며, 그렇게 하여 7일 만에 깨닫지 못한다면 내 머리를 잘라가라"고 했습니다. 같이 참구하는 여러분, 이것은 경험해 본 사람의 말로서 진실하고 실다운 말이며, 사람을 속이는 허망한 말이 아닙니다.

그러나 어째서 현대인들은 화두를 드는 사람은 많아도 도를 깨치는 사람은 적습니까? 이것은 현대인들의 근기가 옛 사람들에 미치지 못하기 때문입니다. 또한 공부인이 참선을 하면서 화두의 공붓길理路을 분명하게 이해하지 못하는 경우가 많기 때문입니다. 어떤 사람은 동서남북으로 분주히 오가며 스승을 찾고 법을 묻기만 하다가, 결국 늙게 되면 하나의 화두도 분명하게 이해하지 못해 무엇이 화두인지, 어떻게 해야 화두를 본다고 할 수 있는지 모릅니다. 평생 언구와 명상名相(개념)에 집착하여 화미에서 마음을 쓰면서, "부처를 염하는 이는 누구인가를 보라", "화두를 비추어 살펴라" 하면서 계속 하다 보니 화두와는 정반대로 어긋납니다. 그러니 어떻게 이 본연의 무위대도無爲大道를 깨달을 수 있겠습니까? 어떻게 해야 이 일체의 영향을 받지 않는 왕의 위치에 오를 수 있겠습니까? 금가루라 해도 눈에 들어가면 눈이 멀 뿐인데 어떻게 큰 광명을 볼 수 있겠습니까? 가련하고 가련합니다. 훌륭한 젊은이들이 집을 떠나 도를 배우는데, 그 뜻은 비범하지만 결과는 한 바탕 헛수고에 지나지 않으니 매우 슬프고 불쌍한 일입니다.

옛 사람이 이르기를, "차라리 천 년을 깨닫지 못하더라도 하루 길을 잘못 가면 안 된다"고 했습니다. 수행하여 도를 깨치는 것은 쉽고도 어려우며 어렵고도 쉬운 일입니다. 이것은 전등을 켜는 것과 같아서, (그 켜는 법을) 알면 손가락 한 번 튕기는 사이에 크게 광명을 놓고 만 년의 어둠을 단박에 없애지만, 알지 못하면 장치가 고장 나고 전등이 손상되어 번뇌만 더 늘어납니다. 더러 참선을 하고 화두를 보던 사람이 마魔에 집착하여 발광하고, 피를 토하고 병이 나며, 무명無明의 불꽃이 커져 '나와 남이라는 소견人我見'이 깊어지는 것은 그 현저한 예 아닙니까? 그래서 공부하는 사람은 몸과 마음을 잘 조화시켜야 하고, 반드시 마음과 기운을 평화롭게 하여, 아무 걸림이 없고 나와 남이라는 소견도 없는 가운데 행주좌와에 현묘한 기틀에 오묘하게 계합할 수 있어야 합니다.

5. 공부의 어려움과 쉬움

참선이라는 이 한 법은 본래 분별할 수 없지만, 다만 공부해 가는 과정에서 초참자初參는 초참자의 어려움과 쉬움이 있고, 구참자老參는 구참자의 어려움과 쉬움이 있습니다. 초참자의 어려운 곳은 어디에 있습니까? 몸과 마음이 순숙純熟하지 않아 들어갈 길을 분명하게 찾지 못하고, 공부를 해도 향상되지 않으며, 마음이 조급하지 않으면 졸면서 세월을 보냅니다. 결국 "첫해는 초참자, 2년째는 구참자, 3년째는 불참자不參"가 되고 맙니다.

초참자의 쉬운 곳은 무엇입니까? 오직 하나, 신심과 장영심長永心과 무심無心만 갖추고 있으면 된다는 것입니다. 소위 신심이란 첫째, 나의 이 마음이 본래 부처이며 시방삼세의 제불중생諸佛衆生과 다르지 않음을 믿는 것이고, 둘째, 석가모니 부처님이 설하신 모든 법은 생사를 요달了達하여 성불하는 도道임을 믿는 것입니다. 이른바 장영심이란, 어느 한 법을 선정해서 생을 마칠 때까지 수행함은 물론 내생과 그 이후의 생生에서도 모두 이와 같이 지켜가는 것입니다. 참선하는 사람은 늘 이와 같이 참구해야 하고, 염불하는 사람도 늘 이와 같이 염해야 하며, 지주持呪하는 사람도 늘 이와 같이 주문을 외어야 하고, 교학敎學을 하는 사람도 늘 이와 같이 문聞·사思·수修를 행해야 합니다. 어떠한 법문을 수행하든 모두 계戒가 근본이 됩니다. 이와 같이 해 나가기만 한다면 장차 이루지 못하는 일이 없을 것입니다.

위산潙山 스님은 "누구든지 이 법을 수행하여 3생을 물러서지 않을 수 있다면, 부처의 자리를 틀림없이 얻게 될 것"[9]이라고 했고, 영가永嘉 스님은 "만약 내가 헛된 말로 중생을 속인다면, 발설지옥拔舌地獄에 떨어져 헤아릴 수 없는 겁을 보내게 될 것"[10]이라고 했습니다. 이른바 무심無心이란, 일체를 놓아버려서 마치 죽은 사람같이 종일토록 대중을 따라서 활동해도 조금의 분별이나 집착도 일으키지 않아서, 한 사람의 무심도인無心道人이 되는 것입니다.

초발심의 사람이 이 세 가지 마음을 갖추고 참선을 하며 화두를 본다면, 바로 "염불하는 것은 누구인가念佛是誰?"를 보십시오. 여러분 스스로 묵연한 마음으로 몇 번 소리 내어 "아미타불" 하고 나서 이 염불하는 것이 누구이며, 이 한 생각은 어디서 일어나는 것인지를 보십시오. 이 한 생각은 내 입에서 일어난 것도 아니고 내 몸에서 일어난 것도 아니라는 것을 알아야 합니다. 만약 내 몸이나 입에서 일어난 것이라면, 내가

9) 위산 스님의 「위산경책潙山警策」에 나오는 말. 인용된 원문의 '三生若能不退'는 원래 '生生若能不退'이다. 38쪽 참조.

10) '若將妄語誑衆生, 永墮拔舌塵沙劫'. 영가 스님의 「증도가」에 나오는 구절이다.

죽었다고 할 때 내 몸과 입이 여전히 그대로 있는데 왜 염불을 못합니까? 이 한 생각은 내 마음에서 일어난 것이라는 것을 알아야 합니다. 바로 그 마음에서 생각이 일어나는 곳을 한 번 보게 되면 계속 주시하여 곧장 바라보며 나아가되, 마치 고양이가 쥐를 잡을 때처럼 모든 정신을 여기에 집중하여 일체 딴 생각이 없어야 합니다. 다만 완급을 적당하게 해야지, 너무 급하게 해서 병의 장애가 생기게 해서는 안 됩니다.

행주좌와에 모두 이와 같이 하여 날이 가고 달이 가면 공부가 깊어집니다. 그러다가 외瓜가 익어 꼭지가 떨어지듯, 인연 때가 도래하면 무엇에 닿거나 부딪치기만 해도 홀연히 대오할 것입니다. 이때는 사람이 물을 마셔 보고 그 차고 따뜻함을 스스로 아는 것과 같이 곧장 의심이 없는 경지에 이르니, 마치 네거리에서 자기 아버지를 만난 듯이 큰 안락을 얻게 될 것입니다.

구참자의 어려움과 쉬움은 어떤 것입니까? 이른바 구참자는 선지식을 가까이 모셨고, 공부한 지 여러 해가 되었으며, 한 차례 단련되었으므로 몸과 마음이 순숙해져서 공부길이 분명하고, 자연스럽게 공부할 수 있어 고통을 느끼지 않습니다. 구참 상좌上座(승랍 10년 이상의 수좌)들의 어려운 곳은, 바로 이 자연스럽고 분명한 상태에 정지하여 머물러 있는 것입니다. 중간의 화성化城[11]에서 멈추고 마니 보물이 있는 곳에 이르지 못합니다. 고요한 가운데서는 할 수 있으나 움직이는 가운데서는 하지 못하며, (공부를) 참으로 자기 것으로 활용하지 못합니다. 심지어 경계를 만나면 감정을 일으켜 취하거나 버리기 때문에 좋아하고 싫어함

11) 보물이 있는 먼 곳을 찾아가는 사람이 중도에 포기하지 않도록 길 중간에 신통력으로 만들어 둔 성城. 『법화경』, '화성유품化城喩品' 에 나오는 비유이다.

이 완연하며, 거칠거나 미세한 망상이 여전히 굳게 자리 잡고 있습니다. 이제까지 해 온 공부가 마치 찬물 속에 담가둔 돌처럼如冷水泡石頭,[12] 별 작용을 일으키지 못합니다. 오래 하다 보면 피로하고 게을러지며, 결국 어떤 성과를 얻거나 그것을 활용할 수 없게 됩니다. 노참 상좌들이 이러한 곤란을 알았으면 즉시 본참화두本參話頭를 들되, 정신을 바짝 차려서 백척간두百尺竿頭에서 다시 힘써 나아가야 합니다. 그리하여 곧장 높고 높은 봉우리에 서고 깊고 깊은 바다 밑을 다니며,[13] 손을 놓고 마음대로 할 수 있게 되고, 불조佛祖와 서로 마주 볼 것입니다. 곤란함이 어디에 있으며, 이 또한 쉽지 않겠습니까?

화두란 곧 한 마음一心입니다. 우리의 이 한 생각 마음一念心은 중간이나 안팎에 있지 않으면서, 또한 중간과 안팎에도 있습니다. 그것은 허공과 같아서 움직이지 않되 모든 곳에 두루합니다. 그래서 화두는 위로 끌어올려도 안 되고 밑으로 끌어내려도 안 됩니다.[14] 위로 끌어올리면 도거掉擧를 초래하고, 아래로 끌어내리면 혼침昏沈에 떨어져 본래마음의 성품을 어기므로 모두 중도中道가 아닙니다.

여러분은 망상을 두려워하고, 망상을 항복받는 것이 매우 어렵다고 여깁니다. 제가 여러분에게 일러 드리지만, 망상을 두려워하지 말고 그것을 항복받으려고 힘을 쓰지도 마십시오. 그것이 망상인 줄만 알면 됩

---

12) 찬물 속에 담가둔 돌은 아무리 오랜 시간이 지나도 그냥 돌일 뿐 달라지는 것이 없다. 이 상태는, 좌복 위에 앉아서 마음속에 아무 망념이 없고 번뇌도 일으키지 않아 일견 고요하고 행복해 보이지만, 시끄러운 경계를 만나면 그에 끄달려 동요되는 경우를 말한다.

13) 약산유엄 선사가 벼슬아치이던 이고에게 "이 일을 해 마치려면 높고 높은 봉우리에 서고, 깊고 깊은 바다 밑을 가야 한다"고 가르쳤다.

14) 화두를 '위로 끌어올린다'는 것은 머리 속에서 화두에 집중하는 것, '아래로 끌어내린다'는 것은 화두를 억지로 몸 아래쪽에 두는 것을 말한다.

니다. 그것에 집착하지 말고 그것을 따라가지도 말며, 그것을 몰아내려고도 하지 마십시오. 망상이 계속 이어지지만 않게 하면 그것은 저절로 떠납니다. 이른바 "망상이 일어나면 곧 알아차릴 것이니, 망상인 줄 알면 그것은 떠난다妄起卽覺 覺妄卽離"고 하는 것입니다. 만약 망상을 이용하여 공부할 수 있게 되면, 이 망상이 어디서 일어나는지를 보십시오. 망상은 자성이 없어 당체當體가 즉시 공하므로, 바로 되돌리면 '나'가 본래 없는我本無 마음의 성품인 자성청정법신불法身佛이 곧바로 현전現前합니다.

사실을 밝혀 말하자면, 진여眞如와 망상이 일체一體이고 중생과 부처가 둘이 아니며, 생사와 열반, 보리와 번뇌가 모두 본래마음本心이요 본래성품本性이어서 분별할 필요가 없고, 좋아하거나 싫어하고 취하거나 버릴 필요도 없습니다. 이 마음은 청정하여 본래 부처이니 한 법도 필요치 않습니다. 어디에 온갖 복잡한 언설이 있겠습니까? 참구하십시오!

제2장 선당에서의 가르침

1. 이끄는 말

여러분들이 늘 와서 법문開示을 청하니 제가 부끄러움을 느끼게 됩니다. 여러분은 날마다 힘들게 장작을 패고, 농사를 짓고, 흙을 지고, 벽돌을 나르며 온 종일 바쁘게 지내다 저녁을 맞지만, 도를 깨치겠다는 생각을 놓지 않습니다. 도道를 위하는 그 지극한 마음은 정말 사람을 감동시킵니다. 이 허운은 부끄럽게도 도道도 없고 덕德도 없어 소위 법문을 한다고 할 수가 없습니다. 그저 옛사람들이 남겨둔 몇 마디 말씀을 가지고 여러분의 질문에 답할 따름입니다.

2. 공부의 입문 방법

공부하여 도를 깨치는 방법은 아주 많지만, 지금은 우선 그 대략만 말씀드리겠습니다.

1) 도를 깨치는 선결조건

(1) 인과를 깊이 믿을 것

누구를 막론하고, 특히 공부해서 도를 깨치고 싶어하는 사람은 먼저 인과를 깊이 믿어야 합니다. 만약 인과를 믿지 않고 함부로 마구 행동하면 도를 깨치지 못할 것은 말할 필요도 없고, (나중에) 그에게 삼도三途(3악도)의 고통이 적지 않을 것입니다. 옛 스승이 말하기를, "전생의 인因을 알고 싶은가? 금생에 받는 것이 그것이다. 내생의 과果를 알고 싶은가? 금생에 짓는 것이 그것이다"[15] 했습니다. 또 말하기를 "설사 백 천 겁이 지난다 해도 지은 업은 없어지지 않으니, 인연이 어우러질 때는 과보를 여전히 받게 된다"[16]고 했습니다. 『능엄경楞嚴經』에 이르기를 "인지因地가 참되지 못하면 과보가 비뚤어진다"[17]고 합니다. 따라서 좋은 원인을 심으면 좋은 결과를 맺고 악한 원인을 심으면 악한 결과를 맺게 됩니다. 외를 심으면 외를 얻고 콩을 심으면 콩을 얻는 것은 필연적인 도리입니다.

인과에 관한 이야기가 나왔으니, 제가 두 가지 고사故事를 들어 이를 증명하겠습니다.

1. 유리왕琉璃王이 석가족을 죽인 고사 : 석가모니 부처님이 나오시기

---

15) '浴知前世因, 今生受者是. 欲知來世果, 今生作者是'.

16) '假使百千劫, 所造業不亡, 因緣會遇時, 果報還自受' (171쪽 참조). 『대보적경』, 卷第五十七의 한 게송에 '假使經百劫, 所作業不亡, 因緣會遇時, 果報還自受' 로 나온다.

17) '因地不眞 果招紆曲'. 『능엄경』, 제6권(李耘虛, 『楞嚴經 註解』, 288쪽).

전에 카필라 성에 고기잡이하는 마을이 있었습니다. 그 마을에 큰 못이 있었는데, 어느 해에 가뭄이 들어 물이 말라 그 못의 고기들이 모두 마을 사람들에게 잡아먹혔습니다. 마지막으로 나온 가장 큰 고기도 역시 삶아 먹히게 되었습니다. 전부터 고기를 먹지 않던 한 소년이 그날은 이 고기의 머리를 세 번 때리면서 장난을 했습니다. 후에 석가모니 부처님이 세상에 계실 때 (코살라 국의) 파세나디波斯匿 왕은 불법을 신봉하는 사람이었는데, 석가족의 여인을 왕비로 얻어 태자를 낳았습니다. 태자의 이름은 유리琉璃였습니다. 유리 태자는 어릴 때 석가족이 사는 카필라 성에서 공부했는데, 하루는 부처님이 앉는 자리에 장난으로 앉았다가 사람들의 꾸중을 듣고 끌어내려졌고, 이 일로 마음에 원한을 품었습니다. 그러다가 그가 왕이 되자 이내 대군을 이끌고 카필라 성을 공격하여 성 안의 주민들을 모두 죽였습니다. 그때 부처님은 3일간 두통이 있었습니다. 여러 큰 제자들이 부처님께 무슨 방법을 써서 그들을 구해 달라고 청했으나, 부처님은 "정해진 업은 피할 수 없다"고 말했습니다. 목건련目犍連 존자는 신통력으로 부처님의 친족 5백 명을 발우에 담아 공중에 띄웠고, 그들을 구출해 냈다고 확신했습니다. 그러나 발우를 내려놓으니 뜻밖에도 그들은 모두 피로 변해 있었습니다. 여러 큰 제자들이 그 이유를 여쭈자, 부처님은 과거세에 마을 사람들이 고기를 잡아먹은 그 이야기를 들려주었습니다. 즉, 그때의 큰 물고기는 바로 지금 유리왕의 전신前身이고, 그가 거느린 군대는 그날 못 안에 있던 많은 물고기들이며, 이번에 죽은 카필라 성 주민들은 그때 고기를 잡아먹은 사람들이고, 부처님 자신은 그때의 소년으로 그 고기의 머리를 세 번 때렸기 때문에 이번에 3일간 머리가 아픈 과보를 받을 수밖에 없었다는 것이었습니다. 정해진 업은 피하기 어렵습니다. 석가족 5백 명은 목련 존자가 구출해 주려고 했음에도 목숨을 건지기 어려웠고, 그 후 유리왕은 산채로 지옥에 떨어졌습니다. 원한과 원한은 서로 갚아 끝날 기약이 없습니다. 인과는 정말 무서운 것입니다.

2. 백장百丈 스님이 여우를 제도한 고사 : 백장 스님이 하루는 상당上堂하여 법을 설하고 법좌에서 내려온 뒤 사람들이 다 흩어졌는데 오직 한 노인이 가지 않고 있었습니다. 백장 스님은 그에게 무슨 일인지 물었습니다. 그가 말했습니다. "저는 사람이 아니고 실은 여우의 정령(귀신)인데, 전생에는 본시 이곳의 당두堂頭였습니다. 어느 날 한 학인이 저에게 '큰 수행인도 인과에 떨어집니까?' 하고 묻기에 저는 '인과에 떨어지지 않는다不落因果' 고 대답했습니다. 그리고 이 때문에 타락하여 5백 년 동안 여우의 정령이 되어 벗어날 길이 없었습니다. 부디 스님께서 자비심으로 가르침을 주십시오." 백장 스님이 말했습니다. "당신이 나에게 물어 보시오." 그 노인이 말했습니다. "스님께 여쭙니다. 큰 수행인도 인과에 떨어집니까?" 백장 스님이 말했습니다. "인과에 어둡지 않지요不昧因果." 노인은 언하言下에 대오하고 즉시 감사의 절을 한 뒤 말했습니다. "이제 스님의 가르침 덕분에 제가 여우의 몸을 벗게 되었습니다. 저는 뒷산 바위 아래 있습니다. 바라건대 스님께서 죽은 승려의 예법으로 장례를 치러 주십시오." 다음날 백장 스님은 뒷산 바위 아래를 지팡이로 파서 죽은 여우를 발견하자 죽은 승려의 예법으로 화장해 주었습니다.

우리는 이 두 가지 고사를 들었으니 인과는 두려운 것이라는 것, 비록 부처가 된다 해도 두통의 과보를 면하기 어렵다는 것을 확실히 알았습니다. 과보가 돌아옴은 털끝만큼도 어긋나지 않고, 정해진 업은 정말 피하기 어렵습니다. 우리는 그때그때 삼가고 두려워하여 (업의) 원인을 만들지 않도록 조심해야 합니다.

(2) 계율을 엄히 지킬 것

수행하여 도를 깨치려면 먼저 계율을 지켜야 합니다. 계율은 위없는 깨달음無上菩提의 근본입니다. 계戒로 인하여 비로소 정定(삼매)이 생길 수 있고, 정으로 인하여 비로소 혜慧가 나타날 수 있습니다. 계를 지키지 않고 수행한다는 것은 있을 수 없습니다. 『능엄경』의 네 가지 청정한 가르침[18]은 우리가 계를 지키지 않고 삼매를 닦으면 티끌 세계를 벗어날 수 없고, 설사 많은 지혜와 선정이 현전한다 하더라도 역시 사마외도邪魔外道에 떨어지게 된다고 말합니다. 계를 지키는 것이 중요하다는 것을 알 수 있습니다. 계를 지키는 사람은 천룡天龍(천인과 용)이 지켜주고 사마외도가 경외하지만, 계를 깨뜨린 사람은 귀신들이 큰 도적이라고 하면서 그의 발자취를 쓸어버립니다.

옛날 계빈국罽賓國(카슈미르 지방에 있던 나라)의 어느 절 근처에는 독룡毒龍이 곧잘 나타나 일대에 해를 끼쳤습니다. 그래서 5백 명의 아라한이 함께 모여 선정력禪定力으로 용을 쫓아내려 했으나 도무지 용을 쫓아낼 수 없었습니다. 나중에 다른 한 스님이 와서 선정에도 들지 않고 그냥 독룡을 향해 "어질고 지혜로운 이여, 여기서 멀리 떠나 주시오" 하고 한마디 하자 독룡이 멀리 떠나 버렸습니다. 여러 나한들이 이 스님에게 "어떤 신통神通으로 독룡을 쫓아냈습니까?" 하고 물으니, 그 스님이 말하기를 "저는 선정력을 쓴 것이 아닙니다. 그냥 조심해서 계율을 지키

---

18) 네 가지 청정한 가르침(淸淨明誨)은 음행, 살생, 투도偸盜, 대망어大妄語의 네 가지 죄를 범하지 말라는 가르침이다(『능엄경』, 제6권. 李耘虛, 앞의 책 280쪽 이하).

는데, 가벼운 계율도 마치 무거운 계율처럼 지킵니다." 했습니다. 우리 한 번 생각해 봅시다. 5백 명이나 되는 아라한의 선정력이 계율을 엄수하는 스님 한 사람에 미치지 못했다는 것을 말입니다.

어떤 사람은 육조 스님이, "마음이 평등하면 애써 계를 지킬 것이 어디 있고, 행이 곧으면 참선은 해서 무엇하겠는가"[19]라고 말했다고 합니다. 제가 물어 보겠습니다. 여러분의 마음은 이미 평등하고 곧습니까? 월궁항아 같은 미인이 알몸으로 여러분을 껴안는다면 여러분은 마음이 움직이지 않을 수 있겠습니까? 어떤 사람이 이유 없이 여러분을 욕하고 때린다면 여러분은 분노와 원한의 마음을 내지 않을 수 있겠습니까? 그리고 적의와 친밀함, 미움과 사랑, 나와 남, 옳고 그름을 분별하지 않을 수 있습니까? 확실히 그럴 수 있다면 큰소리를 쳐도 되지만 그렇지 못하다면 허튼소리를 해서는 안 됩니다.

(3) 신심을 굳게 지닐 것

공부해서 도를 깨치고 싶다면 먼저 확고한 신심이 필요합니다. "믿음은 도의 근본이요 공덕의 어머니"입니다. 무슨 일을 하든 신심이 없으면 잘 할 수가 없습니다. 우리가 생사에서 벗어나려면 특히 이러한 확고한 신심이 필요합니다. 부처님은 세상의 모든 중생이 여래의 지혜와 덕상을 가지고 있지만 망상과 집착 때문에 깨닫지 못할 따름이라고 말씀하셨고, 또 갖가지 법문法門을 말씀하시어 중생의 마음병을 치료했습니다. 우리는 마땅히 부처님의 말씀이 헛되지 않다고 믿고, 중생이 모두

---

19) '心平何勞持戒, 行直何用參禪'. 『육조단경』, '釋功德淨土' 章 게송에서, '心平何勞持戒, 行直何用修禪'이라 했다.

성불할 수 있다는 것을 믿어야 합니다. 그러면 우리는 왜 성불하지 못했습니까? 모두 아직까지 여법하게 사력을 다해 공부하지 않았기 때문입니다. 비유하자면, 우리는 콩으로 두부를 만들 수 있다는 것은 알지만 우리가 그것을 만들지 않으면 콩이 스스로 두부로 변하지는 않고, 설사 만든다 하더라도 석고(두부 응고제)를 법식대로 넣지 않으면 역시 두부가 되지 않습니다. 만약 법식대로 콩을 갈아서 끓이고 비지를 걷어낸 다음 적당량의 석고를 넣는다면, 반드시 두부를 만들 수 있습니다.

도를 닦는 것도 이와 같아서, 노력하지 않으면 성불할 수 없고, 여법하게 노력하지 않으면 부처도 될 수 없습니다. 만약 여법하게 수행하되 물러나지 않고 후회하지 않으면 반드시 성불할 수 있습니다. 따라서 우리는 마땅히 자신이 본래 부처임을 깊이 믿어야 하고, 또 법에 의거하여 수행하면 반드시 성불한다는 것을 깊이 믿어야 합니다. 영가선사가 말하기를, "실상을 깨달으면 사람도 법도 없고, 찰나에 아비지옥阿鼻地獄의 업을 소멸한다. 만약 내가 헛된 말로 중생을 속인다면, 발설지옥拔舌地獄에 떨어져 헤아릴 수 없는 겁을 보내게 될 것"이라고 했습니다. 이 스님은 자비심으로 후세 사람들의 신심을 다져주기 위해 이와 같은 큰 서원을 발한 것입니다.

(4) 수행의 문을 정할 것

신심이 갖추어졌다면 한 가지 법문을 선택하여 그것을 계속 닦아 나가야 하며, 이거 했다 저거 했다 하면 절대 안 됩니다. 염불을 해도 좋고, 주력을 해도 좋고, 참선을 해도 좋습니다. 여하튼 한 문으로 곧장 밀고나가고, 결코 물러서거나 후회하지 않아야 합니다. 오늘 성공하지 못하면 내일도 똑같이 해 나가고, 올해 성공하지 못하면 내년에도 똑같이

해 나가며, 금생에 성공하지 못하면 내생에도 똑같이 해 나가십시오. 위산 스님이 말하기를, "세세생생 물러서지 않을 수 있으면, 부처의 자리에 틀림없이 오를 수 있다生生若能不退 佛階決定可期"고 했습니다. 어떤 사람들은 마음을 정하지 못한 채 오늘은 이 선지식이 염불이 좋다고 하는 말을 듣고 한 이틀 염불을 해보다가, 내일은 다른 선지식이 참선이 좋다고 하는 말을 듣고는 또 한 이틀 참선을 합니다. 이렇게 좀 해 보고 저렇게 좀 해 보고 평생을 하다가 죽음에 이르면, 이제까지 한 것이 조금도 성과를 거두지 못하니 어찌 억울하고 원통하지 않겠습니까?

2) 참선방법

공부하는 법문(수행법)은 많지만, 모든 부처님과 조사들은 참선으로써 위없이 미묘한 법문을 삼았습니다. 부처님이 능엄회상楞嚴會上에서 문수보살에게 원통圓通 법문을 가려내게 할 때, 관음보살의 이근원통耳根圓通을 으뜸으로 쳤습니다. 우리는 들음을 돌이켜 자기 성품을 들어야反聞聞自性 하는데, 이것이 곧 참선입니다. 여기는 선당禪堂이니, 참선이라는 이 한 법을 이야기해야겠지요.

(1) 좌선할 때 알아야 할 것

우리의 일상 활동이 모두 도道 가운데서 이루어지고 있으니 어딘들 도량道場이 아니겠습니까? 본래 어떤 선당도 필요치 않으며, 앉아야 비로소 선禪인 것도 아닙니다. 소위 선당이니 좌선이니 하는 것은, 우리와 같이 장애가 깊고 지혜가 얕은 말세의 중생들을 위해서 베풀어져 있는 것일 뿐입니다.

좌선을 할 때는 몸과 마음을 잘 조절할 줄 알아야 합니다. 만약 잘 조절하지 못하면 작게는 병이 나고 크게는 마魔가 붙으니, 정말 안타까운 일입니다. 선당에서 하는 행선과 좌선은 심신을 조절하려는 데에 그 뜻이 있습니다. 이 밖에도 몸과 마음을 조절하는 방법은 많지만 중요한 것만 추려 간략히 말하겠습니다.

가부좌를 할 때는 자연스럽고 바르게 앉아야 하며, 의식적으로 허리를 꼿꼿이 세우지 말아야 합니다. 그렇지 않으면 화火 기운이 위로 올라가, 나중에 눈곱이 많이 끼고 입 냄새가 나며, 숨이 답답해지고 입맛이 없어집니다. 심할 경우 피를 토하기도 합니다. 또한 허리를 구부리거나 고개를 숙이지 마십시오. 그렇게 하면 쉽게 혼침에 떨어집니다. 혼침이 온다고 느낄 때는 눈을 부릅뜨고 허리를 좀 편 다음 가볍게 엉덩이를 옮기면 혼침이 저절로 사라질 것입니다.

공부를 너무 급박하게 해서 마음이 어지럽고 초조하다고 느끼면 일체를 놓고 공부도 놓아 버리십시오. 한동안 쉬면 점차 편안해질 것입니다. 그런 다음 다시 화두를 들고 공부하십시오. 그렇지 않으면 날이 가고 달이 가면서 누적되어 성격이 조급해지고 화를 잘 내게 되며, 심할 경우에는 미치거나 마가 붙게 됩니다.

좌선이 어느 정도 제대로 될 때 만나는 경계는 많기 때문에 다 이야기할 수 없습니다. 그러나 거기에 집착하지 않으면 장애가 여러분에게 이르지 않을 것입니다. 세간에서 말하듯이 "괴이한 것을 보아도 괴이하게 여기지 않으면 괴이한 것이 저절로 사라진다"는 것입니다. 요망한 마군이나 괴이한 귀신이 다가와 여러분을 동요시키려고 하는 것을 보아도 그에 상관하지 말고, 두려워하지도 마십시오. 또한 석가 부처님이 와서 여러분에게 마정수기摩頂授記를 해준다 할지라도 그에 상관하지 말고,

기뻐하지도 마십시오. 『능엄경』에서 말하기를, "거룩하다는 마음을 내지 않는 것을 좋은 경계라고 한다. 만약 거룩하다는 생각을 내면 온갖 삿된 것을 받게 된다"[20]고 했습니다.

(2) 공부에 착수하는 법: 손님과 주인을 인식함

그러면 공부는 어떻게 시작해야 합니까? 능엄회상楞嚴會上에서 교진나憍陳那 존자가 말한 객客 · 진塵 두 글자가 바로 우리 초심자들이 공부할 때 착수해야 할 곳입니다. 그는 말합니다. "마치 지나가는 손님客이 여관에 투숙하여 밥을 먹거나 잠을 자는데, 먹거나 자고 나면 짐을 꾸려 길을 떠나야 하므로 오래 머무르지 못하지만, 주인은 갈 데가 없는 것과 같습니다. 이렇게 생각하면 머무르지 않는 것은 손님이고 머무르는 것은 주인입니다. 그래서 머무르지 않는 것은 손님이라고 부르는 것입니다. 또 비가 개고 해가 나와서 햇빛이 문틈으로 들어오면 허공에 티끌(먼지)들이 흔들리며 떠다니는 것을 보게 되는데, 티끌은 이리저리 움직이지만 허공은 고요합니다. (이렇게 생각하면) 깨끗하고 고요한 것은 허공이고 흔들리는 것은 티끌塵입니다. 그래서 흔들리는 것을 티끌이라고 부르는 것입니다."[21]

여기서 손님과 티끌은 망상에 비유되고, 주인과 허공은 자성自性에 비유됩니다. 상주常住하는 주인은 손님을 따라 오거나 가지 않습니다. 이는 상주하는 자성이 본래 망상을 따라서 생겨났다 사라졌다 하지 않음을 비유한 것입니다. 이른바 "스스로 만물에 무심하기만 하면, 만물

---

20) '不作聖心, 名善境界. 若作聖解, 卽受群邪', 『능엄경』, 제9권(李耘虛, 417쪽).

21) 『능엄경』, 제2권(李耘虛, 40~41쪽).

이 늘 에워싸고 있다 한들 무슨 방해가 되겠는가"[22] 하는 것입니다. 티끌은 스스로 흔들리지만 본래 맑고 고요한 허공을 장애할 수 없습니다. 이는 망상이 스스로 일어나거나 없어지는 것일 뿐, 본래 여여부동如如不動한 자성을 장애하지 않음을 비유한 것입니다. 이른바 "한 마음이 일어나지 않으면 만법에 허물이 없다"[23]는 것입니다.

이 중에서도 손님이라는 것은 비교적 거칠고 티끌이라는 것은 비교적 미세합니다. 초심자는 먼저 '주인'과 '손님'을 확실히 구별하면 망상에 휩쓸리는 일이 없을 것입니다. 더 나아가서 '허공'과 '티끌'을 분명히 이해하면 망상이 장애가 되지 못할 것입니다. 이른바 "알아차리면 속지 않는다識得不爲冤"는 것입니다. 여기서 자세히 살펴보아 이해할 수만 있다면, 공붓길은 이것만으로도 깨닫는 바가 많을 것입니다.

(3) 화두와 의정疑情

옛날의 조사祖師들은 곧장 사람의 마음을 가리켜 성품을 보고 부처를 이루게直指人心 見性成佛 했습니다. 달마조사의 "마음을 편안하게 해 준다"[24]라든가, 육조의 "오직 견성만 논한다"[25]는 것들은 바로 그 자리에서 알아차리기만 하면 되는 것이었고, 화두를 보라고 하는 것은 없었습

---

22) '但自無心于萬物, 何妨萬物常圍繞'. 방거사龐居士의 게송 중 일부이다.

23) '一心不生, 萬法無咎'. 삼조三祖 승찬대사의 「신심명」에 나오는 구절이다.

24) 2조 혜가慧可가 달마대사에게 법을 구하면서, "제 마음이 편안하지 않으니, 마음을 편안하게 해 주십시오." 했다. 달마대사는 "그대의 마음을 가지고 오라. 그러면 그대를 위해 마음을 편안하게 해 주겠다." 혜가가 말하기를, "제 마음을 찾아보았으나 찾을 수가 없습니다." 달마 대사가 말하기를, "내가 이미 그대의 마음을 편안하게 해 주었다" 하였다. 이 말에 혜가는 대오하였다.

25) '오직 견성을 논할 뿐 선정과 해탈은 논하지 않는다(唯論見性, 不論禪定解脫)'. -『육조단경』, '悟法傳衣' 章.

니다. 그러나 후대의 조사들은, 사람들의 마음이 순박하지 않아서 목숨 떼어 놓고 공부하지 못하고, 기지로 속이는機詐[26] 경우가 많으며, 매양 남의 보배를 헤아려 자기 집의 보배로 삼는 일이 허다한 것을 보고, 어쩔 수 없이 각기 저마다 일가를 세우고 각자 수완을 발휘하여 학인들에게 화두를 보게 하였습니다.

화두는 많은데, 예컨대 "만법은 하나로 돌아가는데, 그 하나는 어디로 돌아가는가萬法歸一 一歸何處?", "부모에게서 태어나기 전에 어떤 것이 나의 본래 면목인가父母未生前 如何是我本來面目?" 등등이 있습니다. 그러나 "염불하는 것은 누구인가念佛是誰?"가 가장 보편적인 화두라고 하겠습니다.[27]

무엇을 화두라고 합니까? '화話'는 말이요, '두頭'는 말 이전입니다. 예컨대 "아미타불"을 염할 때 이 구절은 '화'이고, 염하기 전이 곧 화두입니다. 이른바 화두란 것은 '한 생각 일어나기 전'이며, 한 생각이라도 일어났다 하면 화미가 됩니다. 이 '한 생각 일어나기 전'을 '불생不生'이라고 합니다. (마음이) 들뜨지도 않고 혼침에 빠지지도 않고, 고요함에 집착하지도 않고 공空에 떨어지지도 않을 때 이를 '불멸不滅'이라고도 합니다. 시시각각 오롯하고 또렷하게 일념으로 빛을 돌이켜 이 '불생불멸'을 비추는 것을 '화두를 본다看話頭' 혹은 '화두를 비추어 살핀다照顧話頭'고 합니다.

화두를 보려면 먼저 의정疑情을 일으켜야 합니다. 이것이 화두를 보는 지팡이입니다. 어떤 것을 의정이라고 합니까? 예컨대 "염불하는 것

26) 실제적 안목은 없으면서 그럴 듯한 말로 꿰맞추어 넘어가는 것.

27) 허운 스님 당시 중국의 제방 선원에서 이 화두를 가장 널리 사용하고 있었다는 뜻이다. 이것은 염불과 참선을 쌍수雙修하던 당시의 지배적 추세를 반영한다.

은 누구인가念佛是誰?"할 때, 사람들은 모두 자기가 염한다고 알고 있습니다. 그러면 입으로 염하는 것입니까, 마음으로 염하는 것입니까? 만약 입으로 염한다면, 잠들었을 때 입은 그대로 있는데 왜 염할 줄 모릅니까? 만약 마음으로 염한다면 또 그 마음은 어떻게 생긴 것인지 알 수가 없습니다. 그래서 그것을 모르기 때문에 "누구인가誰?"에서 가볍게 의심을 일으킵니다. 하지만 거칠게 일으키면 안 되고, 미세하면 미세할수록 좋습니다. 언제 어디서나 이 의념疑念을 오롯이 보살피되, 마치 흐르는 물처럼 끊임없이 보아 나가야 하며 두 번째 생각을 일으키지 않아야 합니다. 만약 의념이 있으면 그것을 동요시키지 마십시오. 의념이 없으면 가볍게 다시 의심을 일으키십시오. 초심자가 할 때는 필히 고요한 곳에서靜中 하는 것이 움직이는 가운데서動中 하는 것보다 힘을 얻기가 더 쉽습니다. 그러나 절대로 분별심을 내면 안 됩니다. 힘을 얻든 못 얻든 상관하지 말아야 하고, 그것이 동중動中이든 정중靜中이든 상관하지 말아야 합니다. 여러분이 한 마음 한 뜻으로 자기 공부를 해 나가기만 하면 됩니다.

"염불시수念佛是誰"라는 네 글자 중에서 가장 중요한 것은 '수誰'(누구인가?)이며, 나머지 세 글자는 그것을 늘려 말한 것에 지나지 않습니다. 옷을 입고 밥을 먹는 것은 누구인가? 똥 누고 오줌 누는 것은 누구인가? 무지한 행동을 하는 것은 누구인가? 능히 알고 느끼는 것은 누구인가? 해도 마찬가지입니다. 행주좌와를 막론하고 이 "누구인가誰?" 하나를 들면 가장 쉽게 의념이 일어날 것입니다. 다시 생각하고 헤아리면서 일부러 의심을 일으킬 필요가 없습니다. 따라서 "누구인가?" 화두야말로 실로 참선의 묘법이라 하겠습니다. 다만 "누구인가?" 혹은 "염불시수" 네 글자를 부처님 명호名號 삼아 염하거나, 생각하고 헤아리면서 염불하는 것이 누구인지를 찾는 것은 의정이라고 하지 않습니다. 어떤 사람은 "염불시수" 넉 자를 염불하면서 입을 쉬지 않고 놀리지만, 그것은 아미타불 염불을 하는 것보다 공덕이 크지 않습니다. 어떤 사람은 터무니없는 생각을 하면서 이리 저리 찾고 궁리하는 것을 의정이라고 부르지만, 생각하면 할수록 망상이 더 많아진다는 것을 어찌 알겠습니까? 이것은 올라가려다가 오히려 떨어지는 것과 마찬가지이니, 반드시 알아두어야 합니다.

초심자가 일으키는 의념은 아주 거칠어서, 문득 끊어졌다가 문득 이어지고 금방 익은 듯하다가 금방 설어지니 의정이라고 할 수도 없습니다. 고작 생각이라고나 하겠지요. 점차 날뛰던 마음이 수습되고 생각도 좀 붙들어 매어질 때 비로소 참구한다고 할 수 있습니다. 다시 점차 공부가 익으면 의심하지 않아도 저절로 의심이 되며, 자기가 어디 앉아있는지도 느끼지 못하고 몸과 마음, 세계가 존재한다는 것도 알지 못하게 됩니다. 오롯하고 또렷한 의념이 현전하여 간단없이 이어지는데, 이때 비로소 의정이라고 할 수 있습니다. 실제적으로 말하면 초기의 그것은 공부라고는 해도 고작 망상을 피우는 것일 뿐입니다. 참 의심이 현전해야 비로소 참으로 공부하는 때라 하겠습니다. 이때 하나의 큰 관문이 있으니, 자칫 다음과 같은 샛길로 들어서기 쉽습니다.

1. 이때는 아주 맑고 깨끗하며 한없이 가볍고 편안하여, 조금이라도 각조覺照를 놓치면 곧 가벼운 혼침 상태에 빠지게 됩니다. 만약 어떤 눈 밝은 이가 옆에 있다면 바로 이 경계에 걸려있음을 한 눈에 바로 알아보고 향판으로 내리쳐 즉시 하늘의 운무를 걷히게 할 것입니다. 이렇게 하여 도를 깨친 사람이 많습니다.

2. 이때는 아주 맑고 깨끗하며 텅 비어 있어서, 만약 의정이 없으면

곧 무기無記이고, 고목 바위로 앉은 것坐枯木岩[28]이며, 혹은 이것을 '찬 물에 담근 돌冷水泡石頭' 이라고도 합니다. 이때에는 다시 바로 화두를 들어야 하며, 들면 곧 깨어서 비추게 됩니다. (깨어 있다覺는 것은 혜매지 않는 것이니 곧 혜慧요, 비추어 본다照는 것은 어지럽지 않은 것이니 곧 정定입니다.)

오롯하고 또렷한 이 한 생각은 맑은 가운데 고요하게 비추고 여여하게 움직이지 않으며湛然寂照 如如不動, 아주 신령스러워 어둡지 않고 항상 분명하게 지각하니靈靈不昧 了了常知, 식은 불에 연기 피어오르듯 한 줄기로 면면히 이어져 끊이지 아니합니다. 공부가 이 경지에 이르면 금강의 눈동자를 갖추어야 하며, 더는 화두를 들지 않습니다. 든다면 이는 머리 위에 머리를 얹는 격입니다.

옛날에 어떤 스님이 조주趙州 스님에게 묻기를 "한 물건도 가지고 오지 않았을 때는 어떻습니까?" 하자, 조주 스님은 "놓아 버려라" 했습니다. 그 스님이 묻기를 "한 물건도 가지고 오지 않았는데 무엇을 놓아버립니까?" 하니, 조주 스님은 "놓아버려지지 않으면 메고 가라" 했습니다. 이것이 바로 이때의 경계風光를 말한 것입니다. 이 경계는 물을 마셔본 사람만이 그 차고 따뜻함을 알 수 있는 것과 같아서 언설이 도달할 수 없습니다. 이 수주에 이른 사람은 자연히 이해하겠지만, 이 수준에 이르지 못한 사람에게는 말해주어도 아무 소용이 없습니다. 이른바 "길에서 검객을 만나면 검을 보여주어야 하고, 시인이 아닌 사람에게는 시를 내놓지 않는다"[29]는 것입니다.

---

28) '노파가 암자를 불태우다(婆子燒庵)' 라는 공안에 '고목이 찬 바위에 기대어 있어(枯木倚寒岩)' 라는 표현이 나온다(53쪽, 각주 38 참조). 여기서는 의정이 없는 상태에서 좌선하는 모습을 고목이나 바위같이 앉아 있다고 한 것이다.

(4) 조고화두와 반문문자성

어떤 이는 "관세음보살의 '반문문자성反聞聞自性'을 어떻게 참선으로 볼 수 있느냐?"고 묻습니다. 제가 방금 '조고화두照顧話頭'(화두를 비추어 살핀다)란, 시시각각 오롯하고 또렷하게 일념으로 빛을 돌이켜回光이 '불생불멸'(화두)을 되비추는 것이라고 말했습니다. '반문문자성'도 시시각각 오롯하고 또렷한 일념으로 '들음을 돌이켜 자기 성품을 들으라'는 것입니다. '회回'가 곧 '반反'이고, '불생불멸'이 곧 '자성'입니다. '들음聞'과 '비춤照'은 순류順流일 때는 소리와 형상을 따라 좇아가지만, '들음'은 소리를 넘어서지 못하고 '봄見'은 형상을 넘어서지 못하며, 분별(대상들의 차별상)이 뚜렷합니다. 그러나 역류逆流일 때는 듣는 자성을 돌이켜 관하고 소리와 형상을 따라 좇아가지 않으므로, 원래 하나인 정묘한 밝음一精明이며, 들음과 비춤이 별개가 아닙니다.

우리는 이른바 '화두를 비추어 살핀다'거나 '들음을 돌이켜 자기 성품을 듣는다'고 하는 것이 결코 눈으로 보거나 귀로 듣는 것도 아니라는 것을 알아야 합니다. 만일 눈으로 보거나 귀로 듣는다면 이는 소리와 형상을 따라 좇아가며 사물에게 부림을 당하는 것이어서 순류順流라고 부릅니다. 만약 오롯하고 또렷한 한 생각이 '불생불멸' 가운데서 소리와 형상을 따라 좇아가지 않으면 이를 역류逆流라 하며, 화두를 비추어 살핀다고도 하고, 돌이켜 자성을 듣는다고도 하는 것입니다.

---

29) '路逢劍客須呈劍, 不是詩人不獻詩'. 대등한 수준의 사람이 아니면 중요한 이야기를 하지 않는다는 뜻. 『임제선사어록(임제록)』 등에 이 표현이 나온다.

(5) 생사심과 장원심

참선에서 가장 중요한 것은 생사심生死心이 간절하면서 장원심長遠心을 발하는 것입니다. 생사심이 간절하지 않으면 의정이 일어나지 않고, 공부가 향상되지 않습니다. 장원심이 없으면 마치 하루 볕을 쬐고 열흘 추운 것과 같아서 공부가 무르익지 않습니다. 장원하고 간절한 마음만 있으면 진정한 의심이 일어나는데, 진정한 의심이 일어날 때는 세간적 번뇌를 쉬지 않아도 저절로 쉬어지며, 시절이 한번 이르면 자연히 조건이 성숙되어 결과가 나타납니다.

제가 직접 목격한 사실 하나를 이야기하겠습니다. 청나라 경자庚子년(1900)에 8개국 연합군이 북경에 쳐들어 왔습니다. 저는 그때 광서황제光西皇帝, 자희태후慈禧太后 일행과 함께 피난을 갔는데, 중간에 얼마 동안은 걸어서 섬서(샨시)陝西 방면으로 가게 되었습니다.[30] 날마다 수십리 길을 걸었고, 며칠 동안 밥도 먹지 못했습니다. 노상에서 한 노인이 고구마줄기를 광서황제에게 좀 올렸습니다. 그는 다 먹고 나서 노인에게 "이것이 뭔데 이렇게 맛있는가?" 하고 물었습니다. 여러분 생각해 보십시오. 황제가 평소에 상당히 거드름을 피우고 대단한 위풍을 보이며 살았지만, 어찌 몇 걸음이라도 길을 걸어 보았겠으며, 반 끼나마 배를 곯아 보고, 고구마줄기를 먹어 보았겠습니까? 그러나 이때는 거드름도 피울 수 없고 위풍도 과시하지 못한 채, 길도 걸어갈 수 있었고 배도 곯을 수 있었으며 채소 줄기도 먹을 수 있었습니다. 어째서 그가 이와

---

30) 이 해에 의화단義和團의 난으로 정국이 혼란한 가운데 청나라가 경솔하게 외국에 선전포고를 하여 영국, 독일 등 8개국 군대가 쳐들어 왔다. 7월에 북경이 함락되고 황제는 서쪽으로 도망갔는데, 일부 왕족과 대신들이 용천사龍天寺에 머물던 스님에게 어가御駕를 호위하여 함께 가자고 하여 그들과 동행하게 되었다.

같이 놓아 버릴 수 있었습니까? 연합군이 그의 목숨을 빼앗으려고 하니 그가 살겠다는 일념으로 도망치려 한 것 아닙니까? 그러나 나중에 강화 협상이 잘 되어 어가御駕가 북경으로 돌아가게 되자 다시 거드름도 피우게 되었고, 위풍도 과시하게 되었습니다. 길을 다시 걷지 않아도 되었고, 배를 곯지 않아도 되었으며, 조금이라도 맛없는 음식을 먹으면 목구멍으로 넘어가지 않게 되었습니다. 어째서 그가 이제는 놓아 버리지 못하게 되었습니까? 연합군이 그의 목숨을 노리지 않게 되자 살기 위해 도망칠 마음이 없었기 때문 아니겠습니까? 만일 그가 늘 살기 위해 도망칠 때의 마음가짐으로 도를 닦았다면 무엇을 이루지 못했겠습니까? 애석하게도 그런 장원심이 없었기 때문에 순경順境을 만나자 예전의 태도가 다시 싹튼 것입니다.

같이 공부하는 여러분! 무상살귀無常殺鬼(죽음)가 바로 이 순간에도 우리의 목숨을 노리고 있고, 저들은 영원히 우리와 '강화 협상' 도 하려고 들지 않습니다. 속히 장원하고 간절한 마음을 내어 생사를 요달하여 벗어나야 합니다. 고봉원묘高峯原妙 스님이 말하기를, "참선할 때 기한을 정해놓고 성공하려 한다면, 마치 천 길 우물 바닥에 떨어진 것과 같이 아침부터 저녁까지, 저녁부터 아침까지, 천 생각 만 생각이 오로지 벗어나려는 마음뿐이어야 하며, 끝내 결코 두 생각이 없어야 한다. 참으로 이와 같이 노력하여 사흘, 닷새 혹은 이레 만에 사무치지 못한다면 내가 오늘 큰 거짓말을 한 것이니, 영원히 발설지옥에 떨어질 것이다!" 했습니다. 그 어르신도 한결같이 자비심이 간절했기에 우리가 장원하고 간절한 마음을 내지 않을까 염려하여, 이렇게 큰 맹세를 하고 우리에게 보증하신 것입니다.

(6) 공부의 두 가지 어려움과 쉬움

공부인에게 두 종류의 어려움과 쉬움이 있으니, 첫째 초심자의 어려움과 쉬움이요, 둘째 구참자의 어려움과 쉬움입니다.

1) 초심자의 어려움과 쉬움

가. 초심자의 어려움 — 어지러운 마음이 죽지 않음

초심자의 보편적인 병통은 망상과 습기習氣가 놓아지지 않는 것입니다. 무명無明과 제 잘난 마음貢高, 질투, 장애, 탐진치애貪瞋癡愛에다 게으르면서 먹기만 좋아하고, 옳고 그름, 남과 나를 분별하는 것으로 뱃가죽이 불룩하다면 어떻게 도道와 상응할 수 있겠습니까? 부잣집 자제 출신은 습기를 버리지 못해 약간의 모욕도 참지 못하며, 가벼운 고통도 견디지 못합니다. 그러니 어떻게 공부하여 도를 깨치겠습니까? 그들은 본사本師 석가모니 부처님이 어떤 신분의 사람으로서 출가한 것인지 생각해 보지도 않습니다.

또 어떤 이들은 몇 가지 문자를 알게 되면 글귀를 뒤적이며 옛 사람의 언구를 가지고 이해했다는 소견을 일으켜 스스로 대단하다고 생각하고 큰 아만我慢을 일으킵니다. 그러나 한 바탕 큰 병을 만나면 계속 죽는 소리를 합니다. 혹은 납월臘月 30일[31]이 되면 손발을 버둥거리지만 평생의 알음알이가 이때는 조금도 쓸모가 없어, 비로소 후회해도 돌이킬 수 없습니다.

어느 정도 도심道心이 있는 사람은 또 어느 한 곳 착수할 곳을 찾아내

31) 섣달그믐. 여기서는 임종이 닥쳤을 때를 뜻하는 말이다.

지 못합니다. 어떤 이들은 망상을 겁내는데, 없애고 없애도 망상이 그치지 않아 종일 번뇌에 시달리다가 스스로 업장業障이 두터움을 원망하고, 이로 인해 도심이 퇴실退失하기도 합니다. 또 어떤 이들은 망상과 결판을 내겠다고 분연히 주먹을 부르쥐고 기운을 돋우며, 가슴을 내밀고 두 눈을 부릅뜨며 마치 무슨 큰일이라도 낼 듯이 합니다. 망상과 사생결단을 내고 싶어 하지만, 그러다 오히려 피를 토하거나 미쳐 버릴 수도 있다는 것을 어찌 알겠습니까? 또 어떤 이들은 공空에 떨어질까 두려워하나, 이미 자신들이 '귀신'을 만들어냈다는 것을 어찌 알겠습니까? 비우려 해도 비워지지 않고, 깨달으려 해도 깨달음이 오지 않습니다. 어떤 이들은 마음으로써 깨달음을 구하지만, 깨달음을 구하거나 성불을 원하는 것이 모두 큰 망상임을 어찌 알겠습니까? 모래로는 밥을 짓지 못하니, 나귀 해[32)]가 되도록 구해도 결코 깨닫지 못할 것입니다.

또 어떤 이들은 어쩌다 한두 시간 입선을 하고 나서 곧 환희심을 일으키지만, 이것은 눈 먼 거북이가 나무 구멍에 머리를 내민 격[33)]으로 우연히 만난 것이지 참으로 공부가 된 것이 아니고, 환희마歡喜魔가 벌써 마음에 들러붙은 것입니다. 또 어떤 이들은 정중靜中에는 아주 맑고 깨끗하여 상쾌하다고 느끼지만 동중動中에는 잘 되지 않으니까 시끄러운 곳을 피해 고요한 곳을 찾는데, 이들은 일찌감치 동정動靜 두 마왕魔王의 권속이 되어 버린 것입니다.

이와 같은 온갖 부류는 많고도 많습니다. 처음 공부를 시작할 때 길을 찾아내지 못하면 정말 어렵습니다. 깨어 있어도 비춤이 없으면 산란

---

32) 12간지에 없는 나귀 띠의 해. 영원히 오지 않는 해이다.

33) 눈 먼 거북이가 망망대해에서 우연히 구멍 뚫린 나무 조각을 만나 그 구멍에 머리를 들이밀고 휴식한다는 말로, 여기서는 아주 우연히 이루어진 일을 뜻한다.

하여 낙당落堂[34]하지 못하고, 비춤은 있으나 깨어 있지 않으면 죽은 물 속에 앉아 있다가 빠져 죽습니다.[35]

나. 초심자의 쉬움 — 놓아버리고 일념만을 들 것

비록 공부가 어렵다고는 하나, 길만 찾아내면 또한 쉬운 것입니다. 어떤 것이 초심자의 쉬움입니까? 달리 묘수가 있는 것이 아니라 놓아 버리는 것이 바로 그것입니다. 무엇을 놓아 버립니까? 일체의 무명번뇌를 놓아 버리는 것입니다. 어떻게 해야 놓아 버릴 수 있습니까? 우리는 죽은 사람의 장례도 치러 보았지만, 여러분이 시험 삼아 저 시체에다 몇 마디 욕설을 해 보면 그 시체는 화를 내지 않습니다. 몇 대 때려주어도 그는 반격하지 않습니다. 평소에 무지한 행동을 하던 사람도 그렇게 하지 않고, 평소 명예와 이익을 좋아하던 사람도 그것을 원치 않습니다. 평소에 온갖 나쁜 습관을 가지고 있던 사람도 그런 것이 없습니다. 어떤 것도 분별하지 않고 어떤 것도 놓아 버립니다.

함께 공부하는 여러분! 우리의 이 몸뚱이는 숨 한 모금 돌아오지 않으면 한 구의 시체일 뿐입니다. 우리가 놓아 버리지 못하는 이유는, 이 몸뚱이를 소중히 여겨 나와 남, 옳고 그름, 좋아하고 싫어함, 취하고 버림을 일으키기 때문입니다. 만약 이 몸뚱이가 한 구의 시체라는 것을 인정하기만 하면 그것을 귀중하게 여기지도 않을 것이고 그것을 '나' 라고 보지도 않을 것인데, 무엇을 놓아 버리지 못하겠습니까? 놓아 버리기만

34) 망념이 모두 쉬어지고 일념이 현전한 상태. 허운 스님은 염불의 경우 이것을 "생각생각 상응하며 오래도록 한 조각을 이룬(念念相應, 久久自成一片)" 상태라고 했다.

35) 깨어 있음은 '고요함(寂寂)' 을, 비춤은 ' 또렷함(惺惺)' 을 뜻한다. 즉, 사마타(止)와 위빠사나(觀)이다. 화두 참선에서 비춤은 '일념으로 화두를 의심하는 것' 이다.

하면 됩니다.

하루 24시간 행주좌와를 막론하고, 움직이든 고요히 있든, 한가하든 분주하든, 온 몸이 안팎으로 오직 하나의 의념이 되어 평온하고 부드럽게 부단히 의심해 갈 것이며, 털끝만큼의 딴 생각도 섞지 마십시오. 일구화두一句話頭를 마치 하늘로 뻗은 장검처럼 휘둘러, 마구니가 오면 마구니를 베고 부처가 오면 부처를 베십시오. 어떤 망상도 겁내지 마십시오. 무엇이 여러분을 방해하겠습니까? 누가 움직임과 고요함을 분별하겠으며, 누가 유有에 집착하거나 공空에 집착하겠습니까? 만일 망상을 두려워한다면 다시 망상을 한 겹 더하는 것입니다. 청정하다고 느끼면 이미 청정한 것이 아니고, 공空에 떨어짐을 두려워하면 이미 유有 가운데 떨어진 것입니다. 성불을 원한다면 이미 마군의 길에 들어선 것입니다. 이른바 물 길어 나르고 나무 해 오는 것이 오묘한 도道 아님이 없고, 밭 매고 씨 뿌리는 것이 모두 선적인 깨달음의 계기禪機입니다. 하루 종일 다리를 틀고 앉아 좌선을 해야 공부하고 도를 닦는다고 할 수 있는 것은 아닙니다.

2) 구참자의 어려움과 쉬움

가. 구참자의 어려움 — 백척간두에서 나아가지 못함

어떤 것이 구참자의 어려움입니까? 오래 공부하여 참 의심이 현전했을 때, 깨어 있음과 비춤이 있으면 여전히 생사가 있고, 깨어 있음과 비춤이 없으면 공망空亡에 떨어져 버립니다. 이 상태에 도달하기도 정말 어렵지만, 많은 사람들은 여기에 도달하면 벗어나지 못해 백척간두에서서 나아가지를 못합니다. 어떤 이들은 이 상태에 이르러 정定 중에 약간의 지혜가 일어나면 옛 사람의 몇 가지 공안을 대충 이해하고 의정을 놓아 버립니다. 그리고 스스로 대철대오大徹大悟 했다고 여겨 시를 읊조리고 할喝을 하며, 눈을 껌벅이고 눈썹을 치켜 올리는가 하면, 선지식을 자칭하기도 합니다. 그러나 이미 자기가 마구니 권속이 되어 버렸다는 것을 전혀 모릅니다.

또 어떤 이들은 달마 스님이 "밖으로 모든 인연을 쉬고 안으로 헐떡거림이 없어 마음이 장벽과 같아야 가히 도에 들어갈 수 있다"[36]고 하신 말씀과, 육조 스님이 "선도 생각하지 말고 악도 생각하지 마십시오. 바로 이런 때 어떤 것이 명明 상좌의 본래면목입니까?"[37]라고 하신 말씀의 뜻을 오해하여, 마른 나무가 바위에 기댄 것 같이 앉아만 있는 것을 제일로 칩니다. 이런 사람들은 화성化城을 보배 있는 곳으로 알고 타향을 고향으로 여기는 것이니, 노파가 암자를 불 지른 것婆子燒庵[38]도 이런 죽은 자들을 꾸짖기 위해서였습니다.

나. 구참자의 쉬움 — 면밀하게 공부할 것

어떤 것이 구참자의 쉬움입니까? 이때가 되면 스스로 만족해하지 말고, 도중에 그만두지도 말고, 아주 면밀하게 해 나가기만 하면 됩니다. 면밀한 가운데 더 면밀하게, 미세한 가운데 더 미세하게 해 나다가가 시

---

36) '外息諸緣, 內心無喘, 心如牆壁, 可以入道'. 규봉종밀 선사가 『선원제전집도서』에서 달마의 선법으로 소개한 문구이다(『도서』 원문은 '外止諸緣' 임).

37) 5조에게서 의발衣鉢을 전수받은 육조가 자신을 뒤따라온 명 상좌에게 한 말이다.

38) 어떤 암자의 스님에게 공양을 올리던 노파가 하루는 스님을 시험하기 위해 자기 딸을 보내어 스님을 껴안아 보라고 했다. 딸이 껴안으면서 "이런 때는 어떻습니까?" 하니, 그가 "마른 나무가 찬 바위에 기대어 있어 삼동에도 온기가 없다" 하였다. 이 말을 전해들은 노파는 그의 암자를 불태우고 그를 쫓아내 버렸다.

절이 한번 도래하면 통桶의 밑바닥이 저절로 떨어져 나갑니다.[39] 만약 그렇지 않으면 선지식을 찾아가서 못을 뽑고 쐐기를 빼야 합니다.

한산대사寒山大士가 송頌으로 말했습니다.

높은 산꼭대기에 올라서니	高高山頂上
사방을 돌아봐도 끝이 없구나.	四顧極無邊
고요히 앉았으니 아무도 모르고	靜坐無人識
외로운 달만 찬 샘에 비치네.	孤月照寒泉
샘 가운데는 달도 없으니	泉中且無月
달은 푸른 하늘 가운데 있네.	月是在青天
이 노래 한 곡 불러 보지만	吟此一曲歌
노래 속에 있는 것이 선은 아니네.	歌中不是禪

처음 두 구절은 홀로 드러난 참다운 실상은 어디에도 일체 속하지 않고, 온 대지에 빛이 밝고 밝아 털끝만큼도 걸림이 없음을 말합니다. 세 번째 구절은 진여의 오묘한 체體를 말한 것으로, 범부는 본시 알 수 없고 삼세제불三世諸佛도 내가 있는 곳을 찾아내지 못하므로 '아무도 모른다' 고 했습니다. '외로운 달만 찬 샘에 비치네' 이하 세 구절은 저 스님(한산대사)이 방편으로 이러한 경계를 비유한 것입니다. 마지막 두 구절은 사람들이 달을 가리키는 손가락을 달로 알까 염려하여, 이런 말들은 모두 선禪이 아니라고 우리를 특별히 일깨운 것입니다.

---

39) 여기서 통은 칠통漆桶, 즉 '검은 옻(漆)이 가득 담긴 통'이다. 이 통의 밑바닥이 떨어지면 통 속의 검은 옻이 다 빠져 버린다. 이때 검은 옻은 무지를 상징한다.

3. 결론

그래서 제가 방금 이야기한 큰 무더기도 말을 번다하게 늘어놓는 것이요, 중간에서 (여러분을) 방해하는 것입니다. 무릇 언설은 모두 실다운 뜻이 없습니다. 옛 스님들이 사람들을 맞이할 때는 몽둥이로 때리지 않으면 고함을 질렀지, 어디 이렇게 복잡한 말이 있었겠습니까? 그러나 지금은 시절이 옛날 같지 않아 어쩔 수 없이 억지로 달을 가리키는 손가락을 지어 보인 것입니다. 함께 참구하는 여러분! 결국 가리키는 것은 누구이며, 달은 누구입니까? 참구하십시오!

제3장 참선경어參禪警語

마음이 곧 부처이며, 부처는 곧 깨달음입니다. 이 깨달음의 성품은 중생과 부처가 평등하여 차별이 없습니다. 텅 비고 고요하여 한 물건도 없고, 한 법도 (누구에게서) 받지 않으며, 닦아서 증득할 수도 없습니다. 신령스럽게 밝아 모든 덕을 다 갖추었고, 묘용妙用이 항하사恒河沙 같아서 수행과 증득에 의존하지 않습니다. 다만 중생이 미혹하여 생사에 빠져 오랜 겁이 지나도록 탐진치애와 망상집착의 오염이 이미 깊은 까닭에 부득이 수행을 말하고 증득을 말할 뿐입니다. 이른바 수행이란 것은 옛사람들이 말하는 '상서롭지 못한 물건'이기에, 부득이할 때만 쓰게 됩니다.

이번 타칠打七은 이미 3주 반이 지나갔고 이제 3주 반이 남았습니다.[40] 남은 3주 반은 몸과 마음이 한결 순숙하여 공부가 당연히 전에 비

40) 타칠打七 혹은 선칠禪七은 7일 단위의 안거 정진이다. 선칠은 몇 주에 걸쳐 계속할 수도 있으며, 여기서는 7주간 계속하는 경우이다.

해 쉬울 테니, 여러분은 인연을 헛되이 흘려보내서는 안 됩니다. 남은 3주 반 내에 물이 말라 돌이 드러나게끔 공부하여 마음자리를 밝혀내야만 이 얻기 어려운 기연機緣을 저버리지 않게 될 것입니다.

지난 20여 일 동안 여러분은 아침부터 밤까지 일찍 일어나고 늦게 자며 힘써 공부했으나, 그 결과는 다음의 네 가지 경계에서 벗어나지 못했습니다.

첫째, 공붓길에 아직도 분명하지 않은 것이 있어, 화두가 잘 보이지 않고 흐리멍덩하게 대중을 따라 졸고 있으니, 망상이 분분하게 일지 않으면 혼침에 떨어져 흔들리는 것입니다.

둘째, 화두가 보여서 좀 잡히는 것이 있으나, 죽도록 문 두드리개 하나를 붙들고 "염불하는 것은 누구인가?"를 염하다 보니 그것이 염화두가 되어 버린 것입니다. 그러면서도 이렇게 하면 의정이 일어나서 깨달을 수 있을 거라고 생각하지만, 이것은 화미 상에서 마음을 쓰는 것이고 이는 곧 생멸법이어서 끝내 일념무생一念無生의 경지에 이를 수 없다는 것을 전혀 알지 못합니다. 잠시 해 보는 것은 상관없겠지만, 만약 거기에 집착하여 궁극의 실다운 법이라고 생각한다면 깨달음을 어떻게 기약하겠습니까? 요즈음 선종에서 인물이 나지 않는 이유도, 많은 사람이 화미 상에서 마음을 쓰는 오류를 범하고 있는 데 기인합니다.

셋째, 어떤 사람들은 화두를 볼 줄 알아서 현전하는 일념무생을 비출 수 있거나, 혹은 염불하는 것이 곧 마음인 줄 알아서 이 일념이 일어나는 곳에서 곧장 들어가 생각이 없는 마음의 상無念心相을 보아냅니다. 점차 적정寂靜을 체험하고 나면 거친 망상들이 쉬어져 경안輕安(심신이 가뿐한 상태)을 얻고, 이내 갖가지 경계가 나타나게 됩니다. 어떤 사람은 몸이 어디 앉아 있는지 모르고, 어떤 사람은 몸이 가볍게 둥실둥실 떠오르는 것처럼 느낍니다. 어떤 사람은 좋아하는 사람이나 물건이 나타나는 것을 보고 환희심을 일으키고, 어떤 사람은 두려운 경계가 나타나는 것을 보고 공포심을 일으키며, 또 어떤 사람은 음욕이 일어나는 등 갖가지 경계가 한둘이 아니지만, 이것은 모두 마魔이기 때문에 집착하면 병이 된다는 것을 알아야 합니다.

넷째, 어떤 사람은 업장이 비교적 가벼워 이치가 분명히 이해되고 공부가 뜻대로 되어 이미 바른 길을 걷고 있습니다. 아주 맑고 상쾌하며, 망상이 쉬어진 것 같고, 몸과 마음이 자유로우며 어떤 경계도 없습니다. 이 상태에 도달하면 정신을 새롭게 가다듬어 앞을 향해 공부해 나가기에 딱 좋습니다. 다만 마른 나무가 바위에 기댄 것 같은 경계 앞에 많은 갈림길이 있음을 주의해야 합니다. 어떤 이는 여기에서 혼침에 빠져 머물러 버리고, 어떤 이는 약간의 지혜를 얻어 시문詩文이나 지으면서 스스로 충분하다고 생각하여 아만我慢이 높아집니다.

이상의 네 가지 경계가 다 병이니, 제가 이제 여러분에게 이를 치료하는 약을 드리겠습니다.

첫째, 화두가 아직 잘 보이지 않고 망상과 혼침이 많은 분들입니다. 여러분은 아무래도 "염불하는 것은 누구인가?" 할 때의 그 "누구인가?"를 보아야 합니다. 망상과 혼침이 적어질 때까지 보다가 "누구인가"가 잊혀지지 않을 때, 그 한 생각이 일어나는 곳을 보십시오. 한 생각도 일어나지 않을 때가 곧 무생無生이니, 일념무생을 볼 수 있게 될 것입니다. 이것을 일러 '참으로 화두를 본다' 고 합니다.

둘째, "염불하는 자는 누구인가?" 하는 말에 집착하여 화미 상에서 마음을 쓰고 생멸법을 옳다고 여기는 분들에 관해서입니다. 이런 분들도 위에서 말한 뜻에 비추어, 생각이 일어나는 곳을 향해 일념무생을 보면 됩니다.

셋째, 무념을 관하면서 이미 적정과 경안을 얻어 어떤 경계에 도달한 분들에 관해서입니다. 여러분은 오직 본참화두만 비추어 살피되 한 생각도 일으키지 말고, 부처가 오면 부처를 베고 마구니가 오면 마구니를 베면서, 일절 그에 상관하지 마십시오. 그러면 자연히 일이 없고 온갖 삿된 것에 떨어지지 않을 것입니다.

넷째, 망념이 이미 쉬어져서 아주 맑고 상쾌하고 몸과 마음이 자재한 분들에 관해서입니다. 이런 분들은 마땅히 옛 사람이 말한 "만법이 하나로 돌아가는데, 그 하나는 어디로 돌아가는가?" 할 때처럼, 하나一로부터 지극한 곳을 향해 힘써 나아가, 곧장 높고 높은 산꼭대기에 올라서고 깊고 깊은 바다 밑으로 간 다음, 다시 두 손을 놓고 종횡으로 다니십시오.

지금까지 말한 것은 모두 말법시대의 근기가 둔한 사람들을 위해서 설한 방법입니다. 사실 종문의 상상일승上上一乘(최상승)의 법문은 본사本師 석가모니 부처님이 영산회상靈山會上에서 꽃을 들어 보이신 뜻이며, 경전 밖에 따로 전한 것敎外別傳입니다. 역대 조사들은 오직 일심一心을 전하면서, 사람의 마음을 곧장 가리켜 성품을 보아 부처를 이루게 했습니다. 계급階級(수행 단계)에 떨어지지 않고 수행과 증득에 의지하지 않으며, 일언반구에 바로 알아 버렸습니다. 한 법도 얻을 것이 없고 한 법도 닦을 것이 없어, 바로 그 자리에서 그것이었습니다. 허망한 연緣을 일으키지 않으면 곧 여여한 부처인데, 어디에 많은 군말이 있겠습니까?

제4장 제석보다시중除夕普茶示衆

(섣달그믐 저녁 보다普茶 때의 법문)

대중 스님 여러분, 오늘 또 섣달그믐이 되었습니다. 대중들은 모두 새해를 맞는다는 것을 알지만, 사중常住에는 좋은 공양거리가 없으니 부디 여러분은 차나 많이 드십시오. 달력을 보면 1년에는 춘하추동 4계절이 있고, 열두 달이 있으며, 24절기가 있습니다. 인간 세상의 제도에도 천시天時에 상응하여 유래한 것이 많습니다. 농부는 봄에 갈고 여름에 김매고 가을에 거두고 겨울에 갈무리합니다. 공인工人들은 계절에 맞추어 공사를 시작하고 끝내며, 상인들은 점포를 열고 닫습니다. 철따라 학교는 개학하고 방학하며, 우리 출가인들은 결제와 해제를 하고, 소임을 맡았다가 물러납니다. 어느 하나도 천시의 절기에서 유래하지 않은 것이 없습니다. 일반인들은 새해를 맞는 것을 하나의 큰 매듭으로 여겨 한 해의 일을 마무리하는 동시에 며칠간 휴식합니다.

여러분과 저는 인연이 있어 다행히 오늘 운문산[41]에 같이 살면서 평안하게 새해를 맞게 되었으니, 이것은 불조佛祖와 보살님들의 가호요 천룡天龍의 보호이며, 또한 여러분이 여러 겁에 걸쳐 심은 공덕의 결과입니다. 그러나 우리는 자신들이 평안하게 한 해를 보낼지라도 저 괴로움에 고통 받는 사람들을 잊어서는 안 됩니다. 우리는 즐거움을 추구해서는 안 됩니다. 각별한 성찰과 근신, 깊은 참회를 하면서 정진 수행을 계속하여, 자신도 이롭게 하고 남들도 이롭게 하면서 널리 복덕과 지혜를 키워야 합니다. 나이가 많은 분들은 죽음이 지척지간에 있으니 용맹하게 정진해야 하며, 젊은 분들도 한가롭게 날을 보내면 안 됩니다. 황천길에는 노소의 구별이 없고, 외로운 무덤은 소년의 것이 많은 법입니다. 어쨌든 일찌감치 노력하여 생사에서 벗어나는 것이 상책입니다.

우리는 본시 매일 차를 마시고 있는데 왜 오늘은 '보다普茶를 마신다'고 합니까? 이것은 선배들의 노파심이니, '보다'를 마시는 기회를 이용하여 여러분들을 깨우쳐 주기 위한 것입니다. 예전에 조주趙州 스님은 도풍道風이 고준하여 사방에서 참례參禮하는 학인들이 아주 많았습니다. 하루는 두 스님이 새로 왔습니다. 조주 스님이 한 스님을 가리키며 물었습니다. "스님은 여기 와 본 적이 있소?" 그 스님이 "와 본 적이 없습니다" 하자, 조주 스님은 "차를 드시오喫茶去" 했습니다. 또 한 스님에게 "여기 와 본 적이 있소?" 하고 묻자, 그 스님은 "와 본 적이 있습니다" 했습니다. 조주 스님은 "차를 드시오" 했습니다. 원주院主가 묻기를, "와 본 적이 없다는 스님에게 차를 들라고 하신 것은 그렇다 치고, 와 본 적이 있다는 스님에게도 왜 차를 들라고 하셨습니까?" 하자, 조주 스님은 "원주!" 하고 불렀습니다. 원주가 "예" 하고 대답하자, 조주 스님은 다시 "차를 드시게" 했습니다. 이와 같이 세 사람 다 이익을

---

41) 광동성 소관시 유원현의 운문산 대각선사大覺禪寺. 옛날 운문문언雲門文偃 선사가 주석하던 절로, 거의 폐허가 된 곳을 허운 스님이 중건하여 대중과 함께 정진하였다.

얻었습니다. 훗날 이 이야기가 세상에 널리 전해져 모두가 '조주다趙州茶'를 말하게 되었습니다. 또 이곳에 계셨던 운문조사雲門祖師는 어떤 학인이 찾아오자 떡을 집어 들었고, 학인은 곧 이해했습니다. 그래서 세상에 '운문병雲門餠', '조주다趙州茶'라는 말이 전해지게 된 것입니다.

지금 여러분은 바로 차를 마시고 떡을 먹고 있는데, 알겠습니까? 만약 알지 못한다면 바로 그 몸으로 차를 마시는 것은 누구이고, 떡을 먹는 것은 누구입니까? 대체로 옛사람들은 생각 생각이 도道에 부합했고 걸음 걸음이 무생이어서, 깨우쳐 주기만 하면 그 자리에서 바로 깨달았습니다. 요즘 사람들은 범행梵行이 청정하지 못하고 늘 동요하고 있으며, 생각 생각이 생멸을 거듭하고 업장이 너무 두터워, 어떻게 법을 깨우쳐 주어도 그가 변하지 않습니다. 따라서 여러분은 요컨대 일체를 놓아 버려서, 범정凡情과 망념이 자신의 오묘하게 밝은 참 마음을 오염시키지 않게 해야 합니다. 옛사람이 말하기를, "범부의 마음만 없애라. 성인의 견해가 따로 없다"[42]고 했습니다. 여러분은 지금 땅콩을 먹고 있는데, 만약 땅콩의 향미를 모른다면 목석이나 마찬가지이고, 향미를 안다면 범부입니다. 어떻게 해야 이 유무有無의 두 갈래 길이 난 곳을 갈 수 있습니까? 바로 이것이 납승衲僧의 본분사입니다. 설사 이러한 견해들에서 벗어났다 할지라도 오히려 귀신굴에서 살 궁리를 하게 되니, 여러분 정신 차리고 몸과 마음을 놓아버리십시오. 절기 따라 세월을 보내지 말고 바로 참구하십시오.

---

42) '但盡凡情, 別無聖解.' 천황도오天皇道悟(748~807) 선사가 용담숭신(782~865) 선사를 깨닫게 한 뒤에 숭신이 "어떻게 지켜가야 합니까?" 하고 묻자, "성품 따라 거닐고 인연 따라 자유롭게 처신하라. 범부의 마음만 없애라. 성인의 견해가 따로 없다(任性逍遙, 隨緣放曠, 但盡凡心, 別無聖解)"고 대답하였다.

제5장 수행과 불수행不修行

수행을 이야기하고 불수행을 이야기하는 것은 모두 부질없는 말입니다. 우리가 자신의 이 마음 빛心光을 사무치기만 하면 그 자리에서 아무 할 일이 없는데, 무얼 닦고 안 닦고를 말하겠습니까? 본사 석가모니 부처님이 보여주신 것을 한 번 보십시오. 출가하여 도를 묻고 6년 고행을 거쳐 깨닫고 나서 밤에 샛별을 보면서 탄식하기를, "기이하고 기이하다. 온 세상의 중생들이 모두 여래의 지혜와 덕상을 가지고 있는데, 다만 망상과 집착으로 인해 깨닫지 못하는구나. 망상을 여의면 바로 청정한 지혜, 자연적 지혜, 스승 없이 아는 지혜가 저절로 현전할 것을!" 했습니다. 그 후 49년간 설법하고 나서도 "한 마디도 설하지 않았다"고 했습니다. 그 후로 역대조사들이 한 맥으로 법을 이어가며 모두 "마음·부처·중생 이 셋은 차별이 없다"고 인정하고, "곧바로 사람의 마음을 가리켜 견성성불하게 한다"고 했습니다. 그래서 이렇게도 이야기하고 저렇게도 이야기하고 몽둥이를 휘두르기도 하고 고함을 치기도 했지만, 모두 학인들의 망상분별을 끊어 주어 그 자리에서 '자기의 본래 마음을 알고 자기의 본래 성품을 보게識自本心 見自本性' 하려는 것이었습니다. 조금도 방편적인 복잡한 수단을 빌리지 않고 닦음을 말하고 깨달음을 말했습니다. 불조의 뜻을 우리도 분명하게 이해해야 합니다.

우리의 현전하는 이 한 생각 마음一念心은 본래 청정하고 본래 스스로 다 갖추어져 있으며, 두루 원만하여 묘용妙用이 항하사같이 한량없어 삼세제불과 다름이 없습니다. 선악을 생각하지 않으면서 이렇게 해 나가기만 하면 그 자리에서 성불하고, 앉아서 천하태평을 이룰 수 있습니다. 이렇거늘 무슨 행을 닦을 수 있으며, 수행을 이야기하는 것이 어찌 부질없는 말 아니겠습니까?

그러나 우리의 현전하는 한 생각 마음이 밖으로 치달아 망상과 집착에서 벗어나지 못해, 시작 없는 옛적부터 생사에 윤회하여 무명번뇌가 물들면 물들수록 더 두터워진 것입니다. 처음에는 자기 마음이 곧 부처인 줄 알지 못하고, 알아도 받아들이지 않아 주인 노릇을 하지 못합니다. 큰 것을 위해 작은 것을 버리는 용기가 없어, 오래도록 망상집착 속에 앉아서 세월을 보냅니다. 좀 나은 사람들은 종일토록 갖가지로 애를 쓰며 선禪을 찾고 도道를 구하지만 유심有心을 여의지 못합니다. 그보다 못한 사람들은 탐진치애가 깨트릴 수 없이 견고하여, 도를 등진 채 내달립니다. 이 두 부류의 사람들이 생사를 돌고 돌아 그칠 때가 없으니, 불수행을 이야기하는 것이 어찌 부질없는 말 아니겠습니까?

그래서 대장부는 바로 알아차려, 예로부터 지금까지 모든 사물이 다 꿈, 허깨비, 물거품 같아서 자성自性이 없다는 것을 깊이 압니다. 사람(주관)과 법(객관)이 문득 공해지고 모든 법이 함께 쉬어지며, 일념이 만년 되어 곧바로 무생에 이릅니다. 옆에 있는 사람이 볼 때 이런 사람은 옷 입고 밥 먹고, 가고 머물고 앉고 눕는 것이 보통 사람과 똑같아서, 그가 자신의 청정하고 태평한 집 안에 앉아 무진장의 보배를 누리고, 무심무위無心無爲하고 자유자재하며 동정여여動靜如如함을 전혀 알지 못합니다. 차고 따뜻함은 오직 그 사람 자신만이 압니다. 삼계三界 · 육도六道의 인간과 천인, 귀신들이 그를 엿보고 깨뜨리지 못할 뿐 아니라, 제불보살 또한 그를 어떻게 하지 못합니다. 이런데도 무슨 수행과 불수행을 이야기할 것이 있습니까? 그 다음 수준의 사람들은 뜻을 일으켜 생사를 뼈아프게 생각하고 부끄러운 마음을 내어 정진 수행하고, 도를 찾아다니며 힘써 참구해야 합니다. 항상 선지식을 찾아 길을 지시 받고 정正과 사邪를 가려내야 합니다. '끊듯이 갈듯이 쪼듯이 다듬듯이'[43] 하고, '강물로 씻고 가을볕에 쪼여'[44] 점점 정밀하고 순수하며 맑고 깨끗한 경지로 나아가야 하니, 그렇다면 불수행을 말할 수 없는 것입니다.

위에서 말한 것은 높은 곳에서 낮은 곳으로 옮겨 본 것으로, 여전히 복잡한 설명에 속합니다. 눈 밝은 사람이 본다면 '너절하게 늘어 놓는다' 고 할 것입니다. 그러나 조사祖師의 뜰에는 가을이 깊었고 성인聖人이 가신 지는 오래 되었으므로, 뭇 근기들을 위하여 부득이 이처럼 늘어 놓은 것입니다. 사실을 밝혀 논하자면, 수행을 말하고 불수행을 말하는 것은 모두 부질없는 이야기일 뿐입니다. 바로 이 자리에서 일이 없다면 본래 한 물건도 없는데, 어찌 입을 벌릴 수 있겠습니까? 보살 여러분, 알겠습니까?

43) '如切如磋如琢如磨'. -『시경』, '淇奧'. '절차탁마切磋琢磨' 라는 말이 여기서 나왔다.
44) '江漢以濯之, 秋陽以曝之'. 『맹자』, '文公章句上' 에서, 공자의 위덕이 "長江과 漢水의 두 강물에 씻기고 가을볕에 쪼인 것처럼 희디희어 더 보탤 수 없다"고 했다.

참선요지 원문原文

參禪要旨序

禪, 極則事也. 諸佛正法眼藏也. 這事, 言語道斷, 心行處滅, 非思議之所到. 達摩西來, 不立文字, 直指人心, 見性成佛. 若是箇漢, 直下承當,[1] 即爲法王寵子. 向去但隨緣銷舊業, 更勿作新殃. 娘生鼻孔[2], 不欠分毫. 自己衣珠, 何曾有失. 原不需參也. 宋代人根漸劣, 祖師對症施藥, 始開参話頭法門. 其實話頭亦妄想之一耳. 爲以毒攻毒, 教將所參話頭, 抵敵[3]雜念, 刻刻提撕[4], 漸至能所雙忘, 截斷現業流識, 到偷心[5]死盡時節, 遇境逢緣, 觸著關棙[6], 忽然虛空粉碎, 大地平沈, 親見本來之性. 於此而得大事了辦者, 代不乏人[7]. 然成就人才, 遠不能及唐朝之盛. 何以故. 人不如古故. 法不會宗故.

往年吾師虛雲老人, 領雲門時, 爲救時病, 不惜眉毛[8], 拈出參禪要旨, 先後提

---

1) 承當(chengdang): 받아들이다. 이해하다; 승낙하다.
2) 娘生鼻孔(niangsheng bikong): 어머니[娘]가 낳아주신 콧구멍. 본래 타고난 면목.
3) 抵敵(didi): 대적하다. 맞서다.
4) 提撕(tisi): 돌보다. 보살피다. 키워가다. 撕(시): (잡아)끌다; 쪼개다
5) 偷心(touxin): (말을 듣지 않고) 달아나는 마음. 偷(투): 훔치다. 탐내다.
6) 關棙(guanli): 회전축. (기계의) 중심부. 여기서는 관문을 돌려서 여는 손잡이를 뜻한다고 본다. 棙(려): (악기를 타는) 채. (손으로) 돌리다.
7) 代不乏人(dai bu fa ren): 어느 시대나 인물이 없지 않다.
8) 不惜眉毛(buxi mei·mao): '눈썹을 아까워하지 않다.' 예전에 어떤 스님이 법문답을 잘못했다가 눈썹이 몽땅 빠져 버렸다는 고사에서, '허물을 지어 남의 욕을 먹는 것을 개의치 않는다' 는 의미이다.

示, 累萬餘言, 已輯載老人法彙書內, 讀之者, 始恍然知歸焉. 老人特別指出話頭話尾之分, 曰,「話從心起, 心是話之頭」. 曰,「所謂話頭, 卽是一念未生之際. 一念才生, 已成話尾」. 曰,「死死握著一片敲門瓦子[9], 念著念佛是誰這箇話頭, 成了念話頭. 以爲如此可以起疑情, 得開悟, 殊不知[10]這是在話尾上用心, 乃是生滅法, 終不能到一念無生之地」. 凡此, 皆言前人所未言之寶貴法語也. 此外如指出四種境界病, 及對治之藥, 亦老婆心切, 得未曾有. 香港佛經流通處林俠菴居士, 讀法彙竟, 尤愛此節. 因而唱印單行小册, 廣渡有情. 善哉, 善哉. 林公具此擇法眼睛[11], 如探驪龍[12]得其頷珠矣.

前賢瞿汝稷有言,「生於萬物之中而得爲人, 人而男, 男而知讀書, 於書知讀竺墳[13], 於竺墳知宗門, 是猶𣪘乳[14]而得雪山之牛, 復能得酪於乳, 得生酥於酪, 而熟酥而醍醐哉」. 嘻, 人身難得, 佛法難聞, 中國難生, 知識難遇. 吾人幸値老人出世, 盡破四難. 林公諸位, 聞法信受, 擧獻大衆. 經云,「諸供養中, 法供養最」. 如斯功德, 豈算數譬喩之所能及耶. 邇者, 飛函[15]索吾爲序. 數千里外, 聲應氣求. 五百世前, 因晐果海. 不辭譾陋[16], 强添錦上之花. 隨順衆情, 竟著佛頭之糞.

時 佛歷二千五百年丙申初夏,

釋融熙序于馬來亞佛學社道師室

9) 敲門瓦子: 문 두드리개. 敲門(qiaomen): 문을 두드리다. 瓦子: 흙을 구워 만든 것.
10) 殊不知(shubuzhi): 전혀 모르다. 殊: 전혀. 도무지
11) 眼睛(yan·jing): 눈; 안목.
12) 驪龍(lilong): 검은 용. 驪(려) : 검다.
13) 竺墳(zhufen): 불경(佛經). 竺(축)은 천축(天竺), 墳(분)은 옛날 책[古書]이다.
14) 𣪘乳(gouru): 젖을 짜다. 𣪘(구): (소 등의) 젖을 짜다.
15) 飛函(feihan): 편지를 띄우다. 函(함): 편지. 서신.
16) 譾陋(jianlou): 천박하고 비루함. 譾(전): 얕다. 천박하다.

參禪要旨

一. 參禪的先決條件

參禪的目的, 在明心見性, 就是要去掉[17]自心的汚染, 實見自性的面目. 汚染就是妄想執著, 自性就是如來智慧德相. 如來智慧德相, 爲諸佛衆生所同具, 無二無別. 若離了妄想執著, 就證得自己的如來智慧德相, 就是佛, 否則就是衆生. 祗爲[18]你我從無量劫來, 迷淪[19]生死, 汚染久了, 不能當下[20]頓脫妄想, 實見本性, 所以要參禪. 因此參禪的先決條件, 就是除妄想. 妄想如何除法[21], 釋迦牟尼佛說的很[22]多, 最簡單的莫如「歇卽菩提」一箇「歇」[23]

17) 去掉(qudiao): 없애버리다. 제거하다.
18) 祗爲(zhiwei): 다만. =只是.
19) 迷淪(milun): 미혹하여 빠짐. 淪(륜): 빠지다(沈).
20) 當下(dangxia): 그 자리에서. 즉시. 바로.
21) 여기서 法자는 去자의 오기가 아닐까 생각된다.
22) 很(흔, hen): 매우, 아주. (일반적으로는, 별 뜻 없이 형용사를 수식함.)
23) 歇(헐, xie): 쉬다. 그치다.

字. 禪宗由達摩祖師傳來東土, 到六祖後, 禪風廣播, 震爍古今[24]. 但達摩祖師和六祖開示學人最緊要的話, 莫若[25]「屏息[26]諸緣, 一念不生」. 屏息諸緣就是萬緣放下. 所以「萬緣放下, 一念不生」這兩句話, 實在[27]是參禪的先決條件. 這兩句話如果[28]不做到, 參禪不但是說沒有成功, 就是入門都不可能. 蓋萬緣纏繞[29], 念念生滅, 你還談得上參禪嗎[30]?

「萬緣放下, 一念不生」是參禪的先決條件, 我們旣然[31]知道[32]了. 那末[33], 如何才能做到呢? 上焉者, 一念永歇, 直至無生, 頓證菩提, 毫無絡索[34]. 其次則以理除事, 了知自性本來淸淨, 煩惱菩提, 生死涅槃皆是假名, 原不與我自性相干. 事事物物, 皆是夢幻泡影, 我此四大色身, 與山河大地, 在自性中, 如海中的浮漚一樣[35], 隨起隨滅, 無礙本體. 不應[36]隨一切幻事的生住移滅, 而起欣厭取捨, 通身放下, 如死人一樣. 自然根塵識心消落, 貪瞋癡愛泯滅[37]. 所有這身子[38]的痛痒苦樂, 飢寒飽暖, 榮辱生死, 禍福吉凶, 毁譽得

---

24) 震爍古今(zhen shuo gu jin)=震古爍今: 예나 지금이나 떨치고 빛나다. 震(진): 떨치다. 爍(삭) : 빛나다.

25) 莫若(moruo): ~만한 것이 없다. =莫如(moru).

26) 屏息(bingxi): 없애다. 제거하다. 屏(병): 물리치다. 제거하다.

27) 實在(shizai): 정말. 참으로.

28) 如果(ruguo): 만약 (~라면).

29) 纏繞(chanrao): 얽어 휘감다. 纏(전): 얽다. 繞(요): 휘감다.

30) 你還談得上參禪嗎: 그대는 그래도 참선을 한다고 말할 수 있겠는가. 還(hai): 아직도. 여전히. 得: ~할 수 있다. 上參禪: 참선을 하다.

31) 旣然(jiran): 이미. 이왕.

32) 知道(zhidao) : 알다. 이해하다.

33) 那末(na · me): 그렇다면; 그렇게.

34) 絡索(luosuo): 묶는 끈. '얽매임'. 絡(낙): 두르다. 싸다. 묶다. 얽히다.

35) 如海中的浮漚一樣: 바다의 물거품과 같다. 如… 一樣(ru yiyang): 마치 ~와 같다. 浮漚(부구): 물거품.

36) 不應(buying): ~해서는 안 된다. ~하지 말라.

37) 泯滅(minmie): 사라지다. 소멸하다.

喪, 安危險夷, 一概置之度外[39], 這樣才算[40]放下. 一放下, 一切放下, 永永放下, 叫作萬緣放下. 萬緣放下了, 妄想自消, 分別不起, 執著遠離, 至此一念不生, 自性光明, 全體顯露. 至是參禪的條件具備了, 再用功眞參實究, 明心見性才有分.

日來[41]常有禪人來問話. 夫法本無法, 一落言詮[42], 即非實義. 了此一心, 本來是佛, 直下無事, 各各現成, 說修說證, 都是魔話. 達摩東來「直旨人心, 見性成佛」. 明明白白指示, 大地一切衆生都是佛. 直下認得[43]此淸淨自性, 隨順無染. 二六時中, 行住坐臥, 心都無異, 就是現成的佛, 不須用心用力, 更不要有作有爲, 不勞纖毫言說思惟. 所以說, 成佛是最容易的事, 最自在的事, 而且[44]操之在我, 不假外求. 大地一切衆生, 如果不甘[45]長劫輪轉於四生六道, 永沈苦海, 而願成佛, 常樂我淨. 諦信佛祖誠言, 放下一切, 善惡都莫思量, 個個可以立地成佛, 諸佛菩薩及歷代祖師, 發願度盡一切衆生, 不是無憑無據, 空發大願, 空講大話的.

上來所說, 法爾如此, 且經佛祖反覆闡明, 叮嚀囑咐[46], 眞語實語, 并無絲毫虛誑. 無奈[47]大地一切衆生, 從無量劫來迷淪生死苦海, 頭出頭沒, 輪轉不已, 迷惑顚倒, 背覺合塵. 猶如精金投入糞坑, 不惟不得受用, 而且染汚不

38) 身子(shen · zi): 신체, 몸.
39) 一概置之度外: 모조리 도외시하다. 一概(yigai): 모조리. 한꺼번에.
40) 才算(caisuan): 비로소 ~라고 할 수 있다. 才=纔: 비로소. 算: ~라고 하다. ~로 치다.
41) 日來(rilai): 요즘. 근래.
42) 言詮(yanquan): 언어로 나타낸 것. 언어에 의한 설명.
43) 認得(ren · de): 알다. 알아차리다. 인식하다.
44) 而且(erqie): 뿐만 아니라. 또한.
45) 不甘(bugan): ~을 달가워하지 않다. 원하지 않다.
46) 叮嚀囑咐(dingning zhu · fu): 간곡히 당부하다.
47) 無奈(wunai): 그렇지만. 그러나.

堪. 佛以大慈悲, 不得已, 說出八萬四千法門, 俾[48]各色各樣根器不同的衆生, 用來對治貪瞋癡愛等八萬四千習氣毛病[49]. 猶如金染上了各種污垢, 乃教你用鏟[50]·用刷·用水·用布等來洗刷琢抹一樣. 所以佛說的法, 門門都是妙法, 都可以了生死, 成佛道. 只有當機不當機的問題, 不必强分法門的高下. 流轉中國最普通的法門爲宗·教·律·淨·密. 這五種法門, 隨各人的根性和興趣, 任[51]行一門都可以, 總在一門深入, 歷久不變, 就可以成就.

宗門主參禪, 參禪在「明心見性」. 就是要參透自己的本來面目, 所謂「明悟自心, 徹見本性」. 這個法門, 自佛拈花起, 至達摩祖師傳來東土以後, 下手功夫, 屢[52]有變遷. 在唐宋以前的禪德, 多是由一言半句就悟道了, 師徒間的傳授, 不過以心印心, 并沒有什麼實法. 平日參問酬答, 也不過隨方解縛, 因病與藥而已. 宋代以後, 人們的根器陋劣了, 講[53]了做不到. 譬如說「放下一切」, 「善惡莫思」, 但總是[54]放不下, 不是思善, 就是[55]思惡. 到了這個時候, 祖師們不得已, 採取以毒攻毒的辦法, 教學人參公案, 或是看話頭. 甚至於要齩定[56]一個死話頭, 教你齩得緊緊, 刹那不要放鬆[57]. 如老鼠[58]啃[59]棺材相似, 齩定一處, 不通不止, 目的在以一念抵制[60]萬念. 這實在是不得已的辦法. 如惡毒在身, 非開刀療治,

---

48) 俾(비, bi): (~로 하여금) ~하게 하다.
49) 毛病(mao·bing): 나쁜 버릇. 질환. 병.
50) 鏟(산, chan): 삽. 부삽. 주걱; (삽으로) 파다. 긁어내다.
51) 任(ren): 어떤 ~라도[~을 해도]. 다른 판본에는 '任行'이 '任何'로 되어 있다.
52) 屢(lü): 여러 번. 누차.
53) 講(jiang): 이야기하다. 들려주다. 일러주다.
54) 總是(zongshi): 늘. 항상.
55) 不是~ 就是~: ~하지 않으면 ~하다.
56) 齩定(yaoding): 물고 늘어지다. 끝장을 보려고 달려들다. 齩(교): 물다.
57) 放鬆(fangsong): 이완하다. 느슨하게 하다. 鬆(송): 풀다. 느슨하게 하다.
58) 老鼠(lao·shu): 쥐.
59) 啃(긍, ken): 갉아먹다. 쏠다. 깨물다.
60) 抵制(dizhi): 막아내다. 막고 제어하다. 제압하다.

難以生效. 古人的公案多得很, 後來專講看話頭. 有的[61]「看拖[62]死屍的是誰」, 有的「看父母未生以前, 如何是我本來面目」, 晚近[63]諸方多用「看念佛是誰」, 這一話頭. 其實都是一樣, 都很平常, 并無奇特, 如果你要說, 看念經的是誰, 看持咒的是誰, 看拜佛的是誰, 看喫飯的是誰, 看穿衣的是誰, 看走路的是誰, 看睡覺的是誰, 都是一個樣子[64], 誰字下的答案, 就是心. 話從心起, 心是話之頭. 念從心起, 心是念之頭. 萬法皆從心生, 心是萬法之頭, 其實話頭, 即是念頭, 念之前頭就是心. 直言之, 一念未生以前就是話頭, 由此你我知道, 看話頭就是觀心. 父母未生以前的本來面目就是心, 看父母未生以前的本來面目, 就是觀心. 性即是心, 「反聞聞自性」, 即是反觀觀自心, 「圓照淸淨覺相」, 淸淨覺相即是心, 照即觀也. 心即是佛, 念佛即是觀佛, 觀佛即是觀心, 所以說「看話頭」, 或者是說「看念佛是誰」, 就是觀心, 即是觀照自心淸淨覺體, 即是觀照自性佛. 心即性, 即覺, 即佛, 無有形相方所, 了不可得, 淸淨本然, 周徧法界, 不出不入, 無往無來, 就是本來現成的淸淨法身佛. 行人[65]都攝六根, 從一念始生之處看去, 照顧[66]此一話頭, 看到離念的淸淨自心, 再綿綿密密, 恬恬淡淡[67], 寂而照之, 直下五蘊皆空, 身心俱寂, 了無一事. 從此晝夜六時, 行住坐臥, 如如不動. 日久功深, 見性成佛, 苦厄[68]度盡. 昔高峯祖師云, 「學者能看箇話頭, 如投一片瓦塊在萬丈深潭, 直下落底, 若七日不得開悟, 當截取老僧頭去」. 同參們, 這是過來人[69]的話,

61) 有的(you · de): 어떤 것. 어떤 사람.
62) 拖(타, tuo): 끌다. 끌고 다니다.
63) 晚近(wanjin): 최근. 요즘. 근년.
64) 樣子(yang · zi): 형태. 모양.
65) 行人(xingren): 수행인(=行者); 행인.
66) 照顧(zhao · gu): 보살피다. 돌보다.
67) 恬恬淡淡(tiantian dandan): 욕심이 없이 담담하다. 恬(념): (마음이) 편안하다.
68) 苦厄(ku' e): 괴로움과 액난. 厄(액): 액난.
69) 過來人(guolairen): 경험자. 베테랑.

是眞語實語, 不是騙人的誑語啊.

然而爲什麼[70]現代的人, 看話頭的多, 而悟道的人沒有幾個呢. 這個由於[71]現代的人, 根器不及古人. 亦由學者對參禪看話頭的理路, 多是沒有摸清[72]. 有的人東參西訪, 南奔北走, 結果鬧[73]到老, 對一個話頭還沒有弄明白[74], 不知什麼是話頭, 如何才算看話頭. 一生總是執着言句名相, 在話尾上用心, 「看參佛是誰」呀, 「照顧話頭」呀, 看來看去, 參來參去, 與話頭東西背馳. 那裏會悟此本然的無爲大道呢? 如何到得這一切不受的王位[75]上去呢? 金屑[76]放在眼裏, 眼只有瞎[77], 那裏會放大光明呀? 可憐啊, 可憐啊. 好好的兒女[78], 離家學道, 志願非凡, 結果空勞一場, 殊可悲憫. 古人云, 「寧可[79]千年不悟, 不可一日錯路」. 修行悟道, 易亦難, 難亦易. 如開電燈一樣, 會則彈指之間, 大放光明, 萬年之黑暗頓除, 不會則機壞燈毁, 煩惱轉增. 有些[80]參禪看話頭的人, 著魔發狂, 吐血罹病, 無明火大, 人我見深, 不是很顯著的例子[81]嗎. 所以用功的人, 又要善於調和身心, 務須[82]心平氣和, 無罣[83]無礙, 無我無人, 行住坐臥, 妙合玄機.

---

70) 爲甚麼(weishen · me): 무엇 때문에. 어째서.
71) 由於(youyu): ~때문에. ~로 인하여.
72) 摸清(moqing): 분명하게 이해하다. 확실히 파악하다.
73) 鬧(뇨, nao): ~(하)게 되다. ~이 되다; 시끄럽게 하다. 떠들다.
74) 弄明白(nong mingbai): 분명하게 이해하다(=弄清).
75) 번역 대본에는 正位로 되어 있으나, 여기서는 다른 판본들을 따랐다.
76) 金屑(jinxie): 금가루. 屑(설): 가루. 부스러기.
77) 瞎(할, xia): 눈이 멀다.
78) 兒女(ernü): 자녀. 자제
79) 寧可(ningke): 차라리 (~할지언정).
80) 有些(youxie): 어떤. 일부의. 些: 조금. 약간.
81) 例子(li · zi): 예. 본보기.
82) 務需(wuxu): 반드시. 필히.
83) 罣(가, gua): 걸림. 거리낌. 본음(本音)은 '괘'.

參禪這一法, 本來無可分別, 但做起功夫來, 初參有初參的難易, 老參有老參的難易. 初參的難處在什麽地方[84]呢? 身心不純熟, 門路找[85]不淸, 功夫用不上, 不是心中著急[86], 就是打盹度日[87], 結果成爲「頭年初參, 二年老參, 三年不參」. 易的地方是什麽呢. 只要具足一個信心, 長永心和無心. 所謂信心者, 第一信我此心, 本來是佛, 與十方三世諸佛衆生無異, 第二信釋迦牟尼佛說的法, 法法都可以了生死, 成佛道. 所謂長永心者, 就是選定一法, 終生行之, 乃至來生又來生, 都如此行持. 參禪的總是如此參去, 念佛的總是如此念去, 持咒的總是如此持去, 學敎的總是從聞思修行去. 任修何種法門, 總以戒爲根本. 果能[88]如是做去, 將來沒有不成的. 潙山老人說, 「若有人能行此法, 三生若能不退, 佛階決定可期」. 又永嘉老人說, 「若將妄語誑衆生, 永墮拔舌塵沙劫」. 所謂無心者, 就是放下一切, 如死人一般, 終日隨衆起倒[89], 不再起一點分別執著, 成爲一個無心道人. 初發心人, 具足了這三心, 若是參禪看話頭, 就看「念佛是誰」. 你自己默念幾聲「阿彌陀佛」, 看這念佛的是誰, 這一念是從何處起的. 當知這一念不是從我口中起的, 也不是從我肉身起的. 若是從我身或口起的, 我若死了, 我的身口猶在, 何以不能念了呢? 當知此一念是從我心起的, 即從心念起處, 一覰覰[90]定, 驀直[91]看去, 如猫捕鼠, 全副[92]精神集中於此, 沒有二念. 但要緩急適度, 不可操之太急, 發生病障. 行

84) 地方(difang): (어떤) 곳. 부분. 점.
85) 找(조, zhao): 찾다.
86) 著急(zhaoji): 조급해 하다.
87) 打盹度日(dadun duri): 졸며 날을 보내다. 盹(순): 졸음. 打盹: 졸다.
88) 果能(guoneng): 만약 ~하기만 한다면.
89) 起倒(qidao): 활동을 하다. 역할을 하다. 到.
90) 覰(처, qu): 엿보다. (예리하게) 살피다. 자세히 보다.
91) 驀直(mozhi): 곧장. 갑자기. 驀(맥): 갑자기.
92) 全副(quanfu): 모든. 온; 다 갖춘. 한 벌의.

住坐臥, 都是如此, 日久功深, 瓜熟蒂落[93], 因緣時至, 觸著掽著[94], 忽然大悟. 此時如人飮水, 冷煖自知, 直至無疑之地, 如十字街頭見親爺, 得大安樂.

老參的難易如何呢? 所謂老參, 是指親近過善知識, 用功多年, 經過了一番煅練, 身心純熟, 理路淸楚, 自在用功, 不感辛苦. 老參上座的難處, 就是在此, 自在明白當中, 停住了, 中止化城, 不到寶所. 能靜不能動, 不能得眞實受用[95]. 甚至觸境生情, 取捨如故, 欣厭宛然. 粗細妄想, 依然牢固. 所用功夫, 如冷水泡石頭[96], 不起作用. 久之也就疲懈下去, 終於不能得果起用. 老參上座, 知道了這個困難, 立即提起本參話頭, 擻[97]精神, 於百尺竿頭, 再行邁進, 直到高高峯頂立, 深深海底行, 撒手[98]縱橫去, 與佛祖覿體相見[99]. 困難安在[100], 不亦易乎.

話頭即是一心. 你我此一念心, 不在中間內外, 亦在中間內外, 如虛空的不動而徧一切處. 所以話頭不要向上提, 也不要向下壓. 提上則引起[101]掉擧, 壓下則落於昏沈, 違本心性, 皆非中道. 大家[102]怕[103]妄想, 以降伏妄想爲極難. 我告訴[104]諸位, 不要怕妄想. 亦不要費力去降伏他. 你只要認得妄想, 不執著他, 不隨逐他, 也不要排遣[105]他, 只不相續, 則妄想自離. 所謂「妄起即

---

93) 瓜熟蒂落(gua shu di luo): 외가 익어 꼭지가 떨어지다. 蒂(체): (과실의) 꼭지.
94) 觸著掽著(chu · zhe peng · zhe): 닿거나 부딪치면서. 著: ~하면서. 掽= 碰(펑): 부딪치다.
95) 受用(shouyong): 이익을 얻다. 누리다. 향유하다. (자신의 것으로) 활용하다.
96) 冷水泡石頭: 찬물에 돌을 담가 두다. 泡(pao): (물에) 담그다. 石頭(shi · tou): 돌.
97) 擻(dousou): (정신을) 차리다. (두): (손으로) 털다. 떨치다. 擻(수): 털어버리다.
98) 撒手(sashou): 손을 놓다. 내버려 두다.
99) 覿體相見(diti xiangjian): 직접 만나보다. 친견하다. 覿(적): 보다.
100) 安在(anzai): 어디에 있는가?
101) 引起(yinqi): 야기하다. 일으키다.
102) 大家(dajia): 모두. 다들. 여러분.
103) 怕(pa): 두려워하다.
104) 告訴(gao · su): 알리다. 말해주다.
105) 排遣(paiqian): (걱정 따위를) 없애버리다. 해소하다.

覺, 覺妄即離」. 若能利用妄想做功夫, 看此妄想從何處起. 妄想無性, 當體立空[106], 即復我本無的心性, 自性淸淨法身佛, 即此現前. 究實言之, 眞妄一體, 生佛不二. 生死涅槃, 菩提煩惱, 都是本心本性, 不必分別, 不必欣厭, 不必取捨. 此心淸淨, 本來是佛, 不需一法, 那裏有許多羅索[107]? — 參.

二. 禪堂開示

甲. 引言

諸位常時來請開示, 令我很覺感愧. 諸位天天辛辛苦苦, 砍柴[108]鋤地[109], 挑土[110]搬磚, 一天忙到晚, 也沒打失辦道[111]的念頭. 那種爲道的殷重心[112], 實在令人感動. 虛雲慚愧, 無道無德, 說不上[113]所謂開示. 只是拾古人幾句涎唾[114], 來酬諸位之問而已.

---

106) 當體立空: 당체가 즉시 비어 버리다. 立: 즉시. 當體: 바로 그것의 본체.
107) 羅索(luosuo): 그물과 노끈. 얽히고설킨 것. 여기서는 복잡한 설명을 뜻한다.
108) 砍柴(kanchai): 장작을 패다. 砍(감): (장작을) 패다. 쪼개다. 柴(시): 땔감.
109) 鋤地(chudi): (호미나 괭이로) 김을 매다. 鋤(서): 호미. 괭이.
110) 挑土(tiao tu): 흙을 져 나르다. 挑(조): (멜대로) 져 나르다.
111) 辦道(bandao): 도를 닦다. 수행에 힘쓰다.
112) 殷重心(yinzhongxin): 두텁고 돈독한 마음. 殷(yin): 크다. 깊다. 두텁다.
113) 說不上(shuo · bu shang): ~라고 할 정도는 아니다.
114) 涎唾(연타, xiantuo): 침. 타액. 여기서는 고인이 내뱉어 놓은 말.

乙. 用功的入門方法

用功辦道的方法很多, 現在且約略說說[115].

(一) 辦道的先決條件

1) 深信因果

無論甚麼人, 尤其[116]想用功辦道的人, 先要深信因果. 若不信因果, 妄作胡爲[117], 不要說辦道不成功, 三途少他不了[118]. 古德云, 「欲知前世因, 今生受者是 欲知來世界, 今生作者是」. 又說, 「假使百千劫, 所造業不亡, 因緣會遇時, 果報還自受」. 楞嚴經說, 「因地不眞, 果招紆曲[119]」. 故種善因結善果, 種惡因結惡果, 種瓜得瓜, 種豆得豆, 乃必然的道理.

談到因果, 我說兩件故事來證明.

(1) 琉璃王誅釋種的故事. 釋迦佛前, 迦毗羅閱城裏有一個捕魚村, 村裏有個大池, 那時天旱水涸[120], 池裏的魚類盡給[121]村人取喫, 最後剩下[122]一尾最大的魚 也被烹殺. 祗有一個小孩 從來沒有喫魚肉. 僅那天敲了大魚頭

---

115) 且約略說說: 우선 대략 이야기하겠다. 且(qie): 우선. 당분간. 約略(yuelüe): 대략. 說說: 좀 이야기하다.

116) 尤其(youqi): 특히. 더욱. 尤(우) : 특히.

117) 妄作胡爲(wang zuo hu wei): 함부로 마구 행동하다.

118) 三途少他不了: 삼악도의 고통이 그에게 적지 않게 닥쳐올 것이다. 少不了(shao · bu liao): 적지 않다.

119) 紆曲(yuqu): 꼬불꼬불함. 紆=迂(우)

120) 天旱水涸(tianhan shui' e): 날이 가물어 물이 마르다. 涸(학): 물이 마르다.

121) 給(gei): (~에게) ~당하다.

122) 剩下(sheng · xia): 남다.

三下來玩耍[123). 後來釋迦佛住世的時候, 波斯匿王很相信[124)佛法, 娶釋種女生下一個太子, 叫作[125)琉璃. 琉璃幼時在釋種住的 迦毗羅閱城讀書, 一天爲因[126)戲坐佛的座位, 被人罵他, 把他抛下來, 懷恨在心. 及至[127)他作國王, 便率大兵攻打迦毗羅閱城, 把城裏居民盡數殺戮, 當時佛頭痛了三天. 諸大弟子都請佛設法[128)解救他們, 佛說定業難轉. 目犍連尊者, 以神通力用鉢攝藏釋迦親族五百人在空中, 滿以爲[129)把他們救出, 那知[130)放下來時, 已盡變爲血水. 諸大弟子請問佛, 佛便將過去村民喫魚類那段公案說出. 那時大魚就是現在的琉璃王前身. 他率領[131)的軍隊, 就是當日池裏的魚類. 現在被殺的羅閱城居民, 就是當日喫魚的人. 佛本身就是當日的小孩, 因爲敲了魚頭三下, 所以現在要遭頭痛三天之報. 定業難逃, 所以釋族五百人, 雖被目連尊者救出, 也難逃性命. 後來琉璃王生墮地獄. 寃寃相報, 沒有了期. 因果實在可怕.

⑵ 百丈度野狐的故事. 百丈老人有一天上堂, 下座後, 各人都已散去, 獨有一位老人沒有跑[132). 百丈問他作甚麽. 他說, 「我不是人, 實是野狐精, 前生本是這裏的堂頭, 因有個學人問我「大修行人還[133)落因果否」. 我說, 「不落因果」. 便因此墮落, 作了五百年野狐精, 沒法脫身, 請和尚慈悲開示」. 百

---

123) 玩耍(wanshua): 장난하다. 耍(사): 장난[희롱]하다.
124) 相信(xiangxin): 믿다. 신임하다.
125) 叫作(jiaozuo): ~라고 부르다[불리다].
126) 爲因(weiyin)=因爲(yinwei): ~ 때문에.
127) 及至(jizhi): ~(하기)에 이르러. ~의 때가 되자.
128) 設法(shefa): 방안을 강구하다. 대책을 세우다.
129) 滿以爲(man yiwei): 아주 믿다. 滿: 완전히. 아주. 以爲: 생각하다. 여기다.
130) 那知(nazhi): 뜻밖에도. 의외로.
131) 率領(shuailing): 거느리다. 이끌다.
132) 跑(pao): 달리다. 달아나다. 여기서는 '가다. 가 버리다' 의 뜻.
133) 還(hai): ~조차. ~까지도.

丈說,「你來問我」. 那老人便道[134]「請問和尙, 大修行人還落因果否」. 百丈答道,「不昧因果」. 那老人言下大悟. 卽禮謝道,「今承和尙代語[135], 令我超脫狐身, 我在後山巖下, 祈和尙以亡僧禮送」. 第二天百丈在後山石巖以杖撥出一頭死狐, 便用亡僧禮將他化葬. 我們聽了這兩段故事, 便確知因果可畏, 雖成佛也難免頭痛之報. 報應絲毫不爽[136], 定業實在難逃. 我們宜時加警惕[137], 愼勿[138]造因.

2) 嚴持戒律

用功辨道首要持戒. 戒是無上菩提之本, 因戒才可以生定, 因定才可以發慧, 若不持戒而修行, 無有是處[139]. 楞嚴經四種淸淨明誨, 告訴我們 不持戒而修三昧者, 塵不可出. 縱有多智禪定現前, 亦落邪魔外道. 可知道持戒的中要. 持戒的人, 龍天擁護, 魔外敬畏. 破戒的人, 鬼言大賊, 掃其足迹. 從前在罽賓國近著僧伽藍的地, 有條[140]毒龍時常[141]出來爲害地方, 有五百位阿羅漢聚在一起[142], 用禪定力去驅逐他, 總沒法[143]把他趕跑[144]. 後來另[145]有一位僧人[146], 也不入禪定, 僅對那毒龍說了一句話,「賢善遠此處去」. 那毒

---

134) 道(dao): 말하다.
135) 代語(daiyu): 선지식이 학인에게 묻고 나서 대답하지 못할 때 대신 답하는 말.
136) 絲毫不爽(sihao bushuang): 털끝만큼도 어긋나지 않다. 爽(상): 어긋나다.
137) 警惕(jingti): 경계하다. 조심하다. 惕(척): 겁내다.
138) 愼勿(shen wu): 절대 ~하지 말라.
139) 無有是處(wu you shi chu): 옳지 않다. 타당하지 않다.
140) 有條(you tiao): 어떤 한 마리의. 條: 가늘고 긴 사물을 세는 단위. '마리'.
141) 時常(shichang): 늘. 항상.
142) 一起(yiqi): 함께. 더불어.
143) 沒法(meifa)=沒有法子(meiyou fa · zi): 방법이 없다.
144) 趕跑(ganpao): 쫓아버리다. 몰아내다.
145) 另(령, ling): 다른. 딴.
146) 僧人(sengren): 스님.

龍便遠跑了. 衆羅漢問那僧人甚麼神通把毒龍趕跑. 他說,「我不以禪定力, 直以謹愼於戒, 守護輕戒, 猶如重禁」. 我們想想, 五百位羅漢的禪定力, 也不及一位嚴守禁戒的僧人.

或云, 六祖說,『心平何勞持戒, 行直何用參禪』. 我請問你的心已平直沒有? 有個月裏嫦娥[147]赤身露體[148]抱着你, 你能不動心嗎? 有人無理辱罵痛打你, 你能不生瞋恨心嗎? 你能够[149]不分別寃親憎愛, 人我是非嗎? 統統[150]作得到, 才好開大口, 否則不要說空話.

3) 堅固信心

想用功辨道, 先要一個堅固信心. 信爲道元功德母. 無論作甚麽事, 沒有信心, 是作不好的. 我們要了生脫死, 尤其要一個堅固信心. 佛說大地衆生皆有如來智慧德相, 只因妄想執著, 不能證得. 又說了種種法門, 來對治衆生的心病. 我們就當信佛語不虛, 信衆生皆可成佛. 但我們爲什麽不成佛呢? 皆因未有如法下死[151]功夫呀. 譬如我們信知黃豆可造豆腐, 你不去造他, 黃豆不會自己變成豆腐. 卽使[152]造了, 石膏[153]放不如法, 豆腐也會造不成. 若能如法磨煮去渣[154], 放適量的石膏, 決定可成豆腐. 辦道亦復如是, 不用功固然[155]不可以成佛, 用功不如法, 佛也是不能成. 若能如法修行, 不退不悔, 決定可

147) 嫦娥(chang' e): 월궁항아(아름다운 여인의 비유). 상아라고도 함.
148) 赤身露體(chi shen lu ti): 알몸을 드러내다.
149) 能够(nenggou): 능히 할 수 있다. 够: 충분하다.
150) 統統(tongtong): 모두. 전부.
151) 下死(xiasi): 있는[죽을] 힘을 다하다.
152) 卽使(jishi): 설사 ~라[~한다] 하더라도.
153) 石膏(shigao): 석고. 중국식 두부를 만들 때 두부가 엉기게 하는 것.
154) 渣(사, zha): 찌꺼기.
155) 固然(guran): 물론 (~하지만).

以成佛. 故我們應當深信自己本來是佛. 更應[156]深信依法修行決定成佛. 永嘉禪師說, 「證實相, 無人法, 刹那滅却阿鼻業, 若將妄語誑衆生, 自招拔舌塵沙劫」. 他老人家[157]慈悲, 要堅定後人的信心 故發如此弘誓.

4) 決定行門

信心旣具, 便要擇定一個法門來修持, 切不可朝秦暮楚[158]. 不論念佛也好, 持咒也好, 參禪也好, 總[159]要認定[160]一門, 驀直幹去[161], 永不退誨. 今天不成功, 明天一樣幹. 今年不成功, 明年一樣幹. 今世不成功, 來世一樣幹. 潙山老人所謂, 「生生若能不退, 佛階決定可期」. 有等人打不定主意[162], 今天聽那位善知識說念佛好, 又念兩天佛. 明天聽某位善知識說參禪好, 又參兩天禪. 東弄弄西弄弄[163], 一生弄到死, 總弄不出半點「名堂[164]」, 豈不冤哉枉也[165].

(二) 參禪方法

用功的法門雖多, 諸佛祖師皆以參禪爲無上妙門. 楞嚴會上佛勅文殊菩薩揀選[166]圓通, 以觀音菩薩的耳根圓通爲最第一. 我們要反聞聞自性, 就

---

156) 更應(gengying): 더욱 ~해야 한다. 應: (마땅히) ~해야 하다.
157) 老人家(lao · ren · jia): 어른. 어르신. 여기서는 노스님.
158) 朝秦暮楚(zhao Qin mu Chu): 아침에 진나라에 있다가 저녁에 초나라로 감. 곧 이랬다저랬다 태도를 바꾸는 것.
159) 總(zong): 여하튼. 아무래도. 좌우간.
160) 認定(rending): (틀림없다고) 굳게 믿다.
161) 幹去(gan · qu): 해 나가다. 밀고 나가다.
162) 打不定主意: 마음을 정하지 못하다. 打定主意(dading zhu · yi): 마음을 정하다.
163) 東弄弄西弄弄: 이렇게 좀 해 보고 저렇게 좀 해 보다. 弄(nong): 하다.
164) 名堂(ming · tang): 성과. 결과.
165) 冤枉(yuan · wang): 억울하다. 원통하다. 哉는 반문의 어조사.

是參禪. 這裏是禪堂, 也應該講[167]參禪這一法.

1) 坐禪須知

平常日用皆在道中行, 那裏不是道場, 本用不著[168]甚麼禪堂, 也不是坐才是禪的. 所謂禪堂, 所謂坐禪, 不過爲我等末世障深慧淺的衆生而設.

坐禪要曉得[169]善調養身心. 若不善調, 小則害病[170], 大則著魔, 實在可惜[171]. 禪堂的行香坐香, 用意[172]就在調身心. 此外調身心的方法還多, 今擇要[173]略說.

跏跏趺坐時, 宜順著自然正坐. 不可將腰作意挺起[174], 否則火氣上升, 過後[175]會眼屎[176]多, 口臭氣頂, 不思飮食, 甚或吐血. 又不要縮腰垂頭, 否則容易昏沈.

如覺昏沈來時, 睜[177]大眼睛, 挺一挺腰, 輕略[178]移動臀部[179], 昏沈自然消滅.

用功太過[180]急迫, 覺心中煩燥[181]時, 宜萬緣放下, 功夫也放下來. 休息

166) 揀選(jianxuan): 고르다. 선택하다.
167) 也應該講: 그래도 이야기[설명]해야 한다. 應該(yinggai): 응당 ~해야 한다.
168) 用不著(yong · bu zhao): 필요치 않다. 쓸모없다.
169) 曉得(xiao · de): (분명하게) 알다. 曉: 이해하다.
170) 害病(haibing): 병에 걸리다.
171) 可惜(kexi): 안타깝다. 아쉽다. 애석하다.
172) 用意(yongyi): 의도. 뜻하는 바.
173) 擇要(zeyao): 요점을 가리다. 핵심을 추리다.
174) 挺起(tingqi): 위로 곧게 펴다. 挺(정): 곧게 펴다.
175) 過後(guohou): 그 뒤에. 나중에. 이후에.
176) 會眼屎: 눈곱이 끼다. 眼屎(안시, yanshi): 눈곱
177) 睜(정, zheng): 눈을 뜨다.
178) 輕略(qinglüe): 가볍게 조금.
179) 臀部(tunbu): 엉덩이.

約半寸香, 漸會舒服[182], 然後再提起用功. 否則日積月累, 便會變成性燥易怒, 甚或發狂著魔. 坐禪有些受用時, 境界很多, 說之不了. 但你不要去執著着 便礙不到你. 俗所謂 '見怪不怪, 其怪自敗'. 雖看見妖魔鬼怪來侵擾你, 也不要管他, 也不要害怕[183]. 就是見釋迦佛來替[184]你摩頂授記, 也不要管他, 不要生歡喜. 楞嚴所謂, 「不作聖心, 名善境界. 若作聖解, 即受群邪」.

2) 用功下手 — 認識賓主

用功怎樣[185]下手呢? 楞嚴會上憍陳那尊者說客塵二字, 正是我們初心用功下手處. 他說, 「譬如行客, 投寄旅亭, 或宿或食, 宿食事畢, 俶裝[186]前途, 不遑[187]安住. 若實主人, 自無攸往[188]. 如是思惟, 不住名客, 主名主人. 以不住者, 名爲客義. 又如新霽[189], 清暘升天, 光入隙中, 發明空中, 諸有塵相, 塵質搖動, 虛空寂然. 澄寂名空, 搖動名塵. 以搖動者, 名爲塵義」. 客塵喻妄想, 主空喻自性. 常住的主人, 本不跟[190]客人或來或往, 喻常住的自性, 本不隨妄想忽生忽滅. 所謂「但自無心於萬物, 何妨萬物常圍繞」. 塵質自搖動, 本礙不著澄寂的虛空. 喻妄想自生滅, 本礙不著如如不動的自性. 所謂「一心不生, 萬法無咎」.

---

180) 太過(taiguo): 너무 지나치다.
181) 煩燥(fanzao): 초조하다.
182) 舒福(shufu): (몸과 마음이) 편안하다. 쾌적하다.
183) 害怕(haipa): 두려워하다. 겁내다. 害: 불안한 마음이 생기다. 걱정되다.
184) 替(ti): ~을 위하여. ~ 때문에.
185) 怎樣(zenyang): 어떠하다. 어떻게. 怎(즘): 어떻게.
186) 俶裝(chuzhuang): 옷차림을 단정히 하다.
187) 不遑(buhuang): 겨를이 없다. 遑(황): 한가하다.
188) 無攸往: 갈 곳이 없다. 攸(유, you): 바(所). 곳.
189) 霽(제, ji): (비가 온 뒤에) 날이 개다.
190) 跟(근, gen): 뒤쫓아 가다. 따라가다; ~와 함께.

此中客字較粗, 塵字較細. 初心人先認清了[191]「主」和「客」, 自不爲妄想遷流[192]. 進步明白[193]了「空」和「塵」, 妄想自不能爲礙. 所謂 識得不爲冤. 果能於此諦審[194]領會[195], 用功之道, 思過半[196]了.

3) 話頭與疑情

古代祖師, 直旨人心見性成佛. 如達摩祖師的安心, 六祖的惟論見性, 只要直下承當便了, 沒有看話頭的. 到後來的祖師, 見人心不古[197], 不能死心塌地[198], 多弄機詐[199]. 每每[200]數他人珍寶, 作自己家珍. 便不得不各立門庭[201], 各出手眼[202], 才令學人看話頭.

話頭很多, 如「萬法歸一, 一歸下處」, 「父母未生前, 如何是我本來面目」等等. 但以念佛是誰, 爲最普通.

甚麼叫話頭? 話就是說話[203], 頭就是說話之前. 如念「阿彌陀佛」是句話, 未念之前就是話頭. 所謂話頭, 即是一念未生之際. 一念才生, 已成話尾. 這一念未生之際, 叫做[204]不生. 不掉擧, 不昏沈, 不著靜, 不落空, 叫作不滅. 時

191) 認淸(renqing): 똑똑히 알다. 분명히 이해하다.
192) 爲妄想遷流: 망상에 휩쓸려 가다. 遷流(qianliu): 흘러가다. (시간이) 흐르다.
193) 明白(mingbai): (분명하게) 이해하다. 알다.
194) 諦審(di shen): 자세히 살펴하다. 諦(체): 찬찬히, 자세히.
195) 領會(linghui): 깨닫다. 이해하다.
196) 思過半(si guo ban): 생각하여 깨달은 바가 많음.
197) 人心不古: 사람들의 마음이 순박하지 않다. 古(gu): 순박하다. 질박하다.
198) 死心塌地(si xin ta di): 죽을 때까지. 목숨을 걸고. 기어코. 塌(탑): 무너지다.
199) 機詐(jizha): 임기응변으로 사람을 속이다.
200) 每每(mei · mei): 매양. 늘.
201) 門庭(menting): 가문. 집안.
202) 手眼(shouyan): 수완. 수단. 계략.
203) 說話(shuohua): 말.
204) 叫做(jiaozuo): ~라고 부르다[불리다].

時刻刻, 單單寂寂, 一念回光返照這「不生不滅」, 就叫作看話頭, 或照顧話頭.

看話頭先要發疑情, 疑情是看話頭的拐杖[205]. 何謂疑情? 如問念佛的是誰, 人人都知道是自己念. 但是[206]用口念呢, 還是[207]用心念呢? 如果用口念, 睡著了還有口, 爲什麼不會念? 如果用心念, 心又是個什麼樣子, 却沒處捉摸[208]. 因此不明白, 便在「誰」上發起輕微的疑念. 但不要粗, 愈細愈好[209]. 隨時隨地, 單單照顧定這個疑念. 像流水般[210]不斷地看去, 不生二念. 若疑念在, 不要動著他. 疑念不在, 再輕微提起. 初用心時, 必定[211]靜中比動中較得力些[212]. 但切不可生分別心, 不要管他得力不得力, 不要管他動中或靜中, 你一心一意的用你的功好了.

「念佛是誰」四字, 最著重在個「誰」字. 其餘三字不過言其大者而已. 如穿衣[213]喫飯的是誰, 屙屎[214]放尿的是雖, 打無明的是誰, 能知能覺的是誰. 不論行住坐臥, 「誰」字一舉, 便有最容易發疑念, 不待[215]反覆思量卜度[216]作意才有. 故誰字話頭, 實在是參禪妙法. 但不是將「誰」字或「念佛是誰」四字作佛號念. 也不是思量卜度去找念佛的是誰, 叫做疑情. 有等[217]將「念佛是

205) 拐杖(괴장, guaizhang): 지팡이.
206) 但是(danshi): 그렇지만. 그렇다 해도.
207) 還是(haishi): 아니면.
208) 捉摸(zhuomo): 추측하다. 짐작하다.
209) 愈細愈好: 미세할수록 더욱 좋다. 愈(yu)~愈~: ~하면 할수록 더욱 ~하다.
210) 像流水般: 마치 흐르는 물처럼. 像(xiang): 마치 ~같다. 般(ban): 처럼. 같이.
211) 必定(biding): 반드시. 꼭.
212) 較得力些: 상대적으로 더 힘을 얻는다. 較(jiao): 비교적. 한결. 些(xie): 더.
213) 穿衣(chuan yi): 옷을 입다. 穿(천): 입다. 신다.
214) 屙屎(e shi): 똥을 누다. 屙(아): (대소변을) 보다. 屎(시): 똥.
215) 不待(budai): ~할 필요가 없다.
216) 思量卜度(si · liang buduo): 생각하고 헤아림. 卜度(복탁): 추측하다.
217) 有等(youdeng): 어떤 사람들.

誰」四字, 念不停口, 不如念句阿彌陀佛功德更大. 有等胡思亂想[218], 東尋西找, 叫做疑情, 那知愈想妄想愈多, 等於欲升反墜, 不可不知.

初心人所發的疑念很粗, 忽斷忽續, 忽熟忽生, 算不得疑情, 僅可叫做想. 漸漸狂心收籠[219]了, 念頭也有點把得住了, 才叫做參. 再漸漸功夫純熟, 不疑而自疑. 也不覺得坐在甚麽處所, 也不知道有身心世界, 單單疑念現前, 不間不斷, 這才叫做疑情. 實際說起來, 初時那算得用功, 僅僅是打妄想[220]. 到這時眞疑現前, 才是眞正用功的時候. 這時候是一個大關隘[221], 很容易跑入歧路[222]. (1) 這時候淸淸淨淨無限輕安, 若稍[223]失覺照, 便陷入輕昏狀態. 若有個明眼人在旁, 一眼便會看出[224]他正在這個境界, 一香板打下, 馬上[225]滿天雲霧散, 很多會因此悟道的. (2) 這時淸淸淨淨, 空空洞洞, 若疑情沒有了, 便是無記, 坐枯木巖. 或叫「冷水泡石頭」. 到這時就要提, 提卽覺照. (覺卽不迷, 卽是慧. 照卽不亂, 卽是定.) 單單寂寂這一念, 湛然寂照, 如如不動, 靈靈不昧, 了了常知 如冷火抽烟[226], 一線綿延[227]不斷. 用功到這地步[228], 要具金剛眼睛, 不再提. 提就是頭上安頭. 昔有僧問趙州老人道, 「一物不將來時如何」. 州曰, 「放下來」. 僧曰, 「一物不將來放下個甚麽」. 州曰, 「放不下

218) 胡思亂想(hu si luan xiang): 터무니없는 생각을 하다. 제멋대로 생각하다.
219) 收籠(shoulong): (흩어진 것을) 한데 모으다. 거두어들이다.
220) 打妄想: 망상을 피우다. 打(da): (행위 · 동작 · 놀이 등을) 하다.
221) 關隘(guan' ai): 관문. 요충지.
222) 跑入歧路(paoru qilu): 샛길로 (잘못) 들어서다. 歧路=岐路: 갈림길; 샛길.
223) 稍(초, shao): 조금. 약간; 잠시. 本音은 '소'.
224) 看出(kanchu): 간파하다. 꿰뚫어 보다. 알아차리다.
225) 馬上(mashang): 곧. 즉시.
226) 冷火抽烟(lenghua chouyan): 꺼져 가는 불에서 연기가 피어오르다. 抽烟: 연기를 빨아들이다. 담배 피우다. 여기서는 '연기가 피어오르다' 로 해석함.
227) 綿延(mianyan): 길게 이어져 있다. 끊임이 없다.
228) 地步(dibu): 도달한 정도. 수준. 경지; 지경. 상태.

挑起去」. 就是說這時節. 此中風光[229], 如人飮水, 冷暖自知, 不是言說可能到. 到這地步的人, 自然明白, 未到這地步的人, 說也沒用. 所謂「路逢劍客須呈劍, 不是詩人不獻詩」.

4) 照顧話頭與反聞聞自性

或問, 「觀音菩薩的反聞聞自性, 怎見得[230]是參禪」. 我方說照顧話頭, 就是教你時時刻刻單單的的, 一念回光返照, 這「不生不滅」(話頭). 反聞聞自性, 也是教你時時刻刻單單的的一念反聞聞自性. 「回」就是反, 「不生不滅」就是自性. 「聞」和「照」, 雖順流時循聲逐色, 聽不越於聲, 見不超於色, 分別顯然. 但逆流時反觀自性, 不去循聲逐色, 則原是一精明, 「聞」和「照」沒有兩樣. 我們要知道, 所謂照顧話頭, 所謂反聞聞自性, 絕對不是用眼睛來看, 也不是用耳朶[231]來聽. 若用眼睛來看或耳朶來聽, 便是循聲逐色, 被物所轉, 叫做順流. 若單單的的一念在「不生不滅」中, 不去循聲逐色, 就叫做逆流, 叫做照顧話頭, 也叫做反聞自性.

5) 生死心與長遠心

參禪最要生死心切, 和發長遠心. 若生死心不切, 則疑情不發, 功夫做不上. 若沒有長遠心, 則一曝十寒[232], 功夫不成片. 只要有個長遠切心, 眞疑便發. 眞疑發時, 塵勞煩惱不息而息. 時節一到, 自然水到渠成[233].

---

229) 風光(fengguang): 경치. 여기서는 공부의 경계. 경지

230) 怎見得(zen jian · de): 어떻게 ~로 볼 수 있느냐. 見得: ~으로 보다[생각하다].

231) 耳朶(er · duo): 귀. 朶(타): 귓불.

232) 一曝十寒(yi pu shi han): 하루 볕을 쬐고 열흘 식히다. 조금 노력하다 말다 하다. 曝(폭): 햇볕에 쬐다.

我說個親眼看見的故事, 給你們聽. 前淸庚子年間, 八國聯軍入京, 我那時跟光緒帝慈禧太后們一起走. 中間有一段, 徒步向陝西方面跑, 每日跑幾十里路[234], 幾天沒有飯喫. 路上有一個老百姓, 進貢了一點番薯藤[235], 給光緒帝, 他喫了還問那人是什麽東西[236], 這麽好喫. 你想皇帝平日[237]好大的架子[238], 多大的威風, 那曾跑過幾步路, 那曾餓過半頓　子[239], 那曾喫過番薯藤. 到那時架子也不擺[240]了, 威風也不逞[241]了, 路也跑得了, 　子也餓得了, 菜根也喫得了. 爲甚麽他這樣放得下? 因爲聯軍想要他的命[242], 他一心想逃命[243]呀? 可是[244]後來議好和[245], 御駕回京, 架子又擺起來了, 威風又逞起來了, 路又跑不得了, 　子餓不得了, 稍不高興[246]的東西, 也喫不下咽[247]了. 爲甚他那時又放不下了? 因爲聯軍已不要他的命, 他已沒有逃命的心呀? 假使[248]他時常將逃命時的心腸[249]來辦道, 還有甚麽不了? 可

---

233) 水到渠成(shui dao qu cheng): 물이 흐르는 곳에 도랑이 생긴다. 조건이 구비되면 일이 이루어진다. 渠(거): 도랑.

234) 跑路(paolu): 길을 가다.

235) 番薯藤(fanshu teng): 고구마 줄기. 番薯(번서): 고구마. 藤: 넝쿨. 덩굴.

236) 東西(dong · xi): 물건. 음식.

237) 平日(pingri): 평소. 평상시; 평일.

238) 架子(jia · zi): (뽐내는) 태도. 허세. 티.

239) 餓半頓　子: 반 끼니 배를 곯다. 頓(dun): 끼니. 　子(du · zi): 배.

240) 擺(파, bai): 드러내다. 과시하다. ~架子: 거드름 피우다.

241) 逞威風(cheng weifeng): 위풍을 떨다. 뽐내다. 逞(령): 뽐내다. 과시하다.

242) 想要他的命: 그의 목숨을 빼앗으려 하다. 想: ~하려 하다. 要命(yaoming): 목숨을 빼앗다. 죽이다.

243) 逃命(taoming): 목숨만 건져 도망치다. 살기 위해 도망치다.

244) 可是(keshi): 그러나.

245) 議好和: 강화(講和)가 잘 이루어지다. 議和(yihe): 강화하다. 협상을 하다.

246) 不高興(bu gaoxing): 달갑지 않은. 여기서는 '맛이 없는'.

247) 不下咽(bu xia yan): 목구멍(咽)을 넘어가지(下) 않다. 咽(인): 목구멍. 인두.

248) 假使(jiashi): 만약. 만약. 가령.

249) 心腸(xinchang): 마음씨. 심성.

惜沒箇長遠心, 遇著順境, 故態復萌.

諸位同參呀. 無常殺鬼, 正時刻要我們的命, 他永不肯同我們「議和」的呀[250]. 快發個長遠切心, 來了生脫死吧. 高峯妙祖說, 「參禪若要剋日[251]成功, 如墮千丈井底相似, 從朝至暮, 從暮至朝, 千思想, 萬思想, 單單是箇求出之心, 究竟決無二念. 誠能如是施功, 或三日, 或五日, 或七日, 若不徹去, 高峯今日犯大妄語, 永墮拔舌泥犁[252]」. 他老人家也一樣大悲心切, 恐怕[253]我們發不起長遠切心, 故發這麼重誓來向我們保證.

6) 用功兩種難易

用功人有兩種難易, (一)初用心的難易, (二)老用心的難易.

A. 初用心的難易

(一) 初心人難 — 偷心不死

初用心的通病, 就是妄想習氣放不下來, 無明 · 貢高[254] · 嫉妬 · 障礙 · 貪 · 瞋 · 癡 · 愛 · 懶做好喫[255] · 是非人我, 漲滿[256]一大　皮, 那能與道相應? 或有些是個公子哥兒[257]出身, 習氣不忘, 一些委屈[258]也受不得, 半點

---

250) 不肯同我們: 우리와 (~을) 하지 않으려고 하다. 不肯(buken): (기꺼이) ~하려 하지 않다. 同(tong): ~와. 과.

251) 剋日(keri): 기일을 한정하다. 剋(극): (기한을) 정하다.

252) 泥犁(nili): 지옥.

253) 恐怕(kongpa): ~할까 두려워하다. 염려하다.

254) 貢高(gonggao): 자기가 제일이라고 여기는 것(自以爲高人一等).

255) 懶做好喫(lanzuo haochi): 게으르고 먹는 것만 좋아한다.

256) 漲滿(zhangman): 넘칠 듯이 차 있다. 漲(창): 불어나다.

257) 公子哥兒(gongziger): 부잣집 자제[도련님].

258) 一些委屈: 약간의 억울함. 一些(yixie): 약간. 얼마간(의). 委屈(wei · qu): 억울함.

苦頭[259]也喫不得, 那能用功辦道? 他沒有想想本師釋迦牟尼佛, 是個甚麼人出家的. 或有些識得幾個文字, 便尋章摘句, 將古人的言句作解會[260], 還自以爲了不起[261], 生大我慢. 遇著一場大病, 便叫苦連天[262]. 或臘月三十到來, 便手忙脚亂[263], 生平[264]知解, 一點用不著, 才悔之不及.

有點道心的人, 又摸不著[265]一個下手處. 或有害怕妄想, 除又除不了[266], 終日煩煩惱惱, 自怨業障深重, 因此退失道心. 或有要和妄想拚命[267], 憤憤然提拳鼓氣[268], 挺胸睜眼, 像煞有介事[269], 要與妄想決一死戰, 那知妄想却拚不了, 倒弄得[270]吐血發狂. 或有怕落空, 那知早已[271]生出「鬼」, 空也空不掉[272], 悟又悟不來[273]. 或有將心求悟, 那知求悟道想成佛, 都是個大妄想, 砂非飯本, 求到驢年也決定不得悟. 或有掽到[274]一兩枝靜香[275]的, 便生歡喜, 那僅是盲眼烏龜鑽木孔, 偶然掽着, 不是實在功夫. 歡喜魔早已附心了.

---

259) 苦頭(ku · tou): 고통. 고난.
260) 作解會: 알았다는 생각을 내다.
261) 了不起(liao · buqi): 대단하다. 보통이 아니다.
262) 叫苦連天(jiao ku liantian): 계속[늘] 죽는 소리를 하다. 連天: 연일; 계속.
263) 手忙脚亂(shou mang jiao luan): 다급해서 갈피를 못 잡다. 허둥지둥하다.
264) 生平(shengping): 평생. 일생.
265) 摸不著(mo · bu zhao): 찾아내지 못하다. 종잡을 수 없다.
266) 除又除不了: 없애고 없애도 끝이 없다. 不了(buliao): ~해도 끝이 없다.
267) 拚命(panming): 목숨을 던지다; 목숨 걸고[필사적으로] 하다. 拚(변): 서슴없이 버리다.
268) 提拳鼓氣(tiquan guqi): 주먹을 쥐고 불끈 일어서다.
269) 像煞有介事: 무슨 일이라도 낼 것같이. 煞(살, sha)=殺: 죽이다. 有介事: 어떤 일(介=個).
270) 倒弄得: 도리어(倒) ~한 결과를 가져오다. 弄得(nong · de): ~하게 되다.
271) 早已(zaoyi): 이미. 벌써.
272) 不掉(budiao): (~해 버리려 해도) ~해지지 않는다. 掉(도): ~해 버리다.
273) 不來(bulai): ~할 수 없다.
274) 掽到(pengdao): 우연히 ~하게 되다.
275) 靜香(jingxiang): 좌선 시간. 香: 한 번 좌선이나 행선을 하는 시간. 향 한 자루[枝]가 타는 데 걸리는 시간이라고 하여 一枝香이라고도 한다.

或有靜中覺得淸淸淨淨很好過[276], 動中又不行[277], 因此避喧向寂, 早作了動靜兩魔王的眷屬. 諸如此類, 很多很多. 初用功摸不到路頭實在難. 有覺無照, 則散亂不能「落堂」. 有照無覺, 又坐在死水裏浸殺.

(二) 初用心的易 — 放下來單提一念

用功雖說難, 但摸到路頭又很易. 甚麽是初用心的易呢? 沒有甚麽巧, 放下來便是. 放下個甚麽, 便是放下一切無明煩惱. 怎樣才可放下呢? 我們也送過往生的, 你試罵那死屍幾句, 他也不動氣[278], 打他幾棒, 他也不還手[279], 平日好打無明的[280]也不打了, 平日好名好利的也不要了, 平日諸多習染[281]的也沒有了, 什麽也不分別了, 什麽也放下了. 諸位同參呀? 我們這箇軀殼子[282]一口氣[283]不來, 就是一具死屍. 我們所以放不下, 只因將它看重[284], 方生出人我是非愛憎取捨. 若認定這個軀殼子是具死屍, 不去寶貴[285]它, 根本不把它看作是我, 還有什麽放不下. 只要放得下, 二六時中, 不論行住坐臥, 動靜閒忙, 通身內外只是一個疑念, 平平和和不斷的疑下去, 不雜絲毫異念. 一句話頭, 如倚天長劍, 魔來魔斬, 佛來佛斬, 不怕甚麽妄想. 有甚麽打得你閒岔[286]? 那個去分動分靜. 那個去著有著空. 如果怕妄想, 又加一重妄想. 覺淸淨, 早已不是淸

276) 好過(haoguo): 상쾌하다. 쾌적하다.
277) 不行(buxing): 쓸모없다. 안 된다.
278) 動氣(dongqi): 화를 내다.
279) 還手(huanshou): 반격하다. 되받아치다.
280) 打無明的: 무지한 짓(無明)을 하던(打) 사람(的).
281) 習染(xiran): 나쁜 습관.
282) 軀殼子(quqiao · zi): 몸뚱이. 신체.
283) 一口氣(yi kouqi): 숨 한 모금. 한 번의 호흡. 一口: 한 모금. 한 입.
284) 看重(kanzhong): 중요시하다.
285) 寶貴(baogui): 소중히 하다. 중시하다.
286) 打閒岔(da jian cha): 중간에서 방해하다. 閒=間: 중간. 岔(차): 갈림길.

淨. 怕落空, 已經[287]墮在有中. 想成佛, 早已入了魔道. 所謂運水搬柴, 無非妙道, 鋤田種地, 總是禪機. 不是一天盤起腿子打坐[288], 才算用功辦道的.

B. 老用心的難易

(一) 老用心的難 — 百尺竿頭不能進步

甚麽是老用心的難呢? 老用心用到眞疑現前的時候. 有覺有照, 仍[289]屬生死, 無覺無照, 又落空亡. 到這境地實在難, 很多到此灑不脫[290], 立在百尺竿頭, 沒法進步的. 有等因爲到了這境地, 定中發點慧, 領略[291]古人幾則公案, 便放下疑情, 自以爲大徹大悟, 吟詩作偈, 瞬目揚眉, 稱善知識. 殊不知已爲魔眷. 又有等錯會了達摩老人的「外息諸緣, 內心無喘, 心如墻壁, 可以入道」和六祖的「不思善不思惡, 正與麽時[292], 那個是明上座本來面目」的意義, 便以坐在枯木岩爲極則. 這種人以化城爲寶所, 認異地作家鄕[293]. 婆子燒庵, 就是罵此等死漢.

(二) 老用心的易 — 綿密做去

甚麽是老用心的易呢? 到這時只要不自滿, 不中輟[294], 綿綿密密做去. 綿密中更綿密, 微細中更微細, 時節一到, 桶底自然打脫. 如或不然, 找善知識

---

287) 已經(yijing): 이미. 벌써.

288) 盤起腿子打坐: 다리를 틀고 앉아 좌선하다. 盤腿坐: 다리를 틀고 앉다. 盤(pan): 둘둘 감다. (다리 등을) 틀다. 腿子(tui · zi): 다리. 打坐(dazuo): 좌선하다.

289) 仍(잉, reng): 여전히. 그래도.

290) 灑不脫: 벗어나지 못하다. 灑脫(sa · tuo): (구속에서) 벗어나다. 빠져나오다.

291) 領略(linglüe): 이해하다. 알아차리다. 감지하다.

292) 正與麽時: 바로 이러한 때.

293) 家鄕(jiaxiang): 고향.

294) 中輟(zhongchuo): 중도에 그만두다. 輟(철): 중지하다.

抽釘拔楔[295]去.

寒山大士頌云,「高高山頂上, 四顧極無邊. 靜坐無人識, 孤月照寒泉. 泉中且無月, 月是在靑天. 吟此一曲歌, 歌中不是禪」. 首二句, 就是說獨露眞常, 不屬一切, 盡大地光皎皎地[296], 無絲毫障礙. 次四句, 是說眞如妙體, 凡夫固[297]不能識, 三世諸佛也找不到我的處所, 故曰無人識. 孤月照寒泉三句, 是他老人家方便譬如這個境界. 最後兩句, 怕人認指作月, 故特別提醒[298]我們, 凡此言說, 都不是禪呀.

丙. 結論

就是我方才[299]說了一大堆[300], 也是扯葛藤[301], 打閒岔. 凡有言說, 都無實義. 古德接人, 非棒則喝, 那有這樣羅索. 不過今非昔比[302], 不得不强作標月之指. 諸位同參呀? 究竟指是誰? 月是誰? 參.

---

295) 抽釘拔楔: 못을 뽑고 쐐기를 뽑다. 釘(정, ding): 못. 楔(설, xie): 쐐기

296) 皎皎地(jiaojiao · de): 교교하게. 환히 밝게. 地는 부사화 어미.

297) 固(gu): 본래. 원래; 물론. 당연히.

298) 提醒(tixing): 일깨우다. 깨우치다.

299) 方才(fangcai): 방금. 이제. 막.

300) 堆(퇴, dui): 무더기. 더미.

301) 扯葛藤(che geteng): '칡덩굴을 잡아당기다.' 이것은 사람을 만나 이야기할 때 말이 번다하여 간결하지 못한 경우를 뜻하는 선가의 표현이다. 扯(차): 잡아당기다.

302) 今非昔比(jin fei xi bi): 지금은 옛날(昔)에 비할 바가 아니다.

三. 參禪警語

心即是佛, 佛即是覺. 此一覺性, 生佛平等, 無有差別. 空寂而了無一物, 不受一法, 無可修證. 靈明而具足萬德, 妙用恒沙, 不假修證. 只因衆生迷淪生死, 經歷[303]長劫, 貪瞋癡愛, 妄想執着, 汚染已深, 不得已而說修說證. 所謂修者, 古人謂不詳之物, 不得已而用焉.

此次打七, 已經三個半七, 還有三個半七. 下三個半七, 身心較爲純熟, 用功當比前容易, 諸位不可錯過[304]因緣. 務要[305]在[306]下三個半七內, 弄個水落石出[307], 發明心地, 才不孤負[308]這個難得的機緣.

這二十多天來, 諸位一天到晚[309], 起早睡遲, 努力用功, 結果出不了四種境界. 一者, 路頭還有搞[310]不淸的, 話頭看不上, 糊糊塗塗[311], 隨衆打盹, 不是妄想紛飛, 就是昏沈搖擺[312]. 二者, 話頭看得上, 有了點把握, 但是死死握着一片敲門瓦子, 念著「念佛是誰」這個話頭, 成了念話頭. 以爲如此可以起疑情, 得開悟. 殊不知這是在話尾上用心, 乃是[313]生滅法, 終不能到一念無生之地. 暫用尙可, 若執以爲究竟實法, 何有悟道之期? 晚近禪宗之所以不出人了, 多緣[314]誤於在話尾上用心. 三者, 有的會看話頭, 能照顧現前

---

303) 經歷(jingli): 겪다. 경험하다.
304) 錯過(cuoguo): (기회 등을) 놓치다. 헛되이 보내다.
305) 務要(wuyao): 반드시 ~해야 한다. 務: 반드시.
306) 在(zai): ~(내)에서. ~에 있어서.
307) 水落石出(shui luo shi chu): 물이 마르니 돌이 드러난다. 결과가 분명해지다.
308) 孤負(gufu): (호의·기대 등을) 헛되게 하다. 저버리다(=辜負).
309) 一天到晚(yi tian dao wan): 아침부터 밤까지. 종일.
310) 搞(고, gao): (~을) 하다. 행하다.
311) 糊糊塗塗: 흐리멍텅하게. 糊塗(hu · tu): 흐리멍텅하다. 어리벙벙하다.
312) 搖擺(yaobai): 흔들리다. 동요하다.
313) 乃是(naishi): 바로 ~이다. 즉[곧] ~인 것이다.

一念無生. 或知念佛是心, 即從此一念起處, 驀直看到無念心相. 逐漸[315]過了寂靜, 粗妄旣息, 得到輕安, 就有了種種境界出現. 有的不知身子坐在何處了, 有的覺得身子輕飄飄的[316]上騰了,有的見到可愛的人物而生歡喜心的, 有的見到可怕的境界而生恐怖心的, 有的起淫慾心的, 種種不一, 要知這都是魔, 著即成病. 四者, 有的業障較輕的, 理路明白, 用功恰當[317], 已走上了正軌的[318], 淸淸爽爽[319], 妄想若歇, 身心自在, 沒有甚麼境界. 到此地步, 正好[320]振起精神[321], 用功向前, 惟須注意枯木巖前岔路[322]多. 有的是在此昏沈而停住了. 有的是得了點慧解, 作詩作文, 自以爲足, 起貢高我慢.

以上四種境界都是病, 我今與你們以對治之藥. 第一, 如話頭未看上, 妄想昏沈多的人. 你還是[323]看「念佛是誰」這個誰字. 待看到妄想昏沈少, 誰字不能忘了時, 就看這一念起處. 待一念不起時, 即是無生, 能看到一念無生, 是名眞看話頭. 第二, 關於[324]執着「念佛是誰」, 在話尾上用心, 以生滅法爲是的人. 也可照上述的意思[325], 即向念起處看到一念無生去. 第三, 關於觀無念已得寂靜輕安, 而遇到任何境界的人. 你只照顧本參話頭, 一念不生, 佛來佛斬, 魔來魔斬, 一概[326]不理[327]他, 自然無事, 不落群邪. 第四, 關於

---

314) 緣(yuan): ~에 기인하다.

315) 逐漸(zhujian): 점차. 차츰차츰. 점점.

316) 飄飄的(piaopiao · de): 사뿐사뿐. 둥실둥실.

317) 恰當(qia · dang): 적합하다. 알맞다. 잘 되다.

318) 走上正軌(zou · shang zhenggui): 정도正道를 걷다.

319) 淸淸爽爽: 아주 맑고 상쾌하다. 淸爽(qingshuang): 맑고 상쾌하다.

320) 正好(zhenghao): (~하기에) 꼭 알맞다. 딱 좋다.

321) 振起精神(zhenqi zhengshen): 정신을 새롭게 가다듬다.

322) 岔路(chalu): 갈림길.

323) 還是(hai · shi): (아무래도) ~하는 편이 좋다.

324) 關於(guanyu): ~에 관하여 (보자면).

325) 意思(yisi): (담겨 있는) 뜻. 의미.

326) 一概(yigai): 일절. 전혀; 전부. 모조리.

妄念已歇, 淸淸爽爽, 身心自在的人. 應如古人所說,「萬法歸一, 一歸下處」. 由一向至極處邁進, 直至高高山頂立, 深深海底行, 再撒手縱橫去.

以上所說, 都是對末法時期的鈍根人說的方法, 其實宗門上上一乘, 本師釋迦牟尼佛在靈山會上拈花之旨, 教外別傳. 歷代祖師, 惟傳一心, 直指人心, 見性成佛. 不落階級, 不假修證, 一言半句卽了. 無一法可得, 無一法可修, 當下就是. 不起妄緣, 卽如如佛. 那裏有許多閒話[328]呢?

四. 除夕普茶示衆

諸位上座, 今天又是臘月三十日了, 大衆都認爲[329]是過年, 常住沒有好供養, 請諸位多喫杯茶. 照曆書規定, 一年有春夏秋冬四季, 十二個月, 二十四個節氣. 人事上的措施[330], 多是應著天時而來的. 如農人的春耕夏耘, 秋放冬藏, 工人的起工停工, 商人的開張[331]結帳[332] 學校的開學放假, 我們出家人的結制解制, 請職退職, 無一不是根據天時節令[333]而來的. 一般人認爲過年是一個大關節[334], 要把一年的事, 作個總結, 同時要休息幾天.

你我有緣, 僥倖[335]今日同在雲門, 平安過年, 這時佛祖菩薩的可庇龍天的

327) 不理(buli): 상관하지 않다. 아랑곳하지 않다. 理: 상대하다. 상관하다.
328) 閒話(xianhua) : 한담. 잡담. 쓸데없는 말.
329) 認爲(renwei) : 여기다. 생각하다.
330) 措施(cuoshi) : 조치. 대책. 시책.
331) 開張(kai zhang): 개업하다. 그날의 거래를 시작하다.
332) 結帳(jie zhang): 결산하다. 청산하다.
333) 節令(jieling): 절기. 계절.
334) 關節(guanjie): 중요한 시기.
335) 僥倖(jiaoxing): 다행히. 요행으로; 운이 좋다. 행운이다.

護持, 亦由大家累劫栽培之所感. 但我們自己平安過年, 不可忘記那些[336]痛苦不堪[337]的人. 我們不可貪圖[338]歡樂, 要格外的[339]省愼, 深自懺悔, 精進修持, 自利利他, 廣培福慧. 年老的人, 死在眉睫[340], 固要猛進. 年輕[341]的人, 亦不可悠忽度日[342], 須知黃泉路上無老少, 孤墳多是少年人. 總要及早[343]努力, 了脫生死, 方爲上計[344].

我們本來天天喫茶, 何以今天名「喫普茶」呢? 這時先輩的婆心, 藉[345]喫普茶提醒大家. 昔趙州老人, 道風高峻, 十方學者參禮的甚衆. 一日, 有二僧新到, 州指一僧問曰, 「上座曾到此間[346]否」. 云「不曾到」. 州云「喫茶去」. 又問那一僧云「曾到此間否」. 云「曾到」. 州云「喫茶去」. 院主問曰, 「不曾到, 教伊喫茶去且置, 曾到, 爲甚麼也教伊[347]喫茶去」. 州云「院主」, 院主應「喏」[348], 州云「喫茶去」. 如是三人都得了利益. 後來傳偏天下, 都說「趙州茶」. 又如此地[349]雲門祖師, 有學者來見, 就舉起胡餠, 學者就領會了. 所以天下相傳[350], 「雲門餠」, 「趙州茶」. 現在諸位, 正在喫茶餠, 會了麼? 如若未會, 當體取喫茶作是誰, 喫

---

336) 那些(naxie): 그와 같은. 그러한.
337) 痛苦(tongku): 고통. 아픔.
338) 貪圖(tantu): 탐내다. 욕심내다.
339) 格外的(gewai · de): 특별한. 유다른.
340) 眉睫(mei · jie): 눈썹과 속눈썹 (사이). 아주 가까운 거리. 목전.
341) 年輕(nianqing): 젊다.
342) 悠忽(youhu): 어영부영. 빈둥빈둥.
343) 及早(jizao): 일찌감치. 빨리.
344) 上計(shangji): 상책.
345) 藉(자, jie): ~을 구실 삼다. (~의 기회를) 이용하다.
346) 此間(cijian): 여기. 이 곳. 이 근처.
347) 伊(yi): 그. 그 사람.
348) 喏(야, re): '예' [대답하는 소리].
349) 此地(cidi): 이곳. 여기.
350) 相傳(xiangchuan): (전설 등이) ~라고 전해지다.

餅的是誰? 大抵[351]古人, 念念合道, 步步無生, 一經點醒[352], 當下即悟. 今人梵行未清, 常常[353]在動, 念念生滅, 覆障太厚, 如何點法, 他亦不化. 所以諸位總要放下一切, 不使凡情妄念, 染污自己的妙用眞心. 古人說, 「但盡凡情, 別無聖解」. 你現在喫花生, 若不知花生的香味, 就同木石, 若知花生的香味, 就是凡夫. 如何去此有無二途處, 就是衲僧本分事. 縱然[354]超脫了這些見解, 猶在鬼窟裏作活計. 大家子細[355], 放下身心, 莫隨節令轉, 直下參去.

五. 修與不修

講修行, 講不修行, 都是一句空話. 你我透徹了自己這一段心光, 當下了無其事, 還說甚麼修與不修. 試看本師釋迦牟尼佛的表顯[356]. 出家訪道, 苦行六年證道, 夜覩明星, 嘆日, 「奇哉奇哉, 大地衆生, 皆有如來智慧德相, 祗因妄想執著, 不能證得. 若離妄想, 則清淨智, 自然智, 無師智, 自然現前」. 以後說法四十九年, 而日「未說著一字」. 自後歷代祖師, 一脈相承, 皆認定「心佛衆生, 三無差別」, 「直指人心, 見性成佛」. 橫說竪說, 或棒或喝, 都是斷除學者的妄想分別. 要他直下「識自本心, 見自本性」. 不假一點方便葛藤, 說修說證. 佛祖的意旨, 我們也就皎然明白了.

---

351) 大抵(dadi): 대체로. 대략.

352) 一經點醒(yijing dianxing): 깨우쳐 주기만 하면. 一經: 일단 ~하면. ~하자마자. 點醒: 깨우쳐 주다.

353) 常常(changchang): 항상. 늘.

354) 縱然(zongran): 설사 ~라 할지라도.

355) 表顯(biaoxian): 현양하다. 드러내어 보이다.

356) 子細=仔細(zixi): 조심하다. 주의하다. 정신 차리다.

你我現前這一念心，本來清淨，本自具足，周徧[357]圓滿，妙用恒沙，與三世諸佛無異．但不思量善惡，與麼去，就可立地[358]成佛，坐致[359]天下太平．如此有甚麼行可修，講修行豈不是句空話嗎？但你我現前這一念心，向外馳求，妄想執着，不能脫離．自無始以來，輪轉生死，無明煩惱，愈染愈厚．初不知自心是佛，即知了亦不肯承當，作不得主．沒有壯士斷腕[360]的勇氣，長在妄想執著中過日子．上焉者，終日作模作樣[361]，求禪求道，不能離於有心．下焉者，貪瞋癡愛，牢不可破，背道而馳．這兩種人，生死輪轉，沒有已時．講不修行，豈不又是空話．

所以大丈夫，直截了當．深知古往今來[362]，事事物物，都是夢幻泡影，無有自性．人法頓空，萬緣俱息，一念萬年，直至無生．旁人看他穿衣喫飯，行住坐臥，一如常人[363]．殊不知他安坐自己清淨太平家裏，享受無盡藏寶，無心無為，自由自在，動靜如如，冷暖祇他自己知道．不惟三界六道的人天神鬼窺他不破，就是諸佛菩薩也奈他不何[364]．這樣還說個甚麼修行與不修行呢？其次的人，就要發起志向[365]，痛念生死，發慚愧心，起精進行，訪道力參．常求善知識，指示途徑[366]，勘辨[367]邪正．「如切如磋如琢如磨」，「江漢以

---

357) 周徧(zhoubian): 두루 미치다(=周遍).

358) 立地(lidi): 그 자리에서. 즉시.

359) 坐致(zuozhi): 앉아서 얻다[이루다].

360) 壯士斷腕(zhuang shi duan wan): 작은 것을 희생하고 큰 것을 보전하다. 큰 일을 당하여 신속히 결단을 내리다.

361) 作模作樣(zuomo zuoyang): 갖은 방법으로 애를 쓰다. 『임제록』에 나오는 표현으로, '온갖 상상을 하다'로 해석하는 이들이 많으나 여기서는 달리 해석한다.

362) 古往今來(gu wang jin lai): 예로부터 지금까지.

363) 一如(yiru): ~와 똑같다.

364) 奈他不何: 그를 어떻게 하지 못한다. 奈何(nai he): 어떻게 하다. 어찌 하다.

365) 志向(zhixiang): 포부. (하고자 하는) 의향.

366) 途徑(tujing): 경로. 절차. 순서.

367) 勘辨(kanbian): 살펴서 분별하다. 가리다.

濯之, 秋陽以曝之」, 漸臻[368]於精純皎潔, 這就[369]不能說不修行了.

上來說的不免遷上就下, 仍屬一些葛藤, 明眼人看來, 要認爲「拖泥帶水」[370]. 然祖庭秋晚, 去聖日遙, 爲應群機, 不得已而如此羅索. 究實論之, 講修行講不修行, 都是空話. 直下無事, 本無一物, 那容開口. 菩薩呀, 會嗎?

---

368) 臻(진, zhen): 이르다. 미치다. 도달하다.
369) 這就(zhejiu): 이렇다면. 이러니; 지금 바로.
370) 拖泥帶水(tuo ni dai shui): (말이나 일처리가) 시원시원하지 않다. 너절하다.

제2부

선칠개시(禪七開示)

서(序)

어떤 사람이 "선禪을 말로 표현할 수 있는가?" 하고 물으면, "말로 표현할 수 없다"고 말한다. 또 "선은 말로 표현할 수 없는가?" 하고 물으면, "말로 표현할 수 없는 것도 아니다"라고 말한다. 어째서인가? 말로 표현할 수 없다는 것은 위로 제불諸佛의 마음에 계합하는 것이요, 말로 표현할 수 없는 것도 아니라고 하는 것은 아래로 유정중생을 제도하는 것이다. 만일 이치를 내세우되 말을 한다면, 설함이 없이 설하고, 설하되 설함이 없는 것이 제일의제第一義諦이다. 말로 표현할 수 없는 선에 조사선, 여래선, 문자선, 언어선은 물론이고 갈등선葛藤禪, 죽반선粥飯禪, 야호선野狐禪, 납탑선邋遢禪, 두피선豆皮禪 등 말을 하자면 끝이 없는 갖가지 선이 생겼고, 삿된 풍조가 날로 부채질을 해대어 선의 등불이 꺼질 지경이 되었다! 이것은 세간에 명안종장明眼宗匠이 부족한 까닭이다. 명·청대에도 선문禪門의 종장이 드물어 헤아릴 수 있을 정도였다. 지난 백 년 안에는 나의 스승 허운 노화상이 사람들을 위해 세상에 나오면서 선의 등불이 다시 타오르게 된 것은 세상 사람들이 모두 찬양하는 바이다. 그 수십 년간 말씀하신 법어와 하신 일들은 문하 제자들이 일련의 책으로 기록, 『법휘法彙』 제1집에 편입編入·간행하여 유통되고 있다. 계사癸巳년(1953년) 초봄에 스님께서는 상해 옥불사玉佛寺의 청에 응하여 선칠을 거행하셨다. 그때 가르치신 법요法要는 제1집에서 다 말씀하지 못한 것들도 있고 더 정밀하게 경책하는 것이어서, 참으로 세상을 구하는 금침金針이자 선 수행의 표준 지침이다. 당시 옥불사에서 간행하여 유통시킨 것은 이미 소진되어 해외의 승속 불자들이 구해서 읽어 보려 해도 그럴 수 없었다. 이번에 노화상의 큰 제자인 지정知定 스님이 새로이 정리·편집하고 간행하여 유정有情들을 이익되게 하면서 나에게 서문을 써 달라고 하기에, 합장하고 찬탄하면서 글을 지어 머리말로 삼는다. 이 책을 읽는 사람은 각기 금강의 눈동자를 갖추고 만 리 밖에서도 이미 허운 노화상의 진면목을 본 것일 터이다. 만일 어떤 사람이 이것이 조사선이냐 두피선豆皮禪이냐고 묻는다면, 노화상은 눈을 지그시 감고 미소를 띤 채 말씀이 없을 것이 분명하다. 나는 아둔하므로, 삼평三平 시자 스님이 대신 답하는 말씀을 삼가 배우는 바이다. 이르기를, "이렇게 말씀하든 저렇게 말씀하든, 말씀이 있든 말씀이 없든, 부처님 말씀이 아니면 곧 마군의 말이며, 모두 허튼소리다." "할喝." 만약 실법實法이라는 견해를 가지면 쏜살같이 지옥에 들어갈 것이다!

불력佛曆 2981년 갑오甲午(1954) 음력 시월에

순덕順德 잠학려岑學呂 관현寬賢 삼가 씀

제1장 선칠연기禪七緣起

옥불사는 선당을 지은 이후 이번에 종문宗門의 원로이신 114세 고령의 허운 노스님을 기쁘게 모셔 이 절에 머무르시게 하고 화평법회和平法會를 열기 시작했다. 각지의 승속이 모두 말하기를, 마땅히 이 좋은 기회를 이용하여 선禪의 제도를 중흥함과 동시에, 선칠을 거행하여 사부대중이 모두 허운 스님이 마음자리를 곧바로 가리켜 보이는 위없는 법익法益을 얻도록 해야 한다고 하였다. 또한 한 굽이 송강淞江 연안에서 법음法音을 유포하여 천하에 넘치게 하여 널리 유정들을 이롭게 하는 한편, 정법正法이 영원히 번창하게 하여 온 우주가 항구적으로 화평하기를 기원해야 한다고 하였다. 그리하여 옥불사의 위방葦舫 대화상과 이사호, 조박초, 이을준, 방자번, 호후보, 장자렴, 종혜성, 이경위, 축화평 등 거사들이 수차 허운 스님께 자비慈悲로 법을 베풀어 여러 사람들의 원을 이루어 주십사고 청하였다. 또 그 허락을 받는 자리에서 계사癸巳년 정월 초아흐레(1953년 2월 22일)부터 선칠을 시작하도록 하라는 말씀이 있으셨다.

제2장 기칠법어起七法語

초아흐레 오후 7시, 감향監香 스님들의 행례行禮가 끝난 뒤에 허운 스님을 선당 안으로 모셨다. 스님은 한가운데 서시고, 감향 스님들은 향판을 들고 양쪽에 팔八자 형태로 나누어 섰으며, 선칠에 참가한 사부대중 제자들은 그 주위에 둘러섰다. 허운 스님이 향판을 치켜들고 말씀하셨다.

새해 새달에 새로 선칠을 하니, 선불장選佛場이 무위를 배우기 시작했습니다. 무위는 필경 무위이니, 어떤 무위라고 말하는 것도 옳고 그름을 따지는 것입니다. 그러나 만물에 무심해지면 온갖 사물이 신령한 기틀을 드러냅니다但以無心於萬物 物物頭頭顯靈機. 새 봄에 새 불법을 널리 선양하니, 새 부처를 뽑아 뭇 근기의 중생을 제도할 수 있겠지요. 지금 선칠을 시작하는 일구一句는 뭐라고 합니까?

(잠시 침묵하다가 말씀하셨다.) 좌복에 앉아 허공을 부수고 웃으니, 향판이 얼핏 나올 때 둥근 달이 빛나네蒲團坐破虛空笑 香板點出月輪輝! (그리고 즉시 외치셨다.) 시작합니다起!

제3장 선칠법문七期開示

1. 초칠初七 첫째 날(정월 9일) 법문

여기 계신 대화상(위방 스님)은 아주 자비로우시고, 여러 반수班首 스님들은 도를 깨치겠다는 마음이 간절하십니다. 그리고 여러 대大거사님들은 도를 사모하는 마음이 지극하다 하겠습니다. 여러분 모두 발심하여 고요히 선칠을 하러 오셔서 저에게 주칠主七 소임을 맡아 달라고 부탁했습니다. 이 또한 하나의 수승한 인연이라고 할 수 있겠지요. 다만 제가 근년에 병을 앓아서 이야기를 많이 할 수 없습니다. 세존께서는 40여 년 간 법을 설하면서 현교도 말씀하시고 밀교도 말씀하셨는데, 그 가르침이 무려 삼장三藏 십이부十二部에 이릅니다. 저에게 설법을 부탁했지만 제 이야기는 불조佛祖가 남긴 몇 마디 말씀을 갖다가 쓰는 것에 지나지 않습니다.

종문의 한 법(선법)에 관해 보자면, 결국 부처님께서 마지막에 법좌에 올라 대범천왕大梵天王이 바친 금단목화金檀木花를 대중에게 보이실 때, 좌중의 인천人天 대중이 아무도 그 뜻을 모르는데 오직 마하가섭摩訶迦葉이 빙그레 미소를 지었다는 것입니다. 그러자 세존께서 말씀하시기를, "나에게 있는 정법안장正法眼藏, 열반묘심涅槃妙心, 실상무상實相無相을 그대에게 부촉咐囑하노라" 하셨습니다. 이것이 바로 '교외별전 불립문자敎外別傳 不立文字' 인데, 그 자리에서 알아차려야 하는 위없는 법문입니다. 후세 사람들은 두루뭉술하니 선禪이라고 하지만, 『대반야경』에서 들고 있는 선은 20여 가지나 된다는 것을 알아야 합니다. 그러나 이러한 선들은 모두 구경究竟이 아니며, 오직 종문의 선만이 계급階級(수행 단계)을 설정하지 않고 바로 그 자리에서 이해하여 견성성불 하는 위없는 선입니다. 무슨 선칠을 하고 말고가 있겠습니까? 다만 중생의 근기가 날로 둔해져 망념이 너무 많기 때문에, 여러 조사 스님들이 특별히 방편법을 내어 그들을 섭수攝受하려 한 것입니다.

이 종문은 마하가섭 때부터 지금까지 계속 이어져 6, 70대代에 이르렀습니다. 당 · 송(619~1278) 때는 선풍禪風이 천하에 두루하여 말할 수 없이 창성昌盛했지만, 지금은 너무나 쇠미해져서 금산사金山寺, 고민사高旻寺, 보광사寶光寺 등지에서 겨우 겉모습을 지탱하고 있을 뿐입니다. 그래서 지금 종문에 인재가 아주 적고, 이 때문에 타칠을 하지만 대개는 명실상부하지 못한 실정입니다.

옛날에 7조祖 청원행사靑原行思 스님[1)]이 육조 스님에게 물었습니다. "이제 어떻게 노력해야 계급에 떨어지지 않겠습니까?" 육조 스님이 말했습니다. "그대는 지금까지 무엇을 해 왔는가?" 행사 스님이 "성제聖

---

1) 의발衣鉢을 전수한 조사의 대는 6조로써 끝났다고 보는 것이 일반적이지만, 청원행사 법맥에서 조동종, 운문종, 법안종이 나왔으므로 그를 7조로 부르기도 한다.

諦(성스러운 진리)도 행하지 않습니다"고 하자, 육조 스님이 말했습니다. "어떤 계급에 떨어진다는 것인가?" 행사 스님이 말했습니다. "성제도 행하지 않는데 무슨 계급이 있겠습니까?" 육조가 그를 매우 중히 여겼습니다.

지금 우리는 근기가 열약劣弱합니다. 그래서 여러 큰 조사 스님들이 부득이 방편을 빌어서 일구화두를 참구하게 한 것입니다. 송나라 때 이후로 염불하는 사람이 많아지자, 여러 큰 조사 스님들이 "염불하는 것은 누구인가念佛是誰?"를 참구하라고 가르쳤습니다. 지금 각지에서 공부하고 있는 사람들은 모두 이 한 법을 참구합니다. 그러나 많은 사람이 아직도 이 공부법을 분명하게 이해하지 못하고, 이 '염불시수'라는 화두를 입 안에 둔 채 끊임없이 생각으로 지어갑니다. 그러면 하나의 염화두가 되어 버리는데, 이것은 화두를 참구하는 것이 아닙니다. '참구한다參'는 것은 '찾아 살핀다參看'는 뜻입니다. 그래서 흔히 선당마다 '조고화두照顧話頭'라는 네 글자를 벽에 붙여 놓은 것입니다. '조照'라는 것은 '돌이켜 비추는 것'이고, '고顧'라는 것은 '돌아보는 것'입니다. 즉, 자기 성품을 돌이켜 비추는 것反照自性입니다. 그래서 우리가 늘 바깥으로 치달리는 마음을 되돌려서 돌이켜 비출 때, 비로소 '화두를 본다'고 할 수 있습니다.

화두, 즉 "염불하는 것은 누구인가?"라는 것은 한 마디 말인데, 이 말을 아직 하기 전일 때를 '화두'라 하고, 이미 말하고 나면 '화미'가 되어 버립니다. 우리가 화두를 참구할 때는 이 "누구誰"라는 한 마디가 일어나기 전에 그것이 과연 무엇인지를 참구해야 합니다. 예를 들면, 제가 여기서 염불을 하고 있는데 갑자기 어떤 사람이 "허운! 염불하는 것은 '누구'요?" 하고 물으면, 저는 "염불하는 것은 나요" 하고 대답합니다.

그러면 묻기를, "염불하는 것이 당신이라면 입으로 염하오, 마음으로 염하오? 만약 입으로 염한다면 당신이 잠들었을 때는 왜 염하지 못하며, 만약 마음으로 염불한다면 당신이 죽었을 때는 왜 염하지 못하오?" 합니다. 우리는 바로 이 하나의 물음에 의심이 있게 되는데, 이 의심이 있는 곳에서 계속 그것을 추구해야 됩니다. '이 말이 대체 어디서 나오는가? 이것이 어떤 것인가?' 아주 세밀하게 돌이켜 비추고 면밀히 살펴야 합니다. 이것이 바로 '자성을 돌이켜 듣는' 것이기도 합니다.

행선을 할 때는 목을 옷깃에 대고(머리를 곧게 들고) 발걸음은 앞 사람을 바싹 좇아 걸으면서, 마음이 평안하고 고요한 상태로, 좌우를 돌아보지 말고, 일심으로 화두를 돌이켜 비추어야 합니다.

좌선을 할 때는 가슴을 너무 당겨 펴지 마십시오. 기氣를 위로 끌어올리지도 말고 밑으로 내리 누르지도 말고, 그것을 자연스럽게 따라가야 합니다. 오직 육근의 입구를 잘 단속하고 모든 생각을 놓아 버린 채, 또렷하게 화두를 돌이켜 비추면서 화두를 잊어버리지 말아야 합니다. 거칠면 안 됩니다. 거칠면 화두가 들떠서 자리를 잡지 못하게 됩니다. 미세해도 안 됩니다. 미세하면 혼침이 오고, 이내 공망空亡에 떨어집니다. 모두 얻는 게 없습니다. 만약 화두를 비추어 살피는 것이 잘 되면 공부가 저절로 쉽게 익어지고 습기가 저절로 쉬어집니다.

처음 공부하는 사람은 이 화두를 잘 비추어 살피기가 쉽지 않습니다. 그래도 겁을 내면 안 되고, 깨닫기를 바라거나 지혜를 구하는 따위의 생각을 해서도 안 됩니다. 이 타칠이 바로 깨닫기 위한 것이고, 지혜를 구하기 위한 것이라는 것을 알아야 합니다. 만일 여러분이 다시 한 생각을 내어 그런 것을 구한다면, 그것은 머리 위에 머리를 얹는 격입니다. 우리는 지금 알았으니, 곧바로 또렷이 일구화두만을 들고 곧바로 들어갈 수 있습니다.

우리가 처음 공부를 시작할 때 화두가 잘 들리지 않는다면, 절대로 조급해하면 안 됩니다. 오직 모든 생각을 다 비워 버리고 아주 면밀하게 비추어 살피기만 하십시오. 망상이 오면 그것이 오게 내버려두고 아예 거기에 신경 쓰지 않으면 망상은 자연히 그칠 것입니다. 이른바 "생각이 일어나는 것을 두려워하지 말고, 알아차리는 것이 늦는 것만 두려워하라不怕念起 只怕覺遲"는 것입니다. 망상이 오면 항상 깨어서 비추는 것覺照으로써 힘껏 이 화두를 붙들고, 만약 화두를 놓쳤으면 바로 다시 드십시오. 처음 한두 시간의 좌선은 망상과 싸우는 것과 비슷합니다. 그러나 시간이 지날수록 화두가 힘을 얻을 것이고, 그럴 때는 여러분이 한 입선시간一枝香에 화두를 한 번 들면 놓치는 법이 없습니다. 그것은 곧 화두를 장악한 것입니다. 그러나 지금까지 이야기한 것은 다 부질없는 말이니, 공부를 잘 하십시오!

2. 초칠 둘째 날(정월 10일) 법문

타칠이라고 하는 이 한 법이야말로, 기한을 정하고 깨달음을 얻기에 가장 좋은 방법입니다. 옛날 사람들은 근기가 예리해서 이 방법을 늘 쓰지는 않았고, 송나라 때 와서야 점차 쓰이기 시작하여 청나라 옹정擁正 연간(1722~1735)에 이르러 크게 성행한 것입니다. 옹정제擁正帝는 황궁 안에서 늘 타칠을 했습니다. 그는 선종을 가장 존중했고, 그의 선정禪定도 대단히 훌륭했습니다. 그의 수하에서 도를 깨친 이도 십여 인이나 되었는데, 양주 고민사의 천혜天慧 철徹 조사도 그의 회하會下에서 도를 깨쳤습니다. 선문禪門의 모든 규칙과 법제도 그가 한 번 대대적으로 정리했습니다. 이때부터 선풍이 크게 일어나서 인재도 많이 배출되었습니다. 그래서 규칙이란 것은 매우 중요한 것입니다.

이처럼 기한을 정하고 깨달음을 얻는 법제는, 유가儒家 사람들이 과거장에 들어가서 제목에 따라 글을 짓고, 그 글에 따라 합격자가 가려지는 것과 비슷합니다. 여기에는 일정한 시간제한이 있습니다. 우리가 하는 타칠 제목은 참선입니다. 그래서 이 방을 선당이라고 하는 것입니다. 선禪이란 범어로 선나禪那(dhyana)라고 하는데 우리말로는 정려靜慮라고 합니다. 선에는 대승선, 소승선, 유색선有色禪, 무색선無色禪, 성문선聲聞禪, 외도선外道禪 등이 있지만, 종문의 이 한 선은 이름하여 무상선無上禪이라 합니다. 만약 어떤 이가 이 선당에서 의정을 꿰뚫어 명근命根을 앉은자리에서 끊어 버리면 그것은 곧 여래와 같습니다. 그래서 이 선당을 선불장選佛場이라 하고, 반야당般若堂이라고도 하는 것입니다.

이 방에서 배우는 법은 모두 무위법입니다. 무위란 '작위가 없다' 는 뜻입니다. 즉, 한 법도 얻을 수 없고 한 법도 할 것이 없습니다無一法可得 無一法可爲. 만약 함이 있다면 모두 생멸이 있고, 얻을 수 있는 것이 있다면 그것을 잃어버릴 수도 있겠지요. 그래서 경經에서 이르기를, "단지 언설이 있을 뿐, 전혀 실다운 뜻이 없다"[2]고 한 것입니다. 송경誦經, 예참禮懺 등은 모두 유위有爲이며, 가르침 중에서 방편적 수단에 속합니다. 종문에서는 여러분에게 그 자리에서 바로 알아차리라고 하므로, 많은 언설이 필요 없습니다.

예전에 어느 학인이 남전南泉 스님을 참례하고 "어떤 것이 도道입니

---

2) '但有言說, 都無實義'. 『능엄경』, 제3권(李耘虛, 130쪽).

까?" 하고 묻자, 스님이 말하기를 "평상심이 도다平常心是道" 했습니다. 우리가 일상 속에서 옷 입고 밥 먹고, 나가서 일하고 들어와 쉬는 이 모든 것이 도 가운데서 이루어지지 않는 것이 없습니다. 다만 우리가 어디서든 얽매이고 집착하여, 자기 마음이 부처임을 알지 못할 뿐입니다. 옛날에 대매법상大梅法常 선사가 처음 마조馬祖를 참례하고 "어떤 것이 부처입니까?" 하고 묻자, 마조가 "이 마음이 부처다卽心是佛" 했습니다. 법상 스님은 바로 그 자리에서 대오했습니다. 그는 곧 마조에게 하직 인사를 올리고, 사명산四明山에 있는 매자진梅子眞의 옛 은거지[3)]로 들어가 띠집을 엮고 살았습니다.

당唐 정원貞元 연간(785~805)에 염관鹽官 선사 문하의 한 스님이 지팡이 나무를 구하려고 산에 들어갔다가 길을 잃고 이 암자에 이르렀습니다. 그 스님이 물었습니다. "스님께서는 여기에 얼마나 사셨습니까?" 대매 스님이 말하기를, "주위의 산이 푸르렀다가 누르렀다가 하는 것만 보았습니다." 다시 묻기를, "산을 빠져 나가려면 어느 쪽으로 가야합니까?" 스님이 답하기를, "물을 따라 가십시오" 했습니다. 그 스님이 돌아와서 그 일을 보고하자 염관 스님이 말하기를, "내가 강서江西(마조의 회상)에 있을 때 한 스님을 본 적이 있는데, 그 뒤로는 소식을 모른다. 혹시 이 스님 아닐까?" 했습니다. 그래서 그 스님을 보내어 모셔오라고 했는데, 대매 스님은 게송으로 이렇게 답했습니다.

부러진 고목이 추운 숲에 의지했으니　　　　摧殘枯木倚寒林

---

3) 四明山은 절강성(저장성)浙江省 여요현餘姚縣(지금의 餘姚市)에 있는 산이다. 梅子眞은 漢나라 때 사람으로 仙道를 배워 이곳에 은거하였다고 한다.

몇 번이나 봄을 맞아도 마음 변치 않았네.	幾度逢春不變心
나무꾼이 마주쳐도 돌아보지 않는데	樵客遇之猶不顧
낯선 사람이 어떻게 찾아낼 수 있겠는가?	郢人那得苦追尋
한 못의 연잎이면 입을 옷이 충분하고	一池荷葉衣無盡
몇 그루 소나무 송홧가루도 먹고 남는데	數樹松花食有餘
바야흐로 세인들에게 사는 곳 알려지면	剛被世人知住處
다시 토굴 옮겨 더 깊이 들어가리.	又移茅舍入深居

마조가 대매 스님이 산에 살고 있다는 말을 듣고, 한 스님을 시켜 이렇게 묻게 했습니다. "스님께서 마조 대사를 뵈었을 때 무엇을 얻었기에 이 산에 살고 계십니까?" 대매 스님이 말했습니다. "대사께서 저에게 '이 마음이 부처' 라고 말씀하셨고, 그래서 제가 여기 와서 살게 되었습니다." 그 스님이 말했습니다. "대사의 요즘 불법은 다릅니다." "어떤데요?" "'마음도 아니고 부처도 아니다非心非佛' 라고 말씀하십니다." 그러자 대매 스님이 말했습니다. "이 노장이 사람을 헷갈리게 하기를 그칠 날이 없군! 그분이야 '마음도 아니고 부처도 아니다' 라고 하든 말든, 저는 '이 마음이 부처다' 만 돌보겠습니다." 그 스님이 돌아와서 마조에게 그 사실을 전하자 마조는 "매실이 익었구나" 했습니다. 고인들이 어떻게 깨쳤고 어떻게 간절히 공부했는지 알 수 있습니다.

그러나 우리는 근기가 하열하여 망상이 너무 많기 때문에 여러 조사 스님들이 하나의 화두를 참구하라고 가르친 것인데, 이것은 부득이한 일입니다. 영가 스님이 말했습니다. "실상을 깨달으면 사람도 법도 없고, 찰나에 아비업阿鼻業을 소멸하네. 만약 내가 허망한 말로 중생을 속인다면, 발설지옥拔舌地獄에 떨어져 헤아릴 수 없는 겁을 보내게 될 것이다."[4] 고봉高峰 묘妙 스님은 이렇게 말했습니다. "학인이 공부할 때는, 기왓장 하나를 깊은 못에 던지면 곧장 바닥까지 가라앉듯이 하는 것이 좋다." 우리가 화두를 볼 때도 일구화두를 밑바닥까지 곧장 파고들어 이 화두를 간파할 때까지 해야 합니다. 고봉 스님은 또 발원하기를, "만약 어떤 사람이 하나의 화두를 들어 두 생각을 일으키지 않고 칠일 안에 도를 깨치지 못한다면, 내가 영원히 발설지옥에 떨어질 것이다!" 했습니다. 단지 우리의 믿음이 실답지 못하고 수행이 견고하지 못해서 망상을 놓아 버리지 못할 뿐입니다. 만일 생사심이 간절하다면 일구화두를 부주의하게 놓쳐 버리는 일은 결코 있을 수 없습니다.

위산潙山 스님이 말하기를, "세세생생에 물러서지 않을 수 있으면, 부처의 경지를 틀림없이 얻을 수 있다" 하였습니다. 초발심자는 아무래도 망상이 많고, 다리도 아프고, 공부를 어떻게 해야 할지 잘 모릅니다. 사실 생사심이 간절하여, 일구화두를 물고 늘어지면 행주좌와를 가리지 않고 아침부터 밤까지 "누구?"라는 이 한 마디를 비추어 살피기를 마치 맑은 물에 가을 달 비추듯이 밝고도 또렷하게 비추어, 혼침昏沈에도 떨어지지 않고 도거掉擧에도 떨어지지 않게 한다면, 어찌 부처의 경지를 얻지 못할까 걱정하겠습니까!

만일 혼침이 오면 눈을 부릅뜨고 허리를 조금 들어올려 주면 정신이 자연히 맑아질 것입니다. 이때 화두를 너무 느슨하게 하거나 너무 미세하게 하면 안 됩니다. 너무 미세하면 공空이나 혼침에 떨어지기 쉽습니다. 일단 공에 떨어지면 한 조각의 청정함 밖에 알지 못하고, 상쾌함을 느낍니다. 그러나 이럴 때 이 일구화두를 잃어버리면 안 되고, 잃어버리

4) '證實相無人法, 刹那滅却阿鼻業. 若將妄語誑衆生, 自招拔舌塵沙劫'. -「증도가」.

지 않아야 비로소 백척간두에서 앞으로 나아갈 수 있습니다. 그렇지 않으면 공망空亡에 떨어져서 구경究竟을 얻지 못합니다. 그리고 너무 느슨하면 망상이 쉽게 침투해 들어옵니다. 망상이 일단 일어나면 도거를 조복받기 어렵습니다. 그래서 이럴 때는 거친 가운데서 세밀하게, 세밀한 가운데서 거칠게 해야 합니다. 그래야 공부가 힘을 얻을 얻을 수 있고, 동정動靜이 일여一如하도록 할 수 있습니다.

예전에 제가 금산사 등지에서 포선跑香[5]을 할 때, 유나維那 스님이 포선을 시작하라고 하면 두 다리가 날듯이 가뿐했습니다. 스님들도 정말 잘 뛰었는데, 한 마디 구령으로 참판站板[6]을 두드리면 마치 죽은 사람들 같았습니다. 그러니 무슨 망상 · 혼침이 있겠습니까! 우리가 지금 하는 포선 같은 것은 그때와 너무 큰 차이가 있습니다.

여러분은 좌선할 때 절대로 이 화두를 위로 들어 올리지 말아야 합니다. 위로 들어 올리면 곧 혼침에 빠질 것입니다. 또한 가슴에 가로 놓지도 마십시오. 가로 놓으면 가슴에 통증이 올 것입니다. 또 화두가 아래로 뚫고 내려가게 하지도 마십시오. 아래로 뚫고 내려가면 배가 부풀어 곧 음한 경계陰境에 떨어지고 갖가지 병이 생기게 됩니다. 오직 마음이 평온하고 기운이 고요하게 하여 아주 또렷하게 "누구인가?" 하는 한 마디를, 마치 닭이 알을 품듯이, 고양이가 쥐를 잡듯이, 잘 돌이켜 비추어

---

5) 중국 선방에서는 좌선과 함께 뛰다시피 빠르게 걷는 행선 방식을 쓰기도 하는데, 이것을 '파오샹跑香'이라고 한다. 보통 여러 줄을 지어 함께 걸으며, 유나의 신호에 따라 천천히 걷기도 하고 그 자리에 멈추어 서기도 한다. 머리를 곧게 세우고 정면을 응시하며 활발히 걸음으로써 몸을 풀어 주는 동시에, 움직임과 멈춤을 역동적으로 운용하여 공부를 촉진하려는 것이다. 이 방식은 청나라 옹정제 때부터 시작되었다고 한다. (여기서는 행선行禪에 비겨 '포선跑禪'으로 옮긴다.)

6) 포선 중에 멈추라는 신호로 두드리는 판.

야 합니다. 돌이켜 비추는 것이 힘을 얻게 되면 명근命根이 저절로 문득 끊어질 것입니다.

이 한 법은 처음 공부에 동참한 도우道友님들에게는 당연히 쉽지 않을 것입니다. 그러나 여러분은 시시각각 마음을 써야 합니다. 제가 다시 비유를 들겠습니다. 수행은 부싯돌에서 불을 얻는 것과 같이 어떤 방법이 있어야 합니다. 만약 방법이 없으면 설사 여러분이 돌을 다 부순다 해도 불을 얻을 수 없습니다. 그 방법이란 한 장의 부싯깃과 하나의 부시가 있어야 한다는 것입니다. 부싯깃을 부싯돌 밑에 놓고 부시로 부싯돌을 치면, 돌에서 생긴 불이 바로 부싯깃에 옮겨 붙어 이내 불을 얻을 수 있습니다. 이것이 일정한 방법이란 것입니다. 우리는 지금 자기 마음이 부처라는 것을 분명히 이해하지만 그것을 확인하지는 못합니다. 그래서 이 일구화두를 불을 일으키는 부시로 삼는 것입니다. 옛날에 세존께서 밤에 샛별을 보시고 활연히 도를 깨치신 것도 이와 같았습니다.

우리는 지금 이 불을 얻는 법(화두를 참구하는 법)조차 모르고 있습니다. 그래서 자성自性을 분명히 이해하지 못합니다. 우리의 자성은 본시 부처와 둘이 아니지만, 망상과 집착 때문에 해탈을 얻지 못할 뿐입니다. 그래서 부처는 여전히 부처고 '나'는 여전히 '나'입니다. 우리는 오늘 이 방법을 알았으니 능히 스스로 참구할 수 있습니다. 이 얼마나 수승한 인연입니까! 여러분은 노력하여 백척간두에서 다시 한 걸음 나아가십시오. 모두 이 선당에서 뽑히면(견성하면), 위로는 불은佛恩에 보답하고 아래로는 유정들을 이롭게 할 수 있습니다. 불법 문중에서 인재가 나지 않는 것은 여러분이 노력하지 않기 때문입니다. 이런 말을 하니 저도 마음이 아프고 눈물이 납니다! 만일 영가 스님과 고봉 스님이 우리를 위해 서원을 발한 앞의 이야기를 깊이 믿는다면, 우리는 반드시 모두 도를 깨칠 수 있습니다. 여러분 힘써 참구하십시오!

3. 초칠 셋째 날(정월 11일) 법문

세간의 세월이 정말 빨라, 타칠을 이야기하기 무섭게 벌써 3일이 지나고 있습니다. 공부할 줄 아는 사람은 일구화두를 잘 비추어 살피는 사람으로, 어떤 진로塵勞 망념도 밑바닥까지 아주 맑게 꿰뚫어보아 바로 집에 돌아갈 수 있습니다. 그래서 고인이 말하기를, "수행은 별다른 수행이 있는 것이 아니고 공붓길만 알면 된다. 공붓길을 알면 생사가 일거에 쉬어진다."고 했습니다. 우리의 공붓길에서는 무거운 짐(망상집착)을 내려놓기만 하면, 고향이 바로 지척입니다.

육조 스님이 말하기를, "앞생각이 나지 않는 것이 마음이고, 뒷생각이 사라지지 않는 것이 부처다"[7]라고 했습니다. 우리는 본시 사대四大가 공하고 오온五蘊이 없는데, 망념과 집착으로 인해 세간의 허망한 현상들에 애착하여 얽매일 뿐입니다. 그래서 사대를 텅 비우지 못하고 생사를 끝내지 못하는 것입니다. 만일 한 생각의 본체가 일어나도 남이 없으면一念體起無生 석가 부처님이 말씀하신 이런 법문法門들도 아무 쓸데가 없게 되는데, 그래도 생사가 쉬어지지 않겠습니까? 이런 까닭에 종문의 이 한 법이야말로 참으로 '광명이 무량하여 시방세계를 비춘다光明無量照十方' 고 하는 것입니다!

옛날 덕산조사德山祖師는 사천四川 간주簡州 사람으로 속성俗姓은 주

7) '前念不生卽心, 後念不滅卽佛'. −『육조단경』, '參請機緣' 章.

周 씨였습니다. 20세에 출가하여 구족계를 받은 뒤 율장을 깊이 공부했고, 성상性相[8]의 여러 경전에 이르기까지 그 핵심을 꿰뚫었습니다. 늘 『금강반야경』을 강의했기 때문에 당시의 사람들은 그를 '주금강周金剛'이라고 불렀습니다. 그는 일찍이 함께 공부한 도반들에게 말하기를, "터럭 하나가 바다를 삼켜도 성품의 바다에는 어그러짐이 없고, 겨자씨를 칼끝에 던져도 칼끝의 예리함에는 변함이 없다. 배우는 단계와 배울 필요가 없는 단계를 오직 나만이 안다"[9]고 했습니다. 그런데 나중에 남방에서 선禪이 번성한다는 말을 듣고 마음이 편치 않았습니다. 그래서 말했습니다. "출가자는 천 겁 동안 부처님의 위의威儀를 배우고 만 겁 동안 부처님의 세행細行을 배워도 성불할까 말까 한데, 남방의 마구니들은 감히 '직지인심 견성성불'을 이야기한다. 내 마땅히 이들의 소굴을 쓸어 버려서 이런 부류를 소멸시키고 부처님의 은혜를 갚겠다."

마침내 그는 『청룡소초青龍疎鈔』[10]를 짊어지고 촉蜀 땅을 떠나 예양澧陽에 이르렀는데, 노상에서 떡을 파는 할머니를 만났습니다. 그는 잠시 쉬면서 떡을 사서 점심을 먹으려고 했습니다. 할머니가 짐을 가리키며 물었습니다. "이것은 무슨 책입니까?" 스님이 말했습니다. "청룡소초입니다." "무슨 경을 해설하는 것입니까?" "금강경입니다." 그러자 할머니가 말했습니다. "제가 하나만 여쭈겠습니다. 만약 스님이 답을 하시면 점심點心을 시주하겠고, 답을 못하시면 딴 데로 가 보십시오. 『금강경』에서 말하기를, '과거심도 얻을 수 없고, 현재심도 얻을 수 없고, 미래심도 얻을 수 없다'고 했는데 스님은 어느 심心에 점點을 찍으시겠습

---

8) 법성종과 법상종.

9) '一毛呑海, 性海無虧, 纖芥投鋒, 鋒利不動, 學與不學, 唯我知焉'.

10) 청룡 스님이 지은 『청룡소』라는 책에 덕산 스님 자신이 주석을 덧붙인 책.

니까?" 스님은 아무 말도 못했습니다.

이윽고 스님은 용담龍潭[11]에 와서 법당에 이르러 말했습니다. "오래 전부터 용담에 관한 말을 듣고 이제 와 보니 연못도 보이지 않고 용도 나타나지 않는구나." 용담 스님이 몸을 일으키며 말하기를, "그대가 직접 용담에 왔네." 하였습니다. 덕산 스님은 아무 말도 못했습니다. 그리고 이곳에 머물렀습니다.

어느 날 저녁에 용담 스님을 모시고 섰는데 용담 스님이 말했습니다. "벌써 밤이 깊었는데 왜 들어가지 않는가?" 스님이 조심스럽게 나가려다 말고 돌아보면서 말했습니다. "밖이 깜깜합니다." 용담 스님이 종이초에 불을 붙여 스님에게 건네주었습니다. 스님이 받으려고 하는데 용담 스님이 도로 훅 불어서 꺼버렸습니다. 스님은 여기서 대오하고 바로 용담 스님에게 절을 했습니다. 용담 스님이 물었습니다. "그대는 무엇을 보았는가?" 스님이 대답했습니다. "이제부터 천하 노화상의 혀를 다시는 의심하지 않겠습니다."

다음 날 용담 스님이 법좌에 올라 대중에게 말했습니다. "마침 한 사나이가 있는데, 이빨은 검수劍樹(칼 숲)와 같고 입은 혈분血盆(피 쟁반)과 같습니다. 몽둥이로 때려도 돌아보지 않습니다. 그는 훗날 높은 산꼭대기에서 저의 도道를 드날릴 것입니다." 덕산 스님은 『청룡소초』를 법당 앞에 쌓아놓고 불을 붙이면서 말했습니다. "현묘한 말씀들을 다 공부해도 허공에 터럭 하나 놓는 격이요, 세간의 중요한 것을 다 알았다 해도 큰 골짜기에 물 한 방울 떨어뜨리는 것과 같다."[12] 그런 다음 그 책들을

11) 용담숭신龍潭崇信 선사가 주석駐錫하던 예양의 용담선원龍潭禪院을 말한다.

12) '窮諸玄辯, 若一毫置於太虛. 竭世樞機, 似一滴投於巨壑'.

태워버렸습니다.

스승께 작별 인사를 한 덕산 스님은 바로 위산潙山으로 갔습니다. 바랑을 옆에 끼고 법당으로 올라간 그는 서쪽에서 동쪽으로, 다시 동쪽에서 서쪽으로 왔다 갔다 하다가 방장方丈(조실의 거처)을 돌아보면서 "있나? 있나?" 했습니다. 위산 스님은 앉은 채로 전혀 돌아보지 않았습니다. 스님은 "없다, 없다" 하고 바로 나가다가 산문 앞에 이르러 말하기를, "그렇기는 하지만 대충 해서는 안 되지" 했습니다. 그는 위의를 갖추고 다시 들어가서 인사를 했는데, 문턱을 넘자마자 좌구坐具(좌복)를 치켜들면서 말했습니다. "스님!" 위산 스님이 불자拂子를 집어 들려고 하는데, 덕산 스님은 할喝을 하고는 소매를 떨치고 나가버렸습니다. 위산 스님은 저녁이 되자 수좌首座에게 물었습니다. "오늘 새로 온 그 스님이 있는가?" 수좌가 말했습니다. "그때 법당을 등지고 짚신을 신더니 나가 버렸습니다." 위산 스님이 말했습니다. "이 사람은 나중에 고봉정상에다 초암草庵을 얽어 짓고는 부처를 꾸짖고 조사를 욕하게 될 것이다." 하였습니다.

덕산 스님은 예양에 30년간 머물렀고, 당唐 무종武宗의 폐불[13]을 만나 독부산獨浮山의 석실로 피난 갔습니다. 대중大中 연간 초(847)에 무릉태수 설정망薛廷望이 덕산정사德山精舍를 다시 중수하여 고덕선원古德禪院이라고 이름 붙였습니다. 눈 밝은 선지식으로 주지住持를 찾아 구하는데, 스님의 도행道行이 뛰어남을 듣고 거듭 청했지만 스님은 산을 내려오지 않았습니다. 그러자 설정망은 속임수를 써서 관리를 보내어 스님

13) 武宗(재위, 841~846)은 대대적인 폐불廢佛을 단행하여 많은 사찰을 폐쇄하고 수많은 승려를 체포하여 강제로 환속시키는 등, 불교를 탄압하였다.

이 차茶와 소금을 불법적으로 구해다 썼다는 구실로 스님을 모셔오게 했습니다. 그리고 스님을 뵙자 그 절에 살면서 종풍을 크게 떨쳐 달라고 끈질기게 청했습니다. 그래서 후인들이 '덕산할德山喝, 임제방臨濟棒'[14]이라고 말하게 된 것입니다.

덕산 스님처럼 한다면 어찌 생사를 쉬지 못할까 염려하겠습니까? 덕산 문하에서 암두巖頭, 설봉雪峰이 나왔고, 설봉 문하에서 운문雲門, 법안法眼이 나오고 또한 덕소국사德韶國師, 영명永明 수壽 조사 등이 나왔는데, 모두 한 몽둥이에서 나온 것입니다. 중국 역대 왕조의 불법은 모두 종문의 대조사大祖師 스님들이 그 뼈대를 지탱해 온 것입니다. 여러분은 여기서 타칠을 하고 있으니, 모두 이 깊고 깊은 최상의 도리를 몸소 터득하여 바로 그 자리에서 알아차리고 생사를 벗어나도록 하십시오. 이것은 어려운 일이 아닙니다. 그러나 아이들 장난같이 생각하면 필사적으로 달려들지 못합니다. 하루 종일 빛과 그림자 세계光影門頭[15]에서 괴상한 것을 보거나, 아니면 문자굴文字窟 속에서 꾀를 냅니다. 그러면 생사는 좀처럼 쉬어지지 않습니다. 여러분 힘써 정진하십시오!

4. 초칠 넷째 날(정월 12일) 법문

7일의 아침햇살이 이미 4일째로 접어들었습니다. 여러분 모두 열심히 공부하고 있습니다. 어떤 분은 약간의 시게詩偈를 지어서 저에게 가

---

14) 흔히 '덕산방 임제할'로 알려져 있으나, 여기서는 반대로 말하고 있다.

15) 수행 중 식심識心이 만들어내는 환적인 경계.

져와 묻기도 했습니다. 이 또한 얻기 어려운 것입니다. 그러나 여러분의 이런 공부는 제가 지난 이틀 동안 이야기한 것을 다 잊어버린 것입니다. 어제저녁에, 수행은 별다른 수행이 있는 것이 아니고 공붓길만 알면 된다고 말했습니다. 지금 우리는 화두를 참구하고 있는데, 화두는 곧 우리가 당연히 가야 하는 공붓길입니다. 우리의 목적은 성불하여 생사를 끝내는 것입니다. 생사를 끝내려면 바로 이 화두를 금강왕 보검寶劍으로 삼아 마군이 오면 마군을 베고 부처가 오면 부처를 베어, 한 생각에도 머무르지 않고 한 법도 세우지 않아야 합니다. 그런데 어디에 그런 많은 망상이 있어 시를 짓고 게송을 지어 공空을 보고 광명光明 등의 경계를 봅니까? 만약 이런 식으로 공부하면 저는 여러분의 화두가 어디로 가버렸는지 모릅니다! 구참 스님들은 말할 것도 없지만 초발심자들은 유념하십시오!

저는 여러분이 노력하지 않을까 염려하여 지난 이틀간 타칠 수행이 시작된 내력과 종문의 이 한 법의 가치, 그리고 공부하는 방법을 하나하나 이야기한 것입니다. 우리의 공부 방법은 일구화두를 또렷이 들되, 주야육시로 흐르는 물과 같이 이어져 간단間斷이 없게 하는 것입니다. 신령스럽게 밝아서 어둡지 않아야 하고, 항상 분명하게 알고 있어서 일체의 범부 마음과 성스럽다는 견해를 일도양단해야 합니다.

고인이 말하기를, "도를 배우는 것은 금성禁城(수비가 엄한 성)을 지키는 것과 같아서 성문을 단단히 지키며 한 바탕 싸움을 치러야 한다. 추위가 한 번 뼈 속까지 스미지 않고서 코를 찌르는 매화 향기를 어떻게 얻겠는가!"[16] 했습니다. 이것은 황벽黃檗 선사가 말씀하신 것으로 전후 네 구절로 되어 있는데, 두 가지 의미가 있습니다. 앞의 두 구절은 비유로써, 우리 공부인들은 이 일구화두를 지키기를 황제가 있는 금성을 지키듯이 해야 한다는 것입니다. 옛날에는 황제를 천자天子라고 해서 지극히 고귀하여 여기고, 나쁜 사람들이 해치려 드는 것을 두려워했습니다. 그래서 그가 사는 궁전은 밖에 해자垓子가 있고, 해자 안쪽에 또 견고한 성벽이 있으며, 마지막으로 성이 있는데 이것을 자금성紫金城이라고 합니다. 이 성의 문은 황제의 허락이 없이는 누구도 출입할 수 없습니다. 이것은 지키는 것이 매우 엄밀하다는 뜻입니다. 왜냐하면 우리는 누구나 하나의 심왕心王을 가지고 있기 때문입니다.

이 심왕이란 곧 제8식第八識(아뢰야식)입니다. 8식 바깥에는 또한 7식, 6식 그리고 전5식前五識이 있습니다. 앞쪽에 있는 이 5식은 안이비설신眼耳鼻舌身의 5적賊이고, 6식은 의식意識이며, 제7식은 곧 말나식末那識입니다. 말나식은 하루 종일 제8식 중의 보는 부분見分을 '나'라고 집착하면서, 제6식을 이끌고 전5식을 거느리며 색성향미촉色聲香味觸 등의 티끌 경계塵境를 탐애하고, 계속 미혹에 얽매입니다. 그래서 8식 심왕은 너무 피곤하여 몸을 가누지 못합니다. 그래서 우리는 오늘 이 일구화두(금강왕 보검)를 빌어 저 강도들을 죽여 버림으로써, 8식은 바뀌어 대원경지大圓鏡智가 되고 제7식은 바뀌어 평등성지平等性智가 되며, 제6식은 바뀌어 묘관찰지妙觀察智가 되고 전5식은 바뀌어 성소작지成所作智가 되게 해야 합니다.[17] 그러나 가장 긴요한 점은 제6식과 제7식을 먼저 바뀌게 해야 한다는 것입니다. 왜냐하면 그것들이 다른 식들을 이끄는

---

16) '學道猶如守禁城, 緊把城頭戰一場, 不受一番寒徹骨, 怎得梅花撲鼻香'. 이 시게는 보통 이와 조금 다르게 '塵勞迥脫事非常, 緊把繩頭做一場, 不是一番寒徹骨, 爭得梅花撲鼻香'으로 전해진다.

17) 식識이 변화한 이 네 가지 지智의 분류는 『해심밀경解深密經』 등을 중심으로 한 여래장如來藏 사상의 이론을 따른 것이다.

작용을 하기 때문입니다. 그것들의 힘은 잘 분별하고 헤아릴 수 있다는 것입니다. 지금 여러분이 시를 짓고 게송을 지으며, 공空을 보고 빛을 보는 것은 바로 이 두 가지 식이 작용을 일으키고 있는 것입니다. 우리가 오늘 이 일구화두를 빌어 분별식分別識이 묘관찰지가 되게 하고, 나와 남을 따지는 마음이 평등성지가 되게 하면, 이것을 일러 '식을 돌이켜 지혜를 이룬다轉識成智', '범부를 돌이켜 성인을 이룬다轉凡成聖' 고 합니다. 줄곧 색성향미촉법에 탐착貪着하는 도적이 침범하지 못하게 해야 하고, 그래서 '금성을 지키는 것과 같다' 고 한 것입니다.

뒤에 나오는 두 구절은 "추위가 한 번 뼈 속까지 스미지 않고서 코를 찌르는 매화 향기를 어떻게 얻겠는가" 하는 비유인데, 이것은 곧 우리 삼계三界의 중생들이 생사의 바다에 빠져 오욕五欲에 얽매이고 진로塵勞에 미혹되어 해탈하지 못하는 까닭에 매화를 들어 비유한 것입니다. 매화는 눈이 오는 날에도 피어나기 때문입니다. 무릇 세간의 만물은 모두 봄에 나서 여름에 자라고 가을에 익고 겨울에는 갈무리하는 것입니다. 겨울은 기후가 추워서 모든 곤충과 초목들이 얼어 죽거나 아니면 안으로 갈무리됩니다. 먼지는 눈에 덮여 차디차고 서늘하여 공중으로 날아오르지 못합니다. 이들 곤충, 초목, 먼지, 재거름 따위는 우리의 머리 속에 들어 있는 망상 · 분별 · 무명 · 질투 등 삼독번뇌三毒煩惱와 흡사합니다. 우리가 이것들을 치워 버리면 심왕이 저절로 자재해집니다. 이것은 곧 매화가 눈 속에서 피어나 향기를 뿜는 것과 같습니다. 그러나 여러분은 알아야 합니다. 이 매화는 빙천설지氷天雪地에서 능히 피어나며, 봄 경치가 아름답거나 따뜻한 바람이 부는 화창한 날씨에 피는 것이 아니라는 것을 말입니다. 우리는 마음 꽃이 피어나기를 바라지만, 이 역시 희로애락과 인아시비人我是非 속에서는 나타날 수 없는 것입니다. 왜냐하면 우리가 이 여덟 가지 마음이 한번 흐리멍덩해지면 곧 무기성無記性이 되고, 한번 악을 지으면 악을 짓는 성품이 되며, 한번 선을 지으면 선을 짓는 성품이 되기 때문입니다.

무기無記에는 몽중무기夢中無記와 공망무기空亡無記가 있습니다. 몽중무기란 바로 꿈을 꾸면서 혼미할 때입니다. 이때는 꿈속의 허망한 경계가 있을 뿐, 일상적으로 우리가 하던 것을 전혀 알지 못합니다. 이것이 바로 독두의식獨頭意識의 경계이며, 이것을 독두무기獨頭無記라고도 합니다. 공망무기라는 것은 우리가 지금 좌선하면서 정중靜中에 이 화두를 놓쳐버린 경우와 같이, 텅 비어 있고 흐리멍덩한 가운데 아무것도 없이 청정한 경계만을 탐하는 상태입니다. 이것은 우리가 공부할 때 가장 나쁜 선병禪病입니다. 이것이 곧 공망무기입니다.

우리는 이륙시중에 일구화두를 잡되, 신령스럽게 밝아 흐릿하지 않고 또렷하게 늘 지각하면서靈明不昧 了了常知, 다닐 때도 그렇게 하고 앉아 있을 때도 그렇게 하기만 하면 됩니다. 그래서 고인이 말하기를, "다니는 것도 선이고 앉는 것도 선이니, 어묵동정語默動靜에 본체가 편안하다"[18]고 했습니다. 또 한산조사寒山祖師는 이렇게 말했습니다. "높은 산꼭대기에 올라서니 사방을 돌아봐도 끝이 없구나. 고요히 앉았으니 아무도 모르고, 외로운 달만 찬 샘에 비치네. 샘 가운데는 달도 없으니, 달은 푸른 하늘 가운데 있네. 이 노래 한 곡 불러 보지만, 노래 속에 있는 것이 선은 아니네."

저와 여러분은 모두 인연이 있습니다. 그래서 제가 이런 공부 이야기를 여러분에게 다시 한 번 하고 있는 것입니다. 힘써 정진하고, 쓸데없

18) '行也禪, 坐也禪. 語默動靜體安然'. –「증도가」. 원문은 '行亦禪 坐亦禪'이다.

는 일에 마음을 쓰지 말기 바랍니다. 제가 거듭 여러분에게 공안 하나를 말씀드리겠습니다. 옛날 계족산鷄足山 실단사悉檀寺의 개산조사開山祖師(절을 창건한 조사)는 출가한 뒤로 제방諸方을 참례하면서 도를 깨치기 위해 노력하며 아주 열심히 정진했습니다. 하루는 여관에서 자는데, 벽 너머로 두부 만드는 집 여자가 이런 노래를 부르는 것이 들렸습니다. "장張씨 집 두부, 이李씨 집 두부, 베갯머리에서 생각이 천 갈래. 내일 아침이면 그전처럼 두부를 만들 것을." 이때 이 스님은 마침 좌선하고 있다가, 그 노래를 듣자 바로 깨달았습니다. 이로써 옛 사람들의 공부는 결코 일정 시간 선당에 앉아 있어야만 공부가 되고 도를 깨치는 것이 아니었음을 알 수 있습니다. 수행하고 공부하는 일은 한 마음一心을 귀하게 여깁니다. 여러분은 절대 산란하게 마음을 나누어 세월을 헛되이 보내지 마십시오. 그렇지 않으면 내일 아침에도 그전처럼 두부를 만들게 될 것입니다.

5. 초칠 다섯째 날(정월 13일) 법문

수행이라는 한 법은 쉽다면 쉽고 어렵다면 실제로 어렵습니다. 쉽다는 것은, 여러분이 놓아버리고 실답게 믿어서 견고심(견고한 마음)과 장원심을 내기만 하면 성공할 수 있다는 것입니다. 어렵다는 것은, 우리가 고생하는 것을 겁내어 안락을 꾀하려고 한다는 것입니다. 세간의 모든 유위법도 한 번은 잘 배우고 익혀야 비로소 성공할 수 있는 것인데, 하물며 우리가 성현을 따라 배워 부처가 되고 조사가 되려고 하면서 어떻게 대충대충 해서 성공할 수 있겠습니까?

그래서 첫째로 견고심을 가져야 합니다. 왜냐하면 수행하여 도를 깨치려는 사람은 아무래도 마장魔障을 피할 수 없기 때문입니다. 마장이란 어제 이야기한 색성향미촉법 등 진로塵勞의 업 경계業境입니다. 이런 업 경계들이 우리의 생사 원수입니다. 그래서 매양 많은 강사 스님들이 이러한 경계 속에서 꿋꿋이 버티지 못했던 것입니다. 이것은 바로 도심道心이 견고하지 않은 것이 원인입니다.

그 다음은 장원심을 발해야 한다는 것입니다. 우리의 삶은 세간에서 한량없는 업을 짓는 것인데, 하루아침에 수행하여 생사에서 해탈하려고 하면 어떻게 습기習氣를 일시에 다 놓아버릴 수 있겠습니까? 예전의 조사 스님들, 가령 장경長慶 선사는 앉아서 좌복 7개를 닳아 해지게 했습니다. 또 조주趙州 스님은 80세에도 여전히 바깥으로 행각하면서 40년 동안 무無자 하나를 간看하고, 쓸데없는 일에 마음을 쓰지 않은 끝에 나중에 대철대오 했습니다. 연燕 나라 왕과 조趙 나라 왕이 스님을 대단히 숭배하여 갖가지 공양을 올렸습니다. 청대淸大에 와서는 옹정황제가 스님의 어록이 대단히 뛰어난 것을 보고 고불古佛에 봉했습니다. 이분들은 모두 한 평생 고행하여 성공을 거둔 것입니다.

우리는 지금 습기의 병을 통째로 놓아버리고 맑고 맑은 일념이 되어야 합니다. 그러면 불조와 동등해질 수 있습니다. 『능엄경』에서 말하듯이, "마치 흐린 물을 맑히려고 할 때, 깨끗한 그릇에 담아 오래도록 고요하게 움직이지 않게 하면 흙과 모래는 저절로 가라앉고 맑은 물이 나타나는 것을 일러 '처음에 객진번뇌를 조복 받는다'고 하고, 진흙을 제거하여 물을 순수하게 하는 것을 일러 '영원히 근본무명을 끊는다'고 하는 것과 같다."[19]는 것입니다. 우리의 습기와 번뇌는 진흙 찌꺼기와 같습니다. 그래서 화두를 사용해야 합니다. 화두는 명반과 같이 흐린 물을 능히 맑혀줍니다(번뇌를 항복받는다는 뜻임). 공부인의 몸과 마음이 일여한身心一如 단계에 이르러 고요한 경계가 나타날 때는 주의해야 합니다! 우물쭈물 하면서 앞으로 나아가지 않고 있으면 안 됩니다. 이것은 초보적 공부이고, 번뇌 · 무명이 아직 끊어진 것이 아님을 알아야 합니다. 이것은 번뇌심을 따라서 청정함에 이른 것으로, 마치 흐린 물이 깨끗해져 맑아진 것과 같습니다. 비록 맑아지기는 했으나 물 밑의 진흙 찌꺼기가 아직 제거되지 않았습니다. 따라서 아직은 더 노력하여 앞으로 나아가야 합니다.

고인이 말하기를, "백척간두에 앉아 있는 사람은 비록 본 것 같기는 해도 참된 것은 아니다. 간두竿頭에서 다시 나아갈 수 있다면 시방세계가 통째로 드러날 것이다"[20] 했습니다. 앞으로 나아가지 않는다면 그것은 화성化城을 자기 집으로 아는 것이며, 번뇌가 여전히 일어날 수 있습니다. 그러면 자료한自了漢[21]도 되기 어렵습니다. 그래서 진흙을 제거하고 물만 남겨두어야 근본무명을 영원히 끊게 되고, 그래야 비로소 성불한 것입니다.

무명을 영원히 끊어 버린 때가 되면, 여러분 마음대로 시방세계에서 몸을 나투어 설법할 수 있습니다. 관세음보살이 32응신應身을 나투듯이,[22] 어떤 몸으로 제도할 사람에게는 그런 몸을 나투어 설법하게 됩니다. 여러분 마음대로 창녀의 방이든 술집이든, 소나 말, 노새의 태胎 속

19) 『능엄경』, 卷五(李耘虛, 178쪽).

20) '百尺竿頭坐的人, 雖然得見未爲眞, 若能竿頭重進步, 十方世界現全身'. 이것은 장사경잠長沙景岑(?~868) 선사의 말씀이지만, 보통은 '百尺竿頭坐底人, 雖然得入未爲眞, 若能竿頭須進步, 十方世界現全身' 으로 알려져 있다(『무문관』, 제46칙 참조).

21) '자기만 아는 사람'. 즉, 자신의 수행과 깨달음만 생각하는 소승적인 사람.

22) 『능엄경』, 제6권(李耘虛, 241쪽 이하) 참조.

이든, 천당이든 지옥이든 어디나 자유자재하게 다니며 조금도 걸림이 없는 것입니다. 그렇지 않으면 한 생각 차이로 육도六道에 윤회하게 됩니다. 예전에 진회秦檜는 일찍이 지장보살 앞에서 향등香燈을 했던 적이 있었으나, 장원심을 내지 않았던 탓에 무명번뇌를 다 끊지 못했고, 그래서 진심瞋心의 해를 입은 것이 그 한 예입니다.[23] 만일 여러분의 신심이 견고하고 장원심이 퇴보하지 않는다면, 여러분이 어떤 평범한 사람의 모습을 하고 있어도 바로 그 몸으로 성불할 수 있습니다.

옛날에 장주漳州[24]의 어떤 가난한 사람이 절에서 출가를 했습니다. 수행을 하고 싶었지만 어떻게 하는지 몰라 괴로웠고 물어볼 데도 없었고, 매일 힘들게 일만 했습니다. 하루는 어느 행각승이 그곳에 와서 유숙하게 되었는데, 그 스님이 그가 매일 바쁘게 일하는 것을 보고 일상 중에 무슨 공부를 하는지 물었습니다. 그는 대답했습니다. "저의 하루하루는 이런저런 힘든 일을 하는 것입니다. 부디 스님께서 수행 방법을 가르쳐 주십시오." 스님이 말했습니다. "'염불하는 것은 누구인가?'를 참구해 보시오!" 이렇게 해서 그는 바로 그 객스님이 가르쳐 준대로 하루 종일 일을 하는 중에 이 "누구인가?"를 마음속에 잘 간직하면서 비추어 살폈습니다. 나중에는 바위굴에 숨어 살며 수행했고, 풀옷을 입고 나무 열매를 먹으며 지냈습니다.

이 무렵 그의 집에는 아직 어머니와 누님이 있었습니다. 어머니는 그

---

23) 秦檜(1090~1155)는 남송대에 재상을 지낸 벼슬아치로, 악업을 많이 지어 지옥에 떨어졌다고 한다. 그는 전생에 지장암地藏庵이라는 절에서 향등香燈 소임을 맡아 복을 지은 바 있어, 지옥을 순시하던 지장보살이 그를 구해 주려고 노력했다. 그러나 그가 오만하게 구는 바람에 구제해 주지 못했다고 한다.

24) 복건성(푸젠성)福建省의 가장 남쪽 지역. 지금의 漳州市이다.

가 섬의 바위굴에서 힘들게 수행한다는 것을 알고 누님을 시켜 베 한 필과 약간의 음식을 그에게 보냈습니다. 누님이 섬의 바위굴에 와 보니 그가 바위굴에 앉아 조금도 움직이지 않고 있었습니다. 불러도 대답이 없었습니다. 누님은 화가 나서 가지고 온 물건들을 동굴 안에 놓아두고 집으로 돌아갔습니다. 그러나 그는 그것을 거들떠보지도 않고, 줄곧 동굴에 앉아 수행만 했습니다. 그러기를 13년이 지났습니다. 그의 누님이 다시 그를 보러 갔습니다. 가서 보니 그 베가 그 자리에 그대로 움직이지 않고 있었습니다.

나중에 어떤 사람이 난을 피해 도망갔다가 그곳에 이르렀습니다. 배가 몹시 고팠던 그는 이 스님이 다 떨어진 옷을 입고 바위굴에 앉아 있는 것을 보고는 곁에 와서 먹을 것이 있으면 좀 달라고 말했습니다. 스님은 바위 곁의 돌멩이 몇 개를 주워 가마솥에 넣고 한동안 삶더니 꺼내서 같이 먹자고 했습니다. 먹어 보니 감자와 비슷했습니다. 그 사람은 배불리 먹고 나서 갔는데, 갈 때 스님이 그에게 말했습니다. "부디 다른 사람들한테는 말하지 말아 주십시오."

얼마 후 그는 생각했습니다. '나는 이 수행을 여러 해 했다. 그러나 이제는 결연結緣을 맺어야겠구나.' 이리하여 하문(샤먼)廈門에 나와 큰 길가에 모봉茅蓬(띳집 토굴)을 짓고, 지나가는 사람들에게 차를 대접했습니다. 이때가 명나라 만력萬曆 연간(1573~1619)이었습니다. 황제는 어머니인 황태후가 죽었으므로 고승을 청해서 불사佛事(천도재)를 하고 싶었습니다. 황제는 먼저 서울(북경)에 있는 스님을 청하려고 생각했지만, 이때는 서울에 덕 높은 고승이 없었습니다. 어느 날 황태후가 만력황제의 꿈에 나타나서 복건 장주漳州에 고승이 있다고 말했습니다. 황제는 사람을 복건 장주로 보내어 많은 스님들에게 서울로 올라와서 불사를 해 달라고 초청했습니다. 이 스님들이 모두 행장을 꾸려 서울로 올라가는데, 마침 이 토굴 스님이 사는 길가를 지나갔습니다. 그 스님이 "여러 스님들께서는 오늘 이렇게 즐거워하면서 어디를 가십니까?" 하고 묻자, 스님들이 말했습니다. "우리는 지금 황제의 뜻을 받들어 서울로 올라갑니다. 황제를 위해 불사를 하여 태후를 천도해 주려고 가지요!" 토굴 스님이 물었습니다. "저도 함께 갈 수 있습니까?" "스님은 이렇게 고생하시는데, 어떻게 함께 가실 수 있겠습니까?" 스님이 말했습니다. "저는 경은 읽을 줄 모르지만 여러분을 위해 짐을 져 드릴 수는 있습니다. 서울 구경을 좀 해 보는 것도 좋겠습니다." 이리하여 그는 이 스님들과 함께 짐을 메고 서울로 갔습니다.

이때 황제는 스님들이 곧 도착할 것을 알고, 사람을 시켜 『금강경』 한 부를 문지방 밑에 묻어두게 했습니다. 스님들은 아무도 그것을 모른 채 한 사람씩 궁 안으로 들어갔습니다. 오직 이 '고생스님苦惱和尙' 만이 이곳에 오자 두 무릎을 꿇고 앉아 합장하고 들어가지 않았습니다. 그곳의 문지기가 아무리 부르고 잡아끌면서 들어가라고 해도 스님은 들어가지 않았습니다. 문지기가 이 사실을 황제에게 알렸습니다. 이때 황제는 생각하는 바가 있었습니다. 이 스님이 도인인 줄 안 황제는 몸소 나와서 물었습니다. "왜 들어오지 않습니까?" 스님이 대답했습니다. "땅 밑에 금강경이 있어 감히 들어갈 수 없습니다." "왜 거꾸로 서서 들어오지 않습니까?" 이 말을 듣자 스님은 두 손을 땅에 짚고 두 다리를 하늘로 들어 한 번 곤두박질하면서 들어갔습니다. 황제는 스님을 깊이 존경하고, 그를 내정內廷으로 청하여 환대하면서 단壇을 세우고 의식을 진행하는 문제에 관해 문의했습니다. 스님이 말했습니다. "내일 새벽 오경五更에 단을 여십시오. 단은 한 층만 올리고 번幡은 한 폭만 치십시오. 향, 초와 제수 음식은 한 상이면 됩니다." 황제는 이 말에 마음이 편치 않았습니다. 그러면 성대하게 할 수 없다고 생각한 것입니다. 황제는 혹시 이 스님이 별 법력이 없는 것이 아닐까 싶어서 궁녀 두 사람을 불러 스님을 목욕시켜 드리라고 했습니다. 목욕이 끝나도록 스님의 하체下體는 전혀 움직이지 않았습니다. 궁녀가 이 사실을 황제에게 보고하자, 황제는 스님을 더욱 존경하며 기뻐했습니다. 그리고 이 스님이 도인이라는 것을 확실히 알았으므로, 스님이 일러준 대로 단을 세우게 했습니다.

다음날 아침 스님은 법상에 올라 설법을 한 다음, 단을 올라 합장한 뒤에 당幢을 잡고 영전靈前에 서서 말했습니다. "나는 본시 오지 않는데, 당신은 치우쳐 애착합니다. 한 생각 나지 않으면 천계天界를 뛰어넘을 것입니다." 천도재가 끝나자 황제에게 말했습니다. "태후께서 해탈하신 것을 축하드립니다!" 황제는 과연 그랬을까 하고 의심하면서, 이렇게 끝내 버리면 공덕이 천도하기에 부족하지 않을까 생각했습니다. 이렇게 의심하고 있을 때 태후의 목소리가 방 안에서 울렸습니다. "황제께서는 스님께 사례하십시오. 저는 이미 승천했습니다!" 황제는 놀라는 한편 기뻐하며 스님에게 거듭 절하면서 감사했습니다. 그리고 내정에서 채식 공양齋供養을 베풀었습니다. 이때 스님은 황제가 입고 있는 꽃무늬 바지에서 눈을 떼지 않았습니다. 황제는 "스님께서는 이 바지가 좋으십니까?" 하고는 바로 그것을 벗어 스님에게 드렸습니다. 스님은 "은혜에 감사드립니다" 했습니다. 황제는 곧 스님을 용고국사龍褲國師에 봉했습니다.

공양이 끝나자 황제는 어화원御花園으로 스님을 안내하여 유람을 했습니다. 화원 안에는 보탑寶塔이 하나 있었습니다. 스님은 탑을 보더니 기뻐하면서 그 주위를 돌고 탑을 우러러보았습니다. 황제가 말했습니다. "국사께서는 이 탑을 좋아하시는군요?" 스님이 말했습니다. "이 탑은 정말 좋군요!" 황제는 "이 탑을 스님 계신 데로 보내 드리겠습니다" 하고는, 사람을 시켜 탑을 장주에 옮겨짓게 하려고 했습니다. 스님이 말했습니다. "헐어서 옮길 것 없습니다. 제가 가지고 가겠습니다." 그렇게 말하는 사이에 그는 탑을 소매 속에 집어넣고 공중으로 솟아오르더니 날아가 버렸습니다. 황제는 매우 놀라고 기뻐하면서 일찍이 없었던 일이라고 감탄했습니다.

여러분! 어떻게 이런 일이 있을 수 있습니까? 그 스님은 출가한 이래 쓸데없는 일에 마음을 쓰지 않았고 줄곧 도심道心이 견고했기 때문입니다. 누님이 찾아와도 신경 쓰지 않았고, 옷이 다 떨어져도 상관하지 않았습니다. 베 한 필을 13년이나 그대로 놓아두고 쓰지 않았습니다. 우리는 자신을 돌아보며, 과연 이렇게 공부할 수 있겠는지 자문自問해야 합니다. 자기 누님이라도 오면 신경을 쓰지 않으려고 해도 잘 안 되는 것은 말할 것도 없고, 입선한 뒤에도 감향監香이 향을 사르거나 옆 사람이 조금 움직이면 그를 돌아보려고 합니다. 이렇게 공부해서 화두가 어떻게 익겠습니까? 여러분은 흙 찌꺼기를 제거하고 물만 남겨두면 됩니다. 물이 맑으면 저절로 달이 나타납니다. 화두를 잘 들고 참구하십시오!

6. 초칠 여섯째 날(정월 14일) 법문

고인이 말하기를, "일월日月은 (베틀의) 북과 같고 세월은 화살과 같다 日月如梭 光陰似箭"[25]고 했습니다. 타칠을 말하자마자 내일이 벌써 해칠

解七입니다. 규정에 따르면 내일 아침에는 공부를 점검합니다. 왜냐하면 타칠은 기한을 정하고 깨침을 도모하는 방법이기 때문입니다. '깨침證' 이란 깨달아 증득하는 것證悟입니다. 자신의 본지풍광本地風光을 보아 내는 것이며, 여래의 오묘한 성품을 깨닫는 것입니다. 그래서 '깨달아 증득한다' 고 말합니다. 공부의 점검은 여러분이 7일 동안 여기서 한 공부가 어느 정도까지 갔는지 살펴보는 것입니다. 여러분은 대중 앞에서 (자신의 경계를) 드러내야 합니다. 늘 이때에 여러분의 공부를 점검하는데, 이것을 일러 '밥값을 요구한다' 고 합니다. 누구나 이 과정을 거쳐야 합니다. 즉, 타칠을 한 우리는 누구나 깨쳐야 하고, 누구나 불법을 널리 선양하고 중생의 뜻을 다 제도할 수 있어야 한다는 것입니다. 지금 누구나 깨닫는다는 말은 아니고, 한 사람이 깨쳐도 이 밥값을 다 갚을 수 있다는 것입니다. 소위 "여러 사람이 밥을 먹고, 한 사람이 다 갚는다"는 것입니다. 만약 우리가 오직 일념으로 정진하는 도심道心을 일으킨다면, 누구나 깨달을 수 있습니다.

고인이 말하기를, "범부가 성불하기는 정말 쉽지만, 망상을 제거하기는 실로 어렵다"[26]고 했습니다. 다만 우리가 무시이래無始以來로 탐내고 애착하는 마음이 불타듯 하여, 생사에 유랑하면서 팔만 사천의 진로(번뇌) 속에서 갖가지 습기의 병을 놓아버리지 못하기 때문에 도를 깨치지 못하고, 제불보살처럼 늘 깨어 있지 못하는 것일 뿐입니다.

그래서 연지대사蓮池大師가 말했습니다. "물든 경계에 빠지기는 쉽고 도업은 이루기 어렵다. 목전의 것(자기의 본래성품)을 모르면 만 가지 인

---

25) 171쪽의 주 51)과 비슷한 표현이다.

26) '凡夫成道眞個易, 除去妄想實爲難'. 스님이 운거산에서 한 '방편개시方便開示' 법문(윤3월 13일자)에서는 이것을 '若論成道本來易, 欲除妄想眞個難' 으로 표현했다.

연이 벌어져, 경계의 바람이 불어오면 공덕의 숲이 시들고, 마음의 불이 타오르면 깨달음의 씨앗을 태워버리는 것만 보게 된다. 만약 도념道念이 정념情念과 같으면 성불한 지 오래일 것이다. 중생을 위함이 자기 몸을 위함이요, 저것과 이것은 사물의 구별일 뿐이다. 남이 잘못했고 내가 옳다고 보지 않으면, 자연히 위아래 사람들이 공경할 것이다. 불법이 때때로 현전하면 번뇌의 온갖 티끌에서 벗어날 것이다."[27)]

이 십여 구句의 이야기는 말씀이 얼마나 명백하고 친절합니까! '물든다' 는 것은 오염된다는 뜻입니다. 범부의 경계는 모두 재색財色과 명리名利 아니면 성내고 싸우는 데에 탐착하고 물들어, 도덕이라는 것에 대해서는 걸림돌 정도로 생각합니다. 하루 종일 희로애락에 빠지고, 부귀영화를 탐애하며, 온갖 세정世情을 끊지 못합니다. 도념道念은 조금도 없습니다. 그래서 "공덕의 숲이 시들고, 깨달음의 씨앗이 다 타버린다"고 한 것입니다. 만약 세정을 담담하게 보고 모든 친구와 원수를 평등하게 보며, 죽이지 않고, 훔치지 않고, 사음邪淫하지 않고, 거짓말하지 않고, 술 마시지 않으며, 일체중생을 평등무이平等無二하게 보아서 남이 굶주리면 자기가 굶주리는 것같이 여기고, 남이 물에 빠지면 자기가 물에 빠지는 것과 같이 여기면서 항상 보리심을 발한다면, 가히 도념에 상응한다 하겠고, 또한 그 자리에서 부처를 이룰 수 있다고 하겠습니다. 그래서 "만약 도념이 정념과 같으면 성불한 지 오래일 것"이라고 한 것

---

27) '染緣易就, 道業難成. 不了目前, 萬緣差別. 祇見境風浩浩, 凋殘功德之林. 心火炎炎, 燒盡菩提之種. 道念若同情念, 成佛多時. 爲衆生爲己身, 彼此事辦. 不見他非我是, 自然上恭下敬. 不法時時現前, 煩惱塵塵解脫.' 백양법순白楊法順(1061~1128) 선사의 법어인데(『치문경훈緇門警訓』, '白楊順禪師示衆' 참조), 여기서는 蓮池大師(운서주굉 선사)의 문장으로 이야기하고 있다.

입니다.

제불성현諸佛聖賢이 세간에 응신 · 화신을 나투어 하는 모든 일은 중생을 위해 봉사하는 것입니다. 이른바 '괴로움을 덜어주고 즐거움을 주며, 자비심을 일으켜 중생을 제도한다拔苦與樂 興慈濟物'는 것입니다. 우리는 모두 극기복례克己復禮하여, 어떤 것도 자기 자신을 위해 행하고 누리지 않을 수 있습니다. 그러면 누구나 모두 곤궁함 없이, 하는 일마다 다 잘 해내게 될 것입니다. 동시에 여러분 자신도 그에 따라 원만한 보상의 열매를 얻게 됩니다. 마치 강물이 불어나면 강을 건너는 배도 저절로 높이 올라가듯이, 여러분이 자비심과 공경심으로 남들을 대하고, 스스로 잘난 척하지 않으며, 교만하거나 위선적이지 않으면 분명 사람들이 여러분을 공경하면서 예의 바르게 대할 것입니다. 그렇지 않으면 자신의 재능만 과시하면서 노티를 내며 거드름을 피우거나, 말은 옳은데 마음은 옳지 않아서 오로지 성색聲色과 명리名利를 위해 처신하게 됩니다. 그러면 사람들이 여러분을 공경한다 하더라도 그것은 아마 거짓일 것입니다.

그래서 공자는 "남을 공경하는 사람은 남들도 늘 그를 공경하고, 남을 아끼는 사람은 남들도 늘 그를 아낀다"[28]고 말한 것입니다. 육조 스님은 "남은 그르고 나는 옳다고 하면, 내가 그르게 여김이 오히려 허물"[29]이라고 했습니다. 그래서 우리는 옳고 그름을 따지는 마음을 내거나, 나와 남이라는 분별을 일으키면 절대 안 됩니다. 제불보살이 남들을 위해 봉사하듯이 하면 깨달음의 씨앗이 도처에 생길 것이고, 아름다운 선행의

---

28) 『맹자』, '離婁下'에서 '愛人者, 人恒愛之, 敬人者, 人恒敬之'라고 한 것을 따왔다.

29) '他非我不非, 我非却有過'. 『육조단경』, '悟法傳衣'章의 '無相頌'에 나오는 구절. 덕이본은 '他非我不非, 我非自有過', 돈황본은 '他非我有罪, 我非自有罪'이다.

열매를 때때로 거두게 될 것입니다. 그러면 번뇌가 자연히 여러분을 속박하지 못할 것입니다.

세존께서 말씀하신 삼장三藏 십이부十二部 경전도 우리의 탐진치 삼독三毒을 없애기 위한 것입니다. 그래서 삼장 십이부의 핵심은 계정혜戒定慧이고, 인과입니다. 즉, 우리가 계율로써 탐욕을 없애고, 선정을 지녀 자비희사慈悲喜捨 하며, 육도만행六度萬行을 실천하여 우매한 미혹과 삿된 어리석음을 타파하고, 지혜와 덕상을 원만하게 하여 공덕법신功德法身을 장엄莊嚴하게 한 것입니다. 우리가 이 계정혜에 의지하여 남을 위해 처세할 수만 있으면 그야말로 처처가 모두 화장세계華藏世界일 것입니다.

오늘 타칠에 참가하신 많은 분은 재가在家의 대덕大德들이신데, 우리는 자기 마음을 잘 항복받아 하루 속히 속박에서 벗어나야 합니다. 제가 다시 공안 하나를 말씀드려 여러분을 위한 모범으로 삼고자 합니다. 왜냐하면 여러분은 모두 큰 신심을 내어 이 보소寶所에 왔는데, 제가 여러분에게 설명해 주지 않으면 여러분이 보배를 얻지 못하고 빈손으로 돌아가서, 그 신심이 아무 보람 없게 될까 두렵기 때문입니다. 부디 고요한 마음으로 잘 들어보시기 바랍니다!

옛날 당나라 때 한 거사가 있었습니다. 성은 방龐, 이름은 온蘊, 자字는 도현道玄이며, 호남湖南 형양衡陽 사람이었습니다. 세간 본업이 유학자로, 젊은 나이에 세간사가 티끌임을 깨닫고 참된 진리를 구하는 데 뜻을 두었습니다. 정원貞元 연간(785~804) 초에 석두石頭 화상의 도풍道風을 듣고 찾아뵙고 물었습니다. "만법과 더불어 짝하지 않는 것은 어떤 사람입니까?" 석두 스님은 손으로 그의 입을 막아 버렸고, 방거사는 여기서 활연히 깨친 바 있었습니다. 하루는 석두 스님이 물었습니다. "그대가 나를 만나 본 이후로 날마다 하는 일이 무엇인가?" 방거사가 말했습니다. "날마다 하는 일을 물으시면 입을 열 곳이 없습니다." 그리고 다음과 같은 게송을 지어 바쳤습니다.

날마다 하는 일 따로 없고	日用事無別
오직 나 자신과 만나 어울리네.	唯吾自偶諧
어떤 것도 취하거나 버리지 않지만	頭頭非取捨
어디서도 틀리거나 어긋나지 않네.	處處沒張乖
붉은 색 자주색을 뉘라서 구별하리.	朱紫誰爲號
산과 언덕에 티끌 하나 없는데.	丘山絕點埃
신통과 묘용이라면	神通並妙用
물 길어 오고 나무 해 오는 것뿐.	運水及搬柴

석두 스님은 긍정하고 나서 물었습니다. "그대는 중이 될 텐가, 속인이 될 텐가?" 방거사가 말했습니다. "저 하고 싶은 대로 하겠습니다." 그러고는 삭발염의染衣 하지 않았습니다. 나중에 마조를 참례하고 물었습니다. "만법과 짝하지 않는 것은 어떤 사람입니까?" 마조가 말했습니다. "그대가 한 입에 천강의 물을 다 마시고 오면 말해 주겠다." 방거사는 언하에 그 깊은 뜻을 단박에 이해했고, 그곳에 2년간 머무르며 마조를 모셨습니다.

방거사는 본래인本來人을 꿰뚫어 안 뒤로는 아무것도 하지 않고 하루 종일 조리만 짜면서 살아갔습니다. 집에 있던 만 관貫의 금과 은도 모조리 상강湘江 물에 던져버리고 말았습니다. 하루는 두 부부가 함께 무생無生의 도리를 이야기하다가 거사가 말했습니다. "어렵다, 어렵다, 어렵다. 참깨를 주워 담아 나무 위에 널기가." 부인이 말했습니다. "쉽다, 쉽다, 쉽다. 온갖 풀끝에 다 있는 조사의 뜻이." 딸인 영조靈照가 듣고 웃으며 말했습니다. "두 분 어르신, 어떻게 그런 이야기를 다 하십니까?" 방거사가 물었습니다. "너라면 어떻게 말하겠느냐?" 영조가 말했습니다. "어렵지도 않고 쉽지도 않네. 배고프면 밥 먹고 피곤하면 잠을 자네." 방거사가 박장대소하고 말했습니다. "아들이 있어도 장가가지 않고, 딸이 있어도 시집가지 않네. 온 식구가 단란하게 머리 맞대고 함께 무생을 이야기하네." 이때부터 그의 기변機辯(상황에 응대하는 말솜씨)이 빠르고 민첩해져서, 제방에서 그를 우러러보았습니다.

그가 약산藥山 선사를 만난 뒤 하직인사를 하자, 약산 스님은 선객 10명에게 문 앞까지 배웅하게 했습니다. 거사가 공중에 내리는 눈을 가리키며 말했습니다. "잘 내리는 눈이로다. 송이송이 다른 곳에는 떨어지지 않는구나." 전全이라는 이름의 선객이 물었습니다. "그러면 어디에 떨어집니까?" 거사는 그를 한 번 때렸습니다. 전이 말했습니다. "그런다고 대충대충 하면 안 됩니다." 거사가 말했습니다. "그러고서 어찌 선객이라 하겠소? 염라대왕이 어째서 그대를 그냥 놓아두고 있는 거요?" 전이 말했습니다. "거사님은 어떻습니까?" 방거사가 다시 한 대 때리고 말했습니다. "눈으로 보면서도 장님과 같고, 입으로 말하면서도 벙어리와 같소."

거사가 일찍이 강당[30]에 노닐며 『금강경』 강의를 즐겨 들었는데, '무아무인無我無人'이라는 대목에 이르자 물었습니다. "좌주座主, 이미 '나'도 없고 '남'도 없다면 누가 강의하고 누가 듣습니까?" 좌주가 대

30) 당시에는 각지에 경전 강의장이 있어, 강사 스님(座主)들이 와서 경전 강의를 했다.

답을 못하자 거사가 말했습니다. "저는 비록 속인이지만 대충은 압니다." 좌주가 "그러면 거사님의 뜻은 어떻습니까?" 하자 거사는 게송으로 이렇게 답했습니다.

나도 없고 남도 없으니 無我復無人
어디에 멀고 친함이 있겠습니까? 作麼有疎親
당신께 권하니, 좌주 노릇 그만하십시오. 勸君休歷座
곧바로 진리를 구함만 못합니다. 不似直求眞
금강반야의 성품으로 말하면 金剛般若性
밖으로 작은 먼지 하나도 끊어버립니다. 外絕一纖塵
제가 듣고 믿어 받아 지니지만 我聞?信受
모두가 거짓 이름 벌여놓은 것입니다. 總是假名陳

좌주가 듣고 기뻐하며 우러러 찬탄했습니다.

하루는 거사가 영조에게 물었습니다. "고인이 말하기를 '밝고 밝은 온갖 풀끝에 밝고 밝은 조사의 뜻이로다' 했는데, 어떻게 이해하느냐?" 영조가 말했습니다. "어르신, 어르신, 이런 말씀을 하시다니요." 거사가 "너는 어떠냐?" 하니 영조가 말했습니다. "밝고 밝은 온갖 풀끝에 밝고 밝은 조사의 뜻이로다." 거사는 껄껄 웃었습니다. 그가 입멸入滅하려 할 때 영조에게 말했습니다. "해가 얼마나 올라왔는지 보고, 정오가 되거든 알려다오." 영조가 보고 와서 말했습니다. "해가 막 가운데 왔는데, 아깝게도 하늘 개가 해를 먹고 있어요(일식을 뜻함). 아버지는 왜 나와 보지 않으세요?" 방거사는 사실인 줄 알고 자리에서 일어나 밖으로 나와서 해를 바라보았습니다. 그때 영조는 아버지의 자리에 올라가서 가부좌하고 합장한 채 좌탈坐脫하고 말았습니다. 거사가 들어와 보니 영조가 이미 죽어 있자 탄식하며 말했습니다. "내 딸이 정말 재빠르구나. 나보다 먼저 가다니."

이리하여 다시 7일이 늦추어졌습니다. 그 지방 목사牧使인 우적공于頔公이 문병차 왔습니다. 거사가 그에게 말했습니다. "모든 있는 것을 공空으로 하되, 모든 없는 것은 절대로 실實로 하지 마시기 바랍니다. 세상에 잘 계십시오. 모든 것이 그림자 같고 메아리 같으니." 말을 마치자 그는 우공于公의 무릎을 베고 입적했습니다. 유언으로는, 시신을 화장해서 강이나 호수에 버려달라고 했습니다. 부인이 이 말을 전해 듣고 즉시 (들에서 일하던) 아들에게 알렸습니다. 아들은 이야기를 들은 뒤 괭이자루에 머리를 기댄 채 서서 가 버렸습니다. 어미는 이 광경을 보자 자신도 어디론가 숨어 버렸습니다.

여러분, 저들 일가 네 식구가 모두 이와 같이 신통묘용神通妙用을 할 수 있었다는 것을 보십시오. 그러니 여러분이 거사인 것이 얼마나 고상한 일인지를 알 수 있습니다. 지금까지 여러 거사님들 중에 이러한 인재가 없는 것은 말할 것도 없고, 출가이중出家二衆(비구와 비구니)도 모두 이 허운과 별 차이가 없습니다. 이 얼마나 거꾸로 된 형국입니까! 여러분 노력하십시오!

7. 초칠 원만일圓滿日(정월 14일) 법문

여러분 축하드립니다! 7일간 공덕을 지으셨고, 오늘이 원만圓滿(회향)입니다. 이미 깨달은 분은 규칙에 따라 응당 법상에 올라야 합니다. 아침에 시험을 본다면, 오늘은 바로 합격자를 발표하는 날이니 마땅히 경하해야 합니다. 그러나 사중의 배려로 내일도 타칠을 계속하여 우리가 더 노력하고 진보할 수 있게 되었습니다. 여러 구참 스님들은 이런 인연이 수승하다는 것을 알기 때문에 시간을 헛되이 보내지 않겠지요. 초발심자들은 사람 몸 얻기가 어렵고 생사 문제가 중대하다는 것을 알아야 합니다. 우리가 일단 사람 몸을 얻고 나면, 이번에는 불법을 듣기 어렵고 선지식을 만나기가 어렵다는 것을 알아야 합니다. 오늘 여러분은 몸소 보배산에 왔으니, 이 좋은 기회를 이용하여 힘써 공부하십시오. 빈손으로 돌아가면 안 됩니다.

종문의 이 한 법은 제가 이미 이야기했지만, 세존께서 꽃을 들어 보이신拈花示衆 이후 대대로 근본인 위로부터 아래로 전해 내려 온 것입니다. 아난존자阿難尊者는 비록 부처님의 사촌 동생이었고 나중에 출가하여 부처님을 시봉侍奉했지만, 부처님이 살아 계실 때는 크게 깨닫지 못했습니다. 부처님 입멸 후에 여러 큰 사형제師兄弟들은 그가 집회에 참가하는 것을 허락하지 않았는데, 가섭존자迦葉尊者가 "당신은 세존의 심인心印을 얻지 못했으니, 문 앞의 찰간刹竿(절 앞에 세워두는 장대)이나 내려 주시오" 하는 말에 그 자리에서 대오했고, 가섭존자가 여래의 심인을 그에게 부촉했던 것입니다. 그래서 그가 서천西天(인도)의 제2조가 되었습니다. 그 후 대대로 이어져 마명馬鳴 · 용수龍樹 존자에 이른 뒤에, 천태天台의 북제北齊 스님(혜문 선사)이 『중관론中觀論』[31]을 보고 마음자리를 깨달아 천태종이 나왔습니다. 이때 종문이 특히 크게 흥성했습니다. 나중에는 천태종도 쇠락했는데, 덕소德韶 국사 때 고려에서 (천

31) 용수존자(2~3세기)의 저작. 『십이문론』, 『백론』과 함께 삼론종의 3대 경전.

태종 문헌들을) 가져온 뒤에 다시 흥기했습니다.[32)]

달마조사는 서천의 제28조로서 선법을 중국에 가져와 제1조가 되었습니다. 이로부터 5조에 이르기까지 마음 등불을 크게 열었고, 육조 아래서 깨달은 분은 43인이었습니다. 다시 청원행사靑原行思, 남악회양南嶽懷讓 조사 이후 마조馬祖에 이르러 83인이 정법을 크게 일으켜 국왕 대신들도 존경하지 않는 이가 없었습니다. 부처님이 설하신 법이 많지만, 특히 선종이 유난히 뛰어났습니다.

염불이라는 한 법도 용수·마명 존자가 찬양한 것으로, 원공遠公(혜원 스님) 이후로 영명永明 수壽 선사가 연종蓮宗(정토종)의 6조가 되었고, 그 후로 종문의 많은 사람들이 널리 선양했습니다. 밀종密宗이라는 한 법은 일행선사一行禪師가 선양한 이후 일본에 전래되었고, 우리나라에는 계승하는 사람이 없어졌습니다. 자은종慈恩宗은 현장법사가 흥기시켰으나 오래 가지 못하고 끊어졌습니다. 유독 종문만이 오랜 역사를 가지고 장구하게 이어져, 천신들이 귀의하고 용과 호랑이가 복종했습니다.

팔선회상八仙會上의 여동빈呂洞賓은 별호가 순양純陽인데, 경천景天 사람이었습니다. 당나라 말기에 과거에 세 번 떨어지고 집으로 돌아갈 마음이 없었습니다. 그러다 장안長安의 술집에서 우연히 종리권鐘離權을 만나, 수명을 늘리는 비술을 전수받았습니다. 동빈은 법식대로 수행하여 나중에 공중을 마음대로 날아오를 수 있게 되자, 천하를 구름같이

---

32) 천태종의 전적典籍들은 당 무종武宗의 폐불 사태 등으로 많이 산실되었는데, 외국에 있던 문헌들을 구해 와서 천태종이 다시 부흥했다고 한다. 오월왕吳越王이 일본에 사람들을 보내어 구해 왔다는 기록도 있고(『宋高僧傳』, '義寂傳'), 고려에서 체관諦觀 스님을 파견하여 지자대사智者大師의 저술들을 보내주었다는 기록도 있어(『佛祖統紀』, '諦觀傳') 상충되지만, 스님은 후자의 설을 따른 듯하다.

떠돌아 다녔습니다. 하루는 여산廬山 해회사海會寺에 이르러 종루의 벽에 다음과 같은 사구게四句偈를 써 놓았습니다.

하루가 청한하니 자재한 몸이여,	一日清閑自在身
여섯 정신이 화합하니 평안함을 알리노라.	六神和合報平安
단전에 보배 있으니 도는 물을 것 없고,	丹田有寶休問道
경계에 무심하니 선禪을 묻지 말라.	對境無心莫問禪

얼마 후 길이 황룡산黃龍山을 지나게 되었는데, 자색 구름이 산을 덮고 있는 것을 보고 이인異人이 있지 않나 하고 산으로 들어가 보았습니다. 이때 황룡 스님이 북을 치고 법좌에 올라갔습니다. 동빈은 대중을 따라 들어가 법을 들었습니다.

황룡 스님이 말했습니다. "오늘 어떤 사람이 법을 훔치려 하는구나. 노승은 설법하지 않겠다." 동빈이 나와서 예배하고 물었습니다. "스님께 여쭈겠습니다. 어떤 것이 '한 알의 좁쌀 속에 세계를 감추고, 작은 솥 안에서 산천을 삶는 것'[33]입니까?" 황룡 스님이 꾸짖어 말했습니다. "이 송장 지키는 귀신아!" 동빈이 말했습니다. "주머니 속에 장생불사약이 저절로 있는데 어찌하시겠습니까?" 스님이 말했습니다. "설사 팔만 겁이 지난다 해도 공망에 떨어지는 것을 면치 못한다." 동빈은 '경계에 무심하니 선을 묻지 말라' 고 한 공부를 잊어버리고, 크게 성을 내어 검劍을 날려 황룡 스님의 목을 베려 하였습니다. 그러나 스님이 손가락 하나로 그 검을 땅에 떨어뜨려 버렸습니다. 뜻을 이루지 못한 동빈은 스님

33) '一粒粟中藏世界, 半升　內煮山川'. 이것은 도가의 문구이다.

에게 절을 하고 잘못을 참회했습니다. 그리고 불법을 물으니 스님이 말했습니다. "작은 솥 안에서 산천을 삶는 것은 묻지 않겠다. 어떤 것이 한 알 좁쌀 속에 세계를 감추는 것인가?" 동빈은 언하에 그 현지玄旨에 계합했습니다. 그리고 이런 게송을 지어 참회했습니다.

표낭은 내버리고 비파는 부숴버려[34]	棄却飄囊擊碎琴
지금부터 금단金丹도 바라지 않겠네.	從今不戀汞中金
황룡 스님을 한 번 뵌 뒤로부터	自從一見黃龍後
이제껏 마음 잘못 쓴 줄 비로소 알았네.	始覺當年錯用心

이것은 선인仙人이 삼보에 귀의하고 가람伽藍 안에 들어와 불법을 수호한 한 예입니다. 도교는 동빈의 손에서 크게 일어나 북오조北五祖를 이루었습니다. 자양진인紫陽眞人도 『조영집祖英集』[35]을 읽고 마음자리를 밝힌 사람으로, 남오조南五祖의 한 사람입니다.[36] 그러므로 도교 역시 불교의 종문에 의해 계속 깨우침을 받았던 것입니다. 공자의 도는 맹자 이후 실전失傳되었는데, 송나라 때 주염계周濂溪 선생이 종문을 좇아 마음자리를 밝혔고, 정자程子, 장자張子, 주자朱子 등이 모두 불법을 따르며 배웠습니다. 따라서 종문은 유교와 도교가 발전하는 모든 계기를 도와준 것입니다.

---

34) 표낭飄囊이란 방랑자가 물건을 넣어 메고 다니는 주머니, 비파는 도사道士들이 가지고 다니는 악기이다.

35) 설두중현雪竇重顯(980~1052) 선사의 시문집.

36) 도교의 북종北宗(일명 全眞敎)에서는 왕현보, 종리권, 여동빈, 유해섬, 왕중양을 '北五祖'로 내세우고, 자양진인 장백단張伯端이 창시한 남종南宗에서는 장백단, 석태, 설도광, 진남, 백옥섬을 '南五祖' 라고 부른다.

지금 많은 사람들이 종문의 이 한 법을 경시하고 심지어는 비방까지 하는데, 이것은 참으로 무간업無間業을 짓는 것입니다! 우리는 오늘 이렇게 좋은 연緣이 있고 수승한 인因을 만났으니, 큰 환희심을 내고 큰 서원을 발해야 할 것입니다. 각자 공부를 성취하여 용천龍天이 귀의하고 정법正法이 영원히 창성하도록 해야 합니다. 절대로 아이들 장난같이 보지 말고, 잘 정진하여 공부하십시오.

8. 차칠次七 첫째 날(정월 16일) 법문

허운은 사중에 온갖 폐를 끼친 데다 큰스님과 여러 반수班首 스님들의 특별한 우대를 받아 너무 미안합니다! 오늘 또다시 저에게 법을 주관해 달라고 합니다. 이러한 명목은 저로서는 실로 감히 받아들이지 못합니다. 현재 응자應慈 노스님은 연세도 많으시고 법랍도 오래 되셨으니, 마땅히 스님이 법주가 되어 이끌고 나가야 사리에 합당할 것입니다. 뿐만 아니라 상주 대중 스님들도 많고 모두 학덕을 겸비하고 있습니다. 저는 물에 뜬 부평초 같아서 전혀 쓸모없는 사람일 뿐입니다. 오늘 제가 나이가 많다고 이렇게 받들어 주시지만 이것은 정말 잘못 생각하신 것입니다.

세간법에서조차 반드시 나이가 많고 적음을 따지지 않습니다. 예컨대 옛날에 과거 보러 가는 사람은 그의 나이가 많든 적든 상관없이, 시험관에 대해 모두 '선생님' 이라고 불렀습니다. 시험관은 천자天子의 사람이기 때문에, 그의 나이가 아무리 어리다 해도 온 세상 사람들은 모두 그를 존경해야 했고, 나이를 거론할 수 없었습니다. 불법에서는 더욱 그렇습니다. 예컨대 문수보살은 과거 아주 오래 전에 업業이 다해서 성불했습니다. 일찍이 16명의 왕자를 교화했는데, 아미타불도 16왕자 중의 한 사람이었습니다. 석가모니불도 그의 제자였습니다. 그런데 석가모니가 성불했을 때, 문수보살이 석가모니불을 보필했습니다. 이로써 불법은 평등하여 한 맛一味이며 높고 낮음이 없음을 보여준 것입니다. 그러니 이렇게 청하시는 여러분은 오해하시면 안 됩니다.

지금 우리는 참선 공부의 측면에서 이야기하는데, 요컨대 규정과 법칙을 존중해야 합니다. 상주 대중 스님들은 도심道心을 일으켜 경을 강의하고 타칠을 하며, 불법을 널리 선양하고 있습니다. 이런 말법시대에 실로 희유한 일이며 얻기 어려운 인연입니다. 여러분은 모두 세간의 번거로움을 피하지 않고 살면서 힘들고 피곤함을 마다하지 않고 있고, 이렇게 바쁜 가운데서도 자원하여 참가했습니다. 모두가 번뇌를 싫어하고 고요함을 찾는 마음인 것을 알 수 있습니다.

본래 우리는 모두 '하나의 마음'인데, 미혹됨과 깨침이 있기 때문에 중생이 있어 종일 바쁘고 하루도 한가한 날이 없습니다. (그러한 삶은) 조금만 생각해 봐도 아무 이익이 없습니다. 그러나 어떤 부류의 사람은 한평생 세간에서 밤낮 분주하게 살면서 어리석게도 풍족하게 먹고 입는 것만 생각하고, 노래하고 춤추며 노는 곳을 찾으며, 자손이 부귀하고 만세에 영화를 누리기만 바랍니다. 그러나 숨 한 번 돌아오지 않으면 죽은 귀신일 뿐입니다. 그런데도 자기 자식들을 돌봐주고 자손이나 재산이 번창하게 해 주고 싶어합니다. 이런 부류의 사람은 정말 어리석기 짝이 없습니다! 또 한 부류는 약간의 선악 인과를 조금 알고 나면 공덕을 지으려고 합니다. 그러나 스님들에게 식사 공양을 올린다거나, 불상을 조성하고 절집 당우堂宇를 수리하는 것 따위만 알고 있습니다. 이것은 약간의 유루복有漏福을 짓는 것으로, 내생의 복을 비는 것입니다. 이런 사람은 무루공덕無漏功德이 얼마나 귀한지 모르기 때문에 그런 것은 돌아보지 않습니다.

『묘법연화경』에서 말하기를, "누구든지 일수유一須臾 동안만 고요히 좌선해도, 항하사 같은 칠보탑을 쌓는 것보다 낫다"고 했습니다. 왜냐하면 고요히 좌선하는 이 한 법이 우리를 진로塵勞에서 벗어날 수 있게 해 주고, 몸과 마음을 편안하게 해 주며, 자신의 성품을 원명圓明하게 하여 생사에서 벗어나도록 해 주기 때문입니다. '일수유'라는 것은 한 찰나지간입니다. 만약 어떤 사람이 청정한 마음으로 반조회광返照回光하기를 수유 동안만 해도, 설사 도를 깨치지는 못한다 해도 불성의 바른 인因은 씨앗이 뿌려진 것이어서 언젠가 성취하는 날이 올 것입니다. 만약 공부가 힘을 얻으면 일수유 동안에도 성불할 수 있는 것입니다.

그래서 『능엄경』에서 아난존자가 "아승기겁을 지나지 않고 법신을 얻습니다"라고 말했습니다. 그러나 우리나 일반인들은 평소에 모두 진로 속에서, 즉 희로애락과 득실得失, 오욕五欲과 온갖 즐거운 것을 누리는 속에서 생활합니다. 그러나 일단 선당에 들어오면 한 마디 외침소리에 좌선에 들어갑니다. 무엇을 보아도 보지 않고, 들어도 듣지 않으며, 육근의 문을 마치 거북이가 여섯 개를 거두어들이듯 하여, 어떤 경계도 여러분을 동요시키지 못합니다. 이것이 무위법을 닦는 것이며, 또한 이것이 무루법無漏法입니다. 그래서 금, 은 등 일곱 가지 보물로써 항하사 같이 많은 탑을 만든다 하더라도, 이와 같이 일수유 동안 정좌靜坐하는 공덕에 미치지 못합니다.

거북이가 여섯 개를 거두어들인다는 것은 하나의 비유입니다. 물개는 고기나 자라를 즐겨 먹기 때문에, 거북이가 바닷가 모래밭을 기어가는 것을 보면 잡아먹으려고 달려갑니다. 거북이는 물개가 자기를 잡아먹으려는 것을 알고 네 다리와 머리와 꼬리를 모두 안으로 집어넣어 버립니다. 물개는 이것을 보고 거북이를 물어 보지만 잘 되지 않고 헛고생만 하자 버리고 가 버립니다. 이때 거북이도 위험에서 벗어납니다. 우리의 세간적 삶에서는 돈이 없는 사람은 의복과 음식을 얻기 위해 죽어라 바쁘고, 돈이 있는 사람은 색욕을 탐하여 헤어나지 못합니다. 꼭 저 물개에게 물리는 것과 같습니다. 그런 해로움이 있다는 것을 알면, 바로 육근을 거두어들여 반조회광 해야 합니다. 그러면 모두 죽음에서 살아날 수 있습니다.

지난 이틀 저녁에 걸쳐 말씀드린 종문의 이 한 법은 정법안장이고, 여래의 심법心法이며, 생사를 해탈하는 근본입니다. 경전 강의 등의 법문法門은 사람들의 믿음과 이해를 불러일으켜 주지만, 이것은 대체로 지엽에 속하는 언설이며 원만한 견해를 크게 열어주기 어렵습니다. 경전 강의 등의 방법으로 생사를 벗어나겠다고 생각한다면 반드시 수행과 증득行證을 거쳐야 하는데, 이것은 매우 어려운 것입니다. 그래서 이제까지 경전 강의를 듣는 등의 법문을 통해서 신통을 보이거나 그 자리에서 깨친 사람이 종문에 비해서 적은 것입니다. 종문에서는 비구와 거사가 불가사의한 솜씨가 있는 것은 물론이고, 비구니들 중에도 위대한 인재가 있습니다.

옛날 관계존자灌溪尊者는 임제 스님의 제자였는데, 임제 스님 회상에서 여러 해를 열심히 배웠지만 아직 대철대오 하지 못하고 있었습니다. 나중에 제방을 참례하다가 말산末山 비구니가 있는 곳에 왔습니다. 사미니 스님이 말산 스님에게 알리자, 말산 스님이 시자를 보내어 물었습니다. "스님은 산을 유람하며 경치를 구경하러 왔습니까, 아니면 불법을 위해서 왔습니까?" 관계 스님은 불법을 위해 왔다고 해서 겨우 접견을 허락 받았습니다. 말산 스님이 말했습니다. "불법을 위해 오셨다면 여기에도 북을 쳐서 법상에 오르는 법도가 있습니다." 말산 스님이 법상에 오르자 관계 스님은 처음에 읍揖만 하고 절은 하지 않았습니다. 말산 스님이 물었습니다. "스님은 오늘 어디를 떠나 오셨습니까?" 관계 스님이 대답했습니다. "갈림길에서 옵니다." 말산 스님이 말했습니다. "왜 덮어버리지 않습니까?" 관계 스님은 말을 못하고 비로소 절을 했습니다. 관계 스님이 물었습니다. "어떤 것이 말산입니까?" 말산 스님이 대답했습니다. "꼭대기를 드러내지 않습니다." 다시 물었습니다. "어떤 것이 말산의 주인입니까?" "남녀의 모습이 아닙니다." 관계 스님이 할喝을 하고 말했습니다. "왜 변하지 않습니까?" 말산 스님이 말했습니다. "신神도 아니고 귀신도 아닌데 무엇으로 변합니까?" 관계 스님이 답을 못하고 여기서 그 가르침을 가슴 깊이 새겼습니다. 그리고 이곳에서 3년간 원두園頭를 살고 나서 나중에 대철대오 한 것입니다. 관계 스님이 상당上堂하여 말하기를, "나는 임제 아버지 곁에서 반 국자를 얻고, 말산 어머니 곁에서 반 국자를 얻어 합쳐서 한 국자가 되었다. 마시고 나자 지금까지 배가 불러 허기진 줄을 모른다"고 했습니다.

그래서 관계 스님은 임제 스님의 제자이면서 또한 말산 스님의 법제자이기도 합니다. 비구니 중에서도 이처럼 세상을 놀라게 하는 인재가 있었음을 알 수 있습니다. 그것은 초인적 솜씨였습니다. 지금 여러분 중에는 이렇게 많은 비구니 스님들이 있는데, 왜 솜씨를 좀 발휘하여 옛사람을 대신해 정법을 보여주지 않습니까? 불법은 평등하다는 것을 알아야 합니다. 여러분은 노력해야지, 제풀에 못하겠다는 마음을 내어 인연을 놓치면 안 됩니다.

고인이 말하기를, "백년 삼만 육천 일 동안 잠시도 몸과 마음을 놓아버리고 조용히 있지 못하는구나"[37] 하였습니다. 우리가 무량겁 동안 생사에 유랑하는 것은, 몸과 마음을 기꺼이 놓아버리고 청정하게 닦고 배우지 못하기 때문일 뿐입니다. 그래서 윤회를 받고 해탈을 얻지 못합니다. 따라서 여러분은 몸과 마음을 놓아버리고, 잠시라도 조용히 좌선하십시오. 부디 칠통漆桶이 떨어져 나가 다 함께 무생법인을 증득하시기 바랍니다!

9. 차칠 둘째 날(정월 17일) 법문

오늘은 두 번째 타칠의 이틀째입니다. 이 아주 짧은 시간 내에도 여러분의 참가가 나날이 늘어나고 있습니다. 상해 지방 사람들의 마음이 순후純厚하고 복덕이 깊다는 것을 알 수 있습니다. 또한 사람들마다 번뇌를 싫어하여 고요함을 찾고, 괴로움을 벗어나 즐거움을 추구하려는 바람을 가지고 있다는 것을 알 수 있습니다. 본래 인생은 괴로움이 많고 즐거움은 적습니다. 게다가 세월은 빨라서 수십 년이 눈 깜짝할 사이에 지나가 버립니다. 설사 팽조彭祖처럼 8백 살을 산다 해도 불법 안에서 보자면 아주 짧은 것입니다. 세상 사람들을 놓고 보면 인생 칠십은 옛날부터 드문 법입니다. 우리는 지금 이런 환상과 같이 짧은 경계들은 조금도 아쉬워할 것이 못 된다는 것을 알고 있습니다. 여기 와서 이 선칠에

---

37) '百年三萬六千日, 不放身心靜片時'. 석옥청공石屋淸珙(1272~1352) 선사의 '山居詩' 중에 이런 시가 있다. '細把浮生物理推, 輪贏難定一盤碁. 僧居靑嶂閒方好, 人在紅塵老不知. 風颺茶煙浮竹榻, 水流花瓣落靑池. 如何三萬六千日, 不放身心靜片時.'

참가하신 것은 참으로 숙세夙世의 선근善根입니다. 그러나 수행이라는 한 법은 장원심을 갖는 것을 중시합니다. 과거 모든 제불보살은 모두 다겁多劫을 수행하여 성공한 분들이었습니다.

『능엄경』 '관세음보살원통장圓通章' 에서 이렇게 말합니다. "생각해 보니 예전 무수한 항하사겁 전에 부처님이 세상에 출현하셨는데 이름하여 관세음이었습니다. 제가 그 부처님에게 보리심을 발했더니 그 부처님이 저에게 문 · 사 · 수聞思修에서 시작하여 삼마지三摩地(삼매)에 들라고 가르쳐 주셨습니다." 이로써 관세음보살은 하루 이틀 만에 성공한 것이 아님을 알 수 있습니다. 동시에 그는 공개적으로 자신의 공부 방법을 우리에게 들려주었습니다.

그는 능엄회상 25원통圓通 중의 첫 번째 이름입니다. 그가 공부한 방법은 문 · 사 · 수에서 이근원통耳根圓通을 얻어 삼마지에 들어가는 것입니다. '삼마지' 란 우리말로 바른 선정正定입니다. 그래서 그는 이어서 말하기를 "처음에는 들음 가운데서 흐름에 들어가 소所가 없어지고初於聞中 入流亡所"라고 했습니다. 이 방법은 이근耳根으로써 자기 성품을 돌이켜 들어 육근이 육진六塵으로 흘러가지 않게 하는 것인데, 이것은 육근을 거두어 들여 법성法性으로 흘러가게 하려는 것입니다. 그래서 연이어 또 말하기를, "소所와 들어감이 고요해지자 동정動靜의 두 가지 상相이 요연了然히 나지 않았으며"라고 했고, 또한 "이와 같이 점차 증진하여, 들음과 들은 바가 다하고 들음이 다함도 머무르지 않아서"라고 했습니다.[38] 그 의미는, 우리가 이 '들음을 돌이키는 공부' 를 미진한

38) 이곳의 두 인용문은 '所入旣寂, 動靜二相, 了然不生. 如是漸增, 聞所聞盡, 盡聞不住' 이다. 『능엄경』, 제6권(李耘虛, 238쪽.)

상태에 머물러 있게 하면 안 되고, 점차 늘려 나가 공부를 심화시켜야 한다는 것입니다. 그래야 "깨어 있음과 깨어 있는 바가 공하고, 공한 깨어 있음이 극히 원만하면 공空과 공한 바가 멸하며, 생멸이 멸하고 나면 적멸이 현전한다"[39]고 할 수 있습니다. 이러한 경계는 이미 저절로 '들음을 돌이켜 자기 성품을 듣는' 공부로써 일체의 생멸을 다 멸하게 한 것이며, 이때 참마음이 현전합니다. 이것이 바로 "미친 마음이 단박에 쉬어질 것이니, 쉬면 곧 깨달음"[40]이라고 하는 것입니다. 관세음보살은 이런 경계에 도달했던 것입니다.

그는 또 이렇게 말했습니다. "홀연히 세간과 출세간을 초월하여 시방세계가 원명圓明해졌고, 두 가지 수승함을 얻었습니다. 첫째는 위로 시방제불十方諸佛의 본래적 묘각심妙覺心에 합合하여 부처 여래와 자력慈力이 동일한 것이고, 둘째는 아래로 육도六道의 일체중생에 합하여 모든 중생과 비앙悲仰(불보살의 자비를 바라는 마음)이 동일한 것입니다."[41]

우리는 오늘 부처님의 수행을 배우고 있습니다. 그렇지만 이와 같이 먼저 자기의 공부를 잘 해야 합니다. 자기 성품의 탐진치와 아만 등 일체중생을 다 제도하여 본래청정한 묘각妙覺의 참마음을 깨달은 뒤에, 위로는 부처의 일을 하고 아래로는 중생을 교화해야 합니다. 마치 관세음보살이 이러한 32응신으로 중생의 부류에 따라 교화하고 제도함으로써 비로소 힘을 갖게 되듯이 말입니다. 그래서 관세음보살은 더러 동남동녀童男童女의 몸을 나투어 세간에 화현합니다. 세인들은 관세음보살이 업이 다해 이미 성불했으며, 남자와 여자, 나와 남이라는 상相이 전

---

39) '覺所覺空, 空覺極圓, 空所空滅, 生滅旣滅, 寂滅現前'. 위 같은 곳.
40) '狂心頓歇, 歇卽菩提'. 『능엄경』 원문은 '狂性自歇, 歇卽菩提'이다(李耘虛, 169쪽).
41) 『능엄경』, 제6권(李耘虛, 240~241쪽).

혀 없고, 단지 중생의 근기를 따라 응현應現한다는 것을 모릅니다. 하지만 세간 사람들은 관세음보살의 이름을 한 번 들으면 모두 경애敬愛의 마음을 느끼는데, 이것은 모두 과거생에 그의 성호聖號를 꾸준히 염한 것이 팔식八識의 밭 가운데 종자로 남아 있다가 지금 일어나는 것입니다. 그래서 경에서 말하기를, "한 번 귀에 들어가면 영원히 도道의 종자가 된다"고 하는 것입니다.

우리는 오늘 이 수행을 익히고 있습니다만, 마땅히 제불보살이 수행하여 깨달으신 최상승법最上乘法에 의지해야 합니다. 지금 이러한 법은 본래의 묘각심妙覺心을 밝혀야 한다는 것입니다. 이것을 일러 '견성성불'이라고 합니다. 만약 마음자리를 밝히지 못하면 성불할 수 없습니다. 마음자리를 밝히려면 선善을 행하는 것이 도道의 시초입니다. 우리가 하루 종일 모든 악은 짓지 않고, 모든 선은 받들어 행한다면 복덕이 이로부터 증장됩니다. 여기에 일구화두를 보태어 시시각각으로 화두를 들면, 일념무생에 이르러 바로 그 자리에서 성불할 수 있습니다. 여러분 시간을 잘 쓰고, 쓸데없는 일에 마음을 쓰지 마십시오. 화두를 잘 들고 참구하십시오!

10. 차칠 셋째 날(정월 18일) 법문

오늘 두 번째 타칠의 3일이 또 지나갔습니다. 공부가 익은 사람은 동정動靜 가운데서 다 잘 붙잡고 있을 터이니, 무슨 일칠一七이니 이칠二七이니, 3일이니 4일이니 하는 분별심이 있겠습니까? 그러나 초발심인 사람은 모두 힘써 정진해야 하며, 흐리멍덩하게 어영부영해서 세월을 헛되이 보내면 안 됩니다. 제가 지금 초발심자들에게 하나의 비유를 들려 드리겠습니다. 잘 들어 주시기 바랍니다!

제방諸方의 선당에 모셔두고 있는 한 분의 보살은 성승聖僧인데, 그는 석가여래의 사촌인 아야교진여阿若憍陳如 존자입니다. 세존이 출가할 때 부왕父王이 친가 쪽 세 사람과 외가 쪽 두 사람을 보내서 설산에서 수행하는 세존을 지켜보게 했는데, 이 존자는 외가 쪽 두 사람 중의 한 분이었습니다. 세존이 성도하신 뒤 녹야원에서 처음 이들을 위해 사제법四諦法을 설하실 때, 이 존자가 최초로 도를 깨쳤습니다. 뿐만 아니라 이 존자는 세존의 여러 제자들 중 첫 번째로 출가한 사람이었습니다. 그래서 성승聖僧이라고도 하고, 맏스님僧首이라고도 합니다.

그의 수행방법은 『능엄경』에서 아주 분명하게 말하고 있습니다. "내가 처음 성도하여 녹야원에서 아야다 등 다섯 비구와 그대들 4중四衆에게 말하기를, 일체중생이 깨달음과 아라한을 이루지 못하는 것은 모두 객진번뇌客塵煩惱로 인해 그르쳐지는 것이라 하였다. 그대들은 당시에 어떻게 깨달아 지금 성과聖果를 얻었는가?" 이것은 부처님이 우리가 깨달음을 얻어 아라한이 되지 못하는 원인을 말씀하신 동시에, 당시 회상會上에 있던 여러 큰 제자들이 깨달은 것은 어떤 방법을 써서 성공한 것인지를 묻는 것입니다. 이때 오직 교진여 존자만이 그 방법을 이해하고 있었습니다. 그래서 회중에서 일어나 세존께 대답했습니다. "저는 지금 장로로서, 대중 가운데서 홀로 '이해한다'는 이름을 얻었습니다. 저는 객진客塵 두 글자를 가지고 성과聖果를 이루었습니다."[42]

그는 이렇게 말한 뒤, 다시 세존 앞에서 설명하듯이 말했습니다. "세

---

42) 『능엄경』, 제1권(李耘虛, 40쪽).

존이시여! 비유하자면 마치 지나가는 손님이 여관에 투숙하여 밥을 먹거나 잠을 자는데, 먹거나 자고 나면 짐을 꾸려 길을 떠나야 하므로 오래 머무르지 못하지만, 주인은 갈 데가 없는 것과 같습니다. 이렇게 생각하면 머무르지 않는 것은 손님이고 머무르는 것은 주인입니다. 그래서 머무르지 않는 것은 손님이라고 부르는 것입니다. 또 비가 개고 해가 나와서 햇빛이 문틈으로 들어오면 허공에 티끌들이 흔들리며 떠다니는 것을 보게 되는데, 티끌은 이리저리 움직이지만 허공은 고요합니다. 이렇게 생각하면 깨끗하고 고요한 것은 허공이고 흔들리는 것은 티끌입니다. 그래서 흔들리는 것을 티끌이라고 부르는 것입니다."

그의 이 말은 주主·객客 두 글자를 얼마나 분명하게 설명하고 있습니까! 그러나 여러분은 이것이 하나의 비유라는 것을 알아야 합니다. 이것은 우리가 공부에 착수하는 방법을 말해주는 것입니다. 즉, 우리의 참마음은 주인으로서 본시 움직이지 않는 것이며, 움직이는 것은 손님, 즉 망상妄想이라는 것입니다. 망상은 먼지와 같은데, 먼지는 아주 미세합니다. 그것이 공중에 떠다닐 때는 해가 창문을 비추거나 문틈으로 햇빛이 들어올 때라야 그것을 볼 수 있습니다. 즉 말하자면, 우리들 마음속의 망상도 평상시에 마음이 움직이고 있을 때는 알 수 없지만, 일단 청정한 수행에 들어가 고요히 좌선하며 공부하고 있을 때 비로소 많은 잡념이 끊임없이 일어나고 가라앉는다는 것을 알게 됩니다.

여기서 망념妄念이 끓어오르고 있을 때 여러분의 공부가 힘을 얻지 못하면 주인 노릇을 할 수 없고, 따라서 도를 깨칠 수 없습니다. 그래서 생사의 바다에 유랑하면서 금생에는 장張 씨가 되었다가 다음 생에는 이李 씨가 됩니다. 이는 마치 손님이 여관에 투숙할 때, 영원한 시간 동안 머무르며 움직이지 않는 그런 사람이 아무도 없는 것과 같습니다. 그러나 우리의 참마음은 전혀 그렇지 않습니다. 그것은 언제나 가지도 오지도 않고, 나지도 멸하지도 않고 항상 머물러 움직이지 않는常住不動 것이고, 그래서 주인이라고 합니다. 이 주인은 비유하자면, 허공에 먼지가 날아다닐 때 허공은 언제나 고요히 움직이지 않는 것과 같고, 또한 여관에 있는 주인처럼 오래도록 여관에 살면서 다른 곳으로 가지 않는 것과 같습니다.

명상名相(개념)을 가지고 이야기해 보겠습니다. 진塵이라는 것은 진사塵沙인데, 이것은 번뇌의 하나입니다. 보살의 지위에 도달해야 이것을 다 끊을 수 있습니다. 망忘이라는 것은 망혹妄惑인데, 혹惑에는 견혹見惑 88사使와 사혹思惑 81품品이 있습니다. 견혹은 5둔사鈍使[43]에서 옵니다. 수행인은 먼저 견혹을 다 끊은 다음이라야 수다원과須陀洹果에 깨달아 들어갈 수 있습니다. 그러나 이러한 공부는 아주 어렵습니다. 견혹을 끊는 것은 40리의 역류를 끊는 것과 같습니다. 우리의 공부가 얼마나 깊은 힘을 요하는지 이것으로 알 수 있습니다. 그리고 사혹이 다 끊어져야 비로소 아라한과阿羅漢果를 증득할 수 있습니다. 이러한 공부는 단계적인 것입니다. 우리는 지금 오직 일구화두를 가지고 아주 신령스럽게 깨어 있고 늘 분명히 자각하여, 어떤 견혹 · 사혹도 일도양단합니다. 마치 푸른 하늘에 구름 한 점 걸리지 않은 것과 같습니다. 해가 뜨면 곧 자성광명自性光明이 환히 드러납니다. 이 존자는 이러한 도리를 깨달았고, 본래 있는 주인을 알았던 것입니다.

우리의 오늘 공부의 첫걸음은 객진을 인식하는 것입니다. 객진은 움직이는 것이고, 주인은 움직이지 않는 것입니다. 이것을 인식하지 못하

---

43) 탐貪 · 진瞋 · 치癡 · 만慢 · 의疑의 다섯 가지 둔중한 번뇌.

면 공부는 착수할 곳이 없습니다. 이제까지 하던 식으로 대충 하면서 시간을 헛되이 보내지 마십시오. 모두 유념하여 참구하시기 바랍니다!

11. 차칠 넷째 날(정월 19일) 법문

위없이 아주 깊고 미묘한 법　無上甚深微妙法
백천만 겁에도 만나기 어렵네.　百千萬劫難遭遇

이번 옥불사 선칠은 정말 수승한 인연입니다! 각지의 신심 있는 남녀 거사(재가불자)님들이 이렇게 선뜻 참여하고 있는 것은 성불의 바른 인因을 심는 것으로, 실로 희유하고 얻기 어려운 일이라고 할 수 있습니다! 석가모니 부처님께서 설하신『묘법연화경』에서 말하기를, "어떤 사람이 산란한 마음으로 탑묘塔廟(불탑)에 들어가서 '나무불南無佛'이라고 한 번만 불러도, 모두 함께 불도를 이룬다." 하였습니다.

세간에 살다 보면 수십 년 세월이 언제 지나갔는지 모르게 지나갑니다. 이런 가운데서 돈이 있는 사람은 주색이나 재운을 탐하고, 돈이 없는 사람은 모두 의식주에 매여 수고롭게 동분서주하고 있어 한가하고 자유로운 이를 보기가 어렵습니다. 정말 괴롭기가 이루 말할 수 없습니다! 그러나 이런 사람이 어쩌다 절에 와서 이 고요하고 장엄한 범찰梵刹을 보면 환희심을 냅니다. 그래서 불보살의 상像을 보거나 소리 내어 부처님 이름을 불러 보는 사람도 있고, 마음이 청정해지고 감격을 느껴 여래의 길상吉祥함을 칭찬하거나 희유하다는 생각을 내는 사람도 있습니다. 이것은 모두 과거생에 깊은 선근이 있었던 것이며, 이로 인해 모두 성불할 수 있습니다.

사람들은 평소에 눈으로는 자연경관을 보고, 귀로는 춤추고 노는 소리를 들으며, 입으로는 맛난 음식을 탐착하기 때문에 생각이 미혹되고 오염되어 있습니다. 이 미혹되고 오염된 마음이 산란심散亂心이고, 생사심生死心이고, 허망심虛妄心입니다. 오늘 탑묘 안에서 소리 내어 부처님 명호를 부를 수 있다면, 이것은 각오심覺悟心(깨어 있는 마음)이고, 청정심淸靜心이고, 부처를 이루는 깨달음의 씨앗입니다.

'부처'란 범어로 '붓다'인데, 중국어로는 각자覺者입니다. 각覺이란 깨달아서 미迷하지 않은 것입니다. 자성은 청정淸靜합니다. 즉, 이것은 각오심이 있는 것입니다. 우리는 오늘 명리名利를 위해 여기 온 것이 아닙니다. 이 또한 각오력覺悟力이 작용한 것입니다. 그러나 많은 분들은 아마 선칠을 한다는 말은 들었겠지만 선칠을 어떻게 하는 것인지는 몰랐겠지요. 일종의 호기심에서 와 보고는 왁자지껄 떠드는 것입니다. 이것은 상상심上上心(높은 근기의 마음)이 아닙니다. 그러나 지금 이곳에 와 있으니, 마치 보배산에 온 것과 같습니다. 빈손으로 돌아가서는 안 됩니다. 반드시 위없는 도심을 내어 한 입선시간을 잘 앉아, 성불의 바른 인을 심도록 하십시오. 장래에 여러분은 성불합니다.

옛날에 석가모니 부처님의 한 제자가 있었는데 이름이 수바드라였습니다. 집이 가난한데다 홀로 되어 의지할 곳이 없었습니다. 마음속으로 괴로워하다가 부처님 밑으로 출가하려고 했습니다. 어느 날 세존이 계신 곳으로 갔으나 마침 세존은 외출 중이었습니다. 여러 큰 제자들이 그의 과거 인연을 관찰해 보니, 팔만 겁 중에 선근을 심지 못했습니다. 그래서 머무르는 것을 허락하지 않고 그에게 돌아가라고 했습니다. 이때 수바드라는 괴로움이 극에 달해 성 가장자리로 갔습니다. 업장이 이렇게 무거우니 차라리 어디에 부딪쳐 죽는 것만 못하다고 생각했습니다. 그래서 막 자살하려고 하는데, 뜻밖에 세존이 나타나서 왜 그러는지를 물었습니다. 수바드라는 묻는 대로 하나하나 대답했고, 세존은 결국 그를 제자로 삼았습니다. 부처님의 처소로 다시 온 그는 7일 만에 깨쳐 아라한이 되었습니다.

여러 큰 제자들이 그 까닭을 몰라 세존께 여쭈니 세존이 이렇게 말했습니다. "여러분은 팔만 겁 안의 일만 알았지, 팔만 겁 이전에 일찍이 그가 선근을 심은 것을 모릅니다. 그는 그때도 가난하여 나무를 해다 팔면서 살았는데, 하루는 산에서 호랑이를 만났습니다. 도망칠 곳이 없던 그는 급히 나무 위로 기어 올라갔고, 그것을 본 호랑이가 나무를 돌아가며 물어뜯어 나무가 부러지려고 했습니다. 그는 마음이 다급했지만 구해 줄 사람이 아무도 없었습니다. 그때 문득 자비로운 대각부처님大覺佛陀이 모든 고통을 구제해 줄 수 있다는 생각이 들자, 입으로 '나무불, 빨리 저를 구해주십시오!' 했습니다. 호랑이가 '나무불' 소리를 듣자 그를 피해서 멀리 가 버려 그의 목숨을 해치지 않았습니다. 이 일로 그는 깨달음 종자의 바른 인을 심었고, 오늘에야 그것이 성숙하여 과위果位를 증득한 것입니다." 여러 큰 제자들은 이 이야기를 듣고 마음으로 기뻐하면서, 일찍이 없었던 일이라고 찬탄했습니다.

우리는 오늘 이 수승한 인연을 만나 한 입선시간을 능히 앉을 수 있으니, 선업이 이미 그보다 몇 배를 넘습니다. 절대로 아이들 장난같이 보지 마십시오. 만약 떠들려고 왔다면 그것은 기회를 놓치는 것입니다.

12. 차칠 다섯째 날(정월 20일) 법문

신심을 깊이 갖춘 사람은 이 선당에서 당연히 힘써 공부할 것입니다. 구참 수좌 스님들은 공부가 당연히 많이 익어 있겠지만, 이렇게 익은 가운데서도 회호迴互하는 공부[44]를 알아야 합니다. 근원을 철저히 궁구해야 하고, 이理·사事가 원융해야 하며, 동정에 걸림이 없어야 합니다. 죽은 사람같이 앉아 있으면 안 되며, 공空에 빠져 고요함을 지키면서 고요한 경계에 탐착해서도 안 됩니다. 고요한 경계에 탐착하면 회호 공부를 일으키지 못합니다. 그것은 죽은 물 속의 고기와 같아서 용문龍門을 뛰어오를 가망이 없습니다. 또 얼음에 갇힌 고기와 같아서 아무 쓸모가 없습니다.

초발심 공부인은 생사를 아프게 생각하고 크게 부끄러운 마음을 내어, 모든 인연을 송두리째 놓아버려야 비로소 공부가 힘을 얻을 수 있습니다. 만약 놓아버리지 않으면 생사는 결코 끝낼 수 없습니다. 우리는 무시이래로 칠정육욕七情六欲에 미혹되어 있기 때문에, 지금도 하루 종일 온통 성색聲色 가운데서 날을 보내고, 항상 존재하는 참마음을 모릅니다. 그래서 고해에 빠져 있습니다. 지금 우리는 세간의 모든 것이 다 고뇌임을 이미 깨닫고 있습니다. 그러니 마음껏 놓아버리고 그 자리에서 성불할 수 있습니다.

놓아버리려 해도 놓아버리지 못한 고사故事 하나를 제가 말씀드려서, 여러분에게 이것을 증명해 드리겠습니다. 청나라 말기에 의화단義和團

---

44) '회호하는 공부(迴互用功)'란 체體와 용用, 이理와 사事, 동動과 정靜을 오가며 폭을 넓히고 힘을 기르는 공부를 말한다('회호'는 석두희천 선사의 「참동계」에 나오는 용어로, 일체 법이 서로 간섭하지 않으면서 원융하게 어우러지는 것이다).

의 난이 일어나 8개국 연합군이 북경에 들어오기 전이었습니다. 당시 광서황제光西皇帝는 북경을 지켜낼 도리가 없자 부득이 자희태후慈禧太后 등과 함께 피난을 갔습니다. 그때가 경자년(1900) 7월 무렵이었습니다. 우리는 곧장 북경에서 도보로 길을 떠나 밤낮으로 달아나 만리장성을 나갔다가 다시 안문관雁門關으로 들어갔습니다. 황제는 황제로서의 티가 전혀 없어졌고, 어떤 고초도 감내할 수 있었습니다. 이것은 무슨 연고에서입니까? 8개국 연합군이 그의 목숨을 노리고 있었기 때문입니다! 그래서 어떤 비빈妃嬪·궁녀와 금은보화도 돌아보지 않고 일체를 놓아버린 채, 살기 위해 달아날 수 있었던 것입니다. 그러나 섬서(샨시)陝西에 도착한 뒤 잠춘훤岑春煊이 어가를 보호하고, 리홍장李鴻章 등이 연합군과 강화를 맺고 황제에게 북경으로 돌아와 예전처럼 황제 노릇을 해 달라고 하자, 황제 티가 금방 되살아나 어떤 고초도 감내하지 못하게 되었습니다. 여러분 한 번 생각해 보십시오. 이것은 무슨 이유에서입니까? 여러분은 모두 그가 황제라는 두 글자에 걸려 있었기 때문에 놓아버리지 못했다는 것을 압니다. 자고로 세간 사람들은 환경에 속박되어 한 번 우연히 놓아버릴 경우는 많지만, 이것은 참으로 놓아버린 것이 아니어서 아무 쓸데가 없습니다.

옛날에 석가 부처님이 세상에 계실 때, 유리琉璃대왕이 석가족을 죽였습니다. 그때 정반왕의 궁궐 안에 5백 명의 석가족 여인들이 있었는데, 석존의 삼귀오계三歸五戒를 받은 사람들이었습니다. 유리왕이 그들의 미모를 보고, 그들을 붙잡아 가서 비妃로 삼았습니다. 그러나 이 5백 명의 석가족 여인들은 계체戒體[45]를 훼손하려 들지 않아 왕의 뜻에 끝

45) 계를 받아서 생겨나는 정결한 몸.

내 따르지 않았습니다. 유리대왕은 분노하여 그들의 수족을 자르고 몸뚱이까지 숲 속에 내버렸습니다. 이때 5백 명의 석가족 여인들은 수족이 잘린 큰 고통을 참아내기 어려웠지요! 그래서 각자 마음속으로 이렇게 말했습니다. '대각세존이시여, 저희들의 스승님이시여, 오늘 저희들이 이런 고통을 받고 있으니 세존께서는 어찌 대자비로 연민을 베풀지 않으십니까?' 이때 세존은 그들의 마음을 아시고 대비심을 일으켜 그들이 있는 곳으로 갔습니다. 여러 석가족 여인들을 보니 모두 벌거벗은 채 앉아 있었습니다. 세존은 그들을 보고 나서 세간지世間智를 일으켜 이런 생각을 했습니다. '만약 사지천녀舍支天女[46]가 옷과 물을 가지고 여기 온다면 아주 좋을 것이다.' 부처님이 이 생각을 하고 나자 사지천녀가 즉시 5백 벌의 천의天衣를 가지고 무열지無熱池에 가서 병에 물을 담아 부처님 계신 곳으로 왔습니다. 그가 부처님 발에 절을 하고 나서 부처님께 아뢰었습니다. "부처님! 5백 벌의 천의와 묘향수妙香水를 여기 가지고 왔습니다." 부처님이 말했습니다. "그대는 가서 석가족 여인들을 위문하고, 몸을 씻겨 주고, 모두 옷을 입게 하라." 사지천녀는 부처님이 지시한 대로 차례로 시행했습니다. 이때 여래께서 신통력으로 5백 석가족 여인들의 고통을 모두 없애 주었습니다. 그리고 말했습니다. "선여인善女人들아, 너희들이 스스로 지은 업이 이번에 성숙했기 때문에 받아야 할 것을 받은 것이다. 아무도 그것을 대신 받으려고 하지 않을 것이다." 세존은 이 말씀을 한 다음 그들을 두고 돌아갔습니다. 이 석가족 여인들은 세존이 계신 곳에서 청정한 신심을 발한 다음 곧 목숨이 다해 사천왕궁四天王宮에 환생했습니다.

---

46) 천왕인 제석천帝釋天의 비妃.

또 부처님이 세상에 계실 때 수구다미瘦瞿荅彌라는 여인이 있었는데, 집이 부자여서 큰 부자인 어느 장자長者의 집으로 시집가서 며느리가 되었고, 아이를 둘 낳았습니다. 둘째 아이를 낳을 때는 남편과 함께 친정으로 돌아갔습니다(인도의 풍속으로, 여자가 아이를 낳을 때는 반드시 친정에 가서 낳는다). 가는 길에 남편은 수레에서 내려 어느 나무 밑으로 가서 잠이 들었는데, 독사에 물리는 바람에 절명하고 말았습니다. 수구다미는 수레 안에서 아이를 낳고 있었습니다. 아이를 낳은 그녀는 나무 옆으로 가서 남편에게 말했습니다. "제가 아이를 낳았으니, 당신도 기쁘시겠지요!" 그리고 큰소리로 불러도 답이 없어 손으로 만져 보니 남편은 이미 숨이 끊어져 있었습니다. 그래서 슬피 울고 있었는데, 그 사이 도둑이 수레를 끌던 소를 훔쳐가 버렸습니다. 빈 수레만 남게 되자 괴로움이 더 해졌습니다. 사방을 둘러보아도 아무도 보이지 않자, 그녀는 두 아이를 데리고 본가로 다시 발길을 돌렸습니다. 도중에 큰 바람이 불고 비가 쏟아져 강물이 범람하여 오도 가도 못하게 되었습니다. 그녀는 이렇게 생각했습니다. '두 아이를 데리고 한 번에 건너려고 하다가는 다 죽겠구나. 큰 아이는 남겨두고 먼저 작은 아이를 안고 건너간 뒤에 아이를 저쪽에 두고 다시 와서 큰 아이를 데려가야겠다.' 아이를 내려놓고 다시 강을 건너오는데, 여우가 와서 작은 아이를 물고 갔습니다. 작은 아이가 울자 어미는 소리를 질렀고, 큰 아이는 어미가 자기를 부르는 줄 알고 강물로 들어섰다가 숨지고 말았습니다. 어미는 급히 건너편으로 가서 여우를 쫓아가 아이를 되찾았지만, 이 아이도 이미 죽어 있었습니다. 그녀는 옷 하나만 걸친 채 울면서 떠났습니다. 이때 시댁의 모든 가족 친척들은 함께 벼락을 맞아 모두 죽고 노비 한 명만 살아남았고, 도중에 그녀를 만나자 그 소식을 전해 주었습니다.

수구다미는 혈혈단신이 되어 여기저기 정처 없이 떠돌다가 어느 마을에서 실을 꼬는 한 노모의 집에 임시로 머무르게 되었습니다. 노모의 아들은 베를 짜는 남자였는데 종종 어머니 집에 왔습니다. 그가 여자가 있는 것을 보고 누구냐고 물었습니다. 노모가 아들에게 자초지종을 들려주었습니다. 그는 아직 아내가 없었기 때문에 그녀를 아내로 맞고 싶어했습니다. 그래서 노모가 중매를 하여 결국 두 사람은 부부가 되었습니다. 그런데 이 베 짜는 남자는 성품이 악독하여, 그녀가 잘못한 것이 없는데도 매질을 하곤 했습니다. 하루는 베 짜는 남자가 친구들과 함께 술을 마신 뒤에 집에 와서 문을 두드렸습니다. 이 부인은 마침 아이를 낳고 있던 참이라 남편의 고함소리를 듣기는 했지만 나가서 문을 열어줄 수 없었습니다. 아이를 다 낳은 뒤에 문을 열어주면서 남편에게 말했습니다. "제가 아이를 낳았으니 기쁘시겠지요!" 남편은 그 말을 듣고 마음에 악독한 생각을 품었고, 이렇게 생각했습니다. '애를 배고 있을 때부터 나에게 함부로 했는데, 이제 애를 낳았으니 더 교만해지겠구나. 이 사람을 죽이지 않으면 원수지간이 되겠다.' 그래서 아내에게 말했습니다. "얼른 가마솥에 불을 때고 기름을 넣으시오." 기름을 끓는 것을 보자 아내에게 또 말했습니다. "당신은 아이를 저 솥 안에 던져 넣을 수 있겠지." 아내가 말했습니다. "이 아이는 당신의 아이고, 갓 태어나서 아무것도 모르고 아무 잘못도 없는데, 이 아이를 죽이다니요!" 남편이 말했습니다. "만약 아이를 솥 안에 넣지 않으면 너를 죽여 버리겠다!" 그러면서 굵은 막대기로 그녀의 등을 후려쳤습니다. 세상 사람들이 그녀를 가엽게 여기며 좋아했고 자신도 아무 잘못도 없었지만, 그 고통을 못 이긴 그녀는 아이를 솥 안에 넣었습니다. 그것이 삶겨지는 것을 본 남편이 말했습니다. "너 이제 이 고기를 먹을 수 있겠지." 아내가 대답했습니다. "어찌 자기 자식의 고기를 먹을 수 있어요?" 그러자 남편은 고통을 두 배로 가하며 핍박했고, 견디다 못한 그녀는 아이의 고기를 먹었습니다. 그러고 나자 베 짜는 남자도 마음에 회한이 생겨 극도로 고뇌하게 되었고, 잠을 이루지 못했습니다. 아내는 혼자 생각했습니다. '이처럼 자기 자식을 죽여서 그 고기를 나에게 먹이는 악인은 사람들 중의 나찰이다. 도망가야 한다.' 그녀는 곧 여행 중에 먹을 양식을 챙겨 성 밖으로 나갔습니다.

이때 북쪽 지방에서 온 어떤 상인이 자기 나라로 돌아가려던 참이어서 그와 함께 가게 되었고, 그 덕에 수구다미는 몇 번이나 목숨을 건졌습니다. 그 상인은 이 여인의 용모가 단정한 것을 보고 사랑하는 마음이 생겨서 그녀에게 물었습니다. "처자! 당신의 뉘 집 사람이고, 어디로 가려는 것이오?" 수구다미는 자초지종을 말해 주었습니다. 상인이 마음속으로 생각했습니다. '이 여자 같은 미인은 좀처럼 얻기 어렵다.' 그래서 그녀를 부인으로 삼았습니다. 그러다 갑자기 길에서 도적을 만나 숙소는 파괴당하고 재물을 빼앗겼을 뿐 아니라 그 상인 등도 살해당했습니다. 도적들의 두목이 그녀의 용모가 아름다운 것을 보고 옷과 음식을 주고 자기 부인으로 삼았습니다. 그 뒤 도적 두목은 북쪽 지방 나라의 왕에게 죽임을 당했고, 왕이 이 여인을 부인으로 삼았습니다. 오래 가지 않아 왕이 승하하여 신하들이 장례를 크게 치르게 되었는데, 국법에 따라 사람들을 순장殉葬하게 되어 왕과 왕비를 능 안에 같이 묻었습니다. 그런데 도둑들이 능을 파헤치고 묘혈에 구멍을 뚫었습니다. 수구다미는 묘 안에 있다가 흙먼지가 콧속으로 들어오자 재채기를 했습니다. 도둑들이 이 소리에 놀라 귀신인 줄 알고 모두 도망가 버렸습니다. 이때 수구다미는 묘에 빛이 들어오는 것을 보고 그 구멍으로 해서 밖으로 나왔습니다. 나오기는 했으나 사방을 돌아보아도 갈 곳이 없이 괴롭기 그지 없었습니다. 살아갈 방도도 없었고, 배고픔과 허기로 심신이 압박을 받아 이내 미쳐 버렸습니다. 이제까지 있었던 일도 기억나지 않았고, 몸에는 온통 진흙을 발랐으며, 손발은 튼 채 벌거숭이로 떠났습니다. 점점 홀로 다니게 된 그녀는 만 리를 여행한 끝에 서다림逝多林[47]에 왔다가 멀리서 세존이 대중들을 위해 묘법을 설하는 광경을 보았습니다. 그리고 부처님의 거룩하신 32상相과 80종호種好를 보고 나서 자신의 본래마음을 깨쳤습니다. 부처님께 청하여 출가한 그는 오래 가지 않아서 아라한과를 증득했습니다.[48]

우리는 지금 의식주가 갖추어진 상태에서 수행하고 있고, 네 가지 공양四事[49]이 부족함이 없습니다. 상주 대중은 모든 것을 갖춰 놓아 우리가 도 깨치는 공부를 할 수 있게 해주고 있으니, 우리가 공부하기 딱 좋습니다. 그러나 아직도 많은 분들은 놓아버리지 못한 채, 별 공부도 하지 않고 바로 성불하기만을 바랍니다. 어디 그렇게 쉽게 되는 일이 있습니까! 우리는 성불을 바라야 하지만, 첫째로 힘든 것을 견디고 놓아버릴 수 있어야 합니다. 그러면 여러분의 화두가 잘 보아질 것이고, 생사를 해결할 방법이 있게 됩니다. 여러분, 모조리 놓아버리십시오!

---

47) 기다림祇陀林(Jetavana)이라고도 하며, 기다祇陀(서다逝多, Jeta) 왕자가 부처님에게 기증한 숲이다. 여기서는 이 숲에 있던 절인 기원정사祇園精舍를 뜻한다.

48) 이 이야기는 율장인 『근본설일체유부비나야잡사根本說一切有部毘奈耶雜事』, 卷第三十에 나온다.

49) 수행승의 일상에 필요한 음식, 의복, 와구臥具, 탕약의 네 가지. 사사공양四事供養이라고도 한다.

13. 차칠 여섯째 날(정월 21일) 법문

이번에 타칠에 참가하신 분들을 보니 초발심의 남녀가 다수를 점하고 있군요. 이분들은 규정과 법칙을 전혀 이해하지 못하기 때문에, 움직이고 다니는 곳마다 남들의 공부를 방해합니다. 다행히 사중 스님들이 아주 자비로워서, 갖가지로 우리의 도업道業을 성취시켜 주고 있습니다. 여러 반수 스님들도 위없는 도심道心을 발하고 대중을 이끌어, 우리가 여법如法하게 수행할 수 있도록 해 주고 있습니다. 이것은 만 겁에 만나기 어려운 기회입니다. 우리는 용맹정진 해야 하며, 안팎으로 더 닦아 가야 합니다!

'안으로 닦음內修' 이란, 또렷하게 이 '염불시수' 라는 일구화두를 참구하거나 아니면 '아미타불' 이라는 일구를 염하면서, 탐진치와 기타 갖가지 생각을 일으키지 않아서, 진여眞如의 법성이 환히 드러나게 하는 것입니다. '밖으로 닦음外修' 이란 살생을 피하고 방생을 하며, 십악十惡을 돌이켜 십선十善이 되게 하는 것입니다. 하루 종일 술과 고기 냄새가 진동하게 하여 한량없는 죄업을 짓지 마십시오. 깨달음의 종자는 인연을 따라 싹튼다는 것을 알아야 합니다. 악업을 많이 지으면 지옥에 떨어지는 것은 필연적입니다. 선업을 많이 쌓으면 복리福利의 과실果實이 자연히 다가와서 우리가 그것을 누릴 수 있게 됩니다.

고인이 우리에게 "모든 악은 행하지 말고 온갖 선을 받들어 행하라"[50] 고 가르친 것이 바로 이런 도리입니다. 옛날 유리대왕이 석가족을 살육

50) '諸惡莫作, 衆善奉行'. 『법구경』의 '칠불통계게七佛通誡偈' 이며, 그 뒷구절은 "자기 마음을 깨끗이 하라. 이것이 모든 부처님의 가르침이다(自淨其意, 是諸佛敎)" 이다.

한 인연을 제가 간략하게 들려드리겠습니다. 유리대왕이 하루는 크게 진심瞋心을 내어 석가족을 죽이고 싶었지만 병권兵權이 없었습니다. 호고好苦라는 이름의 사신이 왕에게 부왕을 시해하고 병권을 빼앗으라고 권했습니다. 그렇게 하여 군사를 일으킨 그는 카필라국으로 쳐들어가 7주야 동안 살육을 벌였습니다. 이때 여러 큰 제자들이 부처님에게 그들을 구해 주시라고 청했으나, 부처님은 묵연히 이를 허락하지 않았습니다. 뿐만 아니라 부처님의 머리도 사흘간 아팠습니다. 목련존자는 차마 보지 못하고 부처님의 친족 5백 명을 발우에 담아 허공에 올려 두었습니다. 그러나 7일 후 군대가 물러간 뒤에 내려 보니 모두 피와 고름으로 변해 있었습니다.

여러 큰 제자들은 세존께 그 이유가 무엇인지를 여쭈었습니다. 부처님이 말했습니다. "과거에 포어捕魚라는 이름의 나라가 있었는데, 그 나라에 가뭄이 들어 큰 기근이 닥쳤습니다. 이 나라에 큰 호수가 하나 있었고, 호수에는 고기, 자라 등이 많았습니다. 그래서 이 나라 사람들은 기아를 견디다 못해 이 호수에서 고기를 잡아먹었습니다. 호수의 물이 마르자 고기들의 왕인 '필어鰯魚' 라는 고기가 물가에서 잡혔습니다. 이 고기가 파닥거리자 한 아이가 장난치기 좋다고 생각하고 나무 막대기로 고기의 머리를 세 번 두드렸습니다. 지금 가비라국 사람들을 살육하는 사위국의 군대는 옛날 그 호수의 물고기들이었고, 호고 사신 등은 물고기 왕의 권속들이었습니다. 지금 가비라국에서 피살되는 사람들은 옛날 포어국의 사람들입니다. 그날 고기의 머리를 세 번 두드린 아이가 바로 저입니다. 저는 원래 물고기를 먹지 않았고, 오늘날 비록 성불했지만 그래도 머리가 아픈 과보를 받았습니다. 그래서 인과는 분명하다는 것입니다." 부처님은 다시 게송으로 말했습니다.

설사 백 천 겁이 지난다 해도　假使百千劫
지은 업은 없어지지 않네.　所作業不亡
인연이 서로 어우러질 때는　因緣會遇時
과보를 여전히 자신이 받게 되네.　果報還自受

근래에 세계 각 나라 사람들은 어려움을 겪고 있고 살겁殺劫이 무거운데, 이것은 모두 과보를 만나는 것입니다. 늘 세상 사람들에게 살생을 피하고 방생을 할 것이며, 채식을 하고 염불을 하라고 권하는 것도 바로 여러분이 인과윤회의 과보를 만나지 않게 하기 위한 것입니다. 여러분은 마땅히 믿고 받들어 선한 인因의 종자를 심고, 불과佛果를 성취하십시오.

14. 차칠 일곱째 날(정월 22일) 법문

고인이 말했습니다. "금까마귀는 화살과 같고, 옥토끼는 (베틀의) 북과 같다."[51] 금까마귀는 해, 옥토끼는 달입니다. 해와 달은 24시간 주야로 쉬지 않고 회전하는 것이 마치 쏜 화살이나 베틀에서 움직이는 북과 같습니다. 1년 열두 달, 한 달 30일, 하루 24시간, 세간 인생은 수십 번의 추위와 더위를 거치면서 젊음에서 늙음으로, 늙음에서 죽음으로 향해 갑니다. 백 살을 산다 해도 꿈을 꾸는 것과 매일반입니다. 그래서 이렇

51) '金烏似箭, 玉兎如梭'. 『유가염구시식요집瑜伽焰口施食要集』이라는 의식집에 이 구절이 나온다.

게 말하는 것입니다. "뜬 인생은 꿈과 같고, 허깨비 몸은 견고치 않네. 부처님 자비에 의지하지 않고, 어떻게 세간을 뛰어넘을 수 있으리!"[52] 우리는 이 꿈과 같고 환幻과 같은 삶 속에서, 거꾸로 뒤집힌 채 나날을 보내고 있습니다. 부처님의 위대함을 모르고, 생사에서 벗어날 생각을 못합니다. 선악을 짓는 대로 (윤회계를) 오르내리며 업력에 따라 과보를 받습니다. 그래서 세간 사람들은 아무래도 선을 행하는 사람은 적고 악을 짓는 사람이 많으며, 부귀한 사람은 적고 빈천한 사람이 많습니다. 육도윤회六道輪回는 고초가 천태만상입니다! 어떤 이는 아침에 나서 저녁에 죽고, 몇 년 살고 죽거나 여러 해를 살다가 죽는 이도 있습니다. 모두 자기가 주인이 되지 못한 까닭에 부처님의 자비에 의지해야 주인이 될 수 있고, 비로소 (윤회를 벗어날) 방법이 있습니다.

부처님과 보살님들은 자비희사 등 행원력行願力이 있어, 우리가 고해를 벗어나 광명의 피안에 도달하게 해 줄 수 있습니다. 자비慈悲란, 일체중생이 심한 괴로움을 겪는 것을 보고 연민과 애호愛護의 마음으로 제도하여, 그들이 괴로움을 벗어나 즐거움을 얻게 하는 것입니다. 희사喜捨란, 일체중생이 갖가지 공덕을 짓거나 한 생각 좋은 마음을 내는 것을 보면 수희찬탄隨喜讚歎 하며, 일체중생이 필요로 하여 구하는 것이 있을 때는 그 필요에 따라 그것을 베풀어 주는 것입니다. 세존께서 인지因地(성불하기 전의 상태)에서 수행하실 때, 늘 행한 일이 (남들을 위해) 두뇌와 골수를 버리는 보살도菩薩道였습니다. 그래서 그분이 일찍이 말씀하시기를, "삼천대천세계三千大天世界에 겨자씨만한 땅도, 내가 몸을 버리고 뼈를 묻지 않은 곳이 없다"고 했습니다. 오늘 여러분은 힘써 화두를

---

52) '浮生若夢, 幻質匪堅. 不憑我佛之慈, 曷遂超升之路'. 앞의 책에 나오는 구절이다.

보아 나가야 합니다. 세월을 헛되이 보내지 마십시오!

15. 해칠解七(정월 23일) 법문

여러분, 두 선칠을 원만히 마무리하게 된 것을 축하드립니다. 공덕을 완성하셨고, 이제 곧 해칠解七(선칠 해제)을 해야 하니 여러분께 경하慶賀드립니다. 고인의 말씀에 따르면, 본래 어떤 결칠結七도 해칠도 없다고 했습니다. 일구화두를 참구하여 깨달을 때까지가 결제 기간입니다. 지금 여러분이 깨쳤든 못 깨쳤든, 우리는 규정에 따라 진행해야 합니다. 이 기간 중 여러분은 밤낮을 가리지 않고 공부했습니다. 그 목적은 깨치기 위함이었고, 불문佛門에서 인재가 배출되도록 하기 위함이었습니다. 만약 대충 하면서 시간만 헛되이 보냈다면, 그것은 이 시간을 보람 없게 만든 것입니다.

오늘 사중의 대화상과 여러 반수 스님들은 고인의 규칙에 의거하여 여러분의 공부를 점검해 줄 것입니다. 종잡을 수 없이 말하지 않기 바랍니다. 오지 진실로 자기의 공부 견지見地를 가지고 대중 앞에서 한 마디를 답해야 합니다. 견지가 합당한 분은 상주 대중이 여러분을 위해 증명해 줄 것입니다. 고인이 말하기를, "수행은 삼대겁三大劫이요, 깨침은 찰나간"이라 했습니다. 공부가 힘을 얻으면 손가락 하나 튕기는 사이에 깨칩니다.

옛날 낭야각瑯琊覺 선사의 한 여제자가 선사를 자주 찾아뵈며 참선을 했습니다. 낭야 선사는 그녀에게 "그것을 따라가라隨他去"[53]를 참구하게 했습니다. 이 여자는 이것을 수행하며 물러나지 않았습니다. 하루는 집에 불이 났는데도 그녀는 "그것을 따라가라" 했습니다. 또 한 번은 자기 아이가 물에 빠져 사람들이 그를 부르는데도 그는 "그것을 따라가라" 했습니다. 모든 인연을 놓아버리고 가르침대로 수행한 것입니다. 어느 날 집에서 유조油條(밀가루 튀김)를 튀길 때 남편은 불을 때고 그녀는 면발을 솥에 한 번 던져 넣었습니다. 이때 탁 튀는 소리에 그 자리에서 깨쳤습니다. 즉시 기름 솥을 땅바닥에 던지고 손뼉을 치며 웃었습니다. 남편이 그것을 보고 그녀가 미친 줄 알고 꾸짖었습니다. "당신 왜 이래. 미친 거 아니야?" 그러자 그녀가 말했습니다. "그것을 따라가라." 그리고 즉시 각覺 선사를 찾아가 증명을 구했고, 선사는 그가 성과聖果를 이루었음을 증명해 주었습니다. 여러분 중에 오늘 깨친 분은 나와서 한 마디 해 보십시오.

한참 동안 아무도 감히 답하는 사람이 없자, 스님은 선당을 나가셨다. 계속해서 응자應慈 노스님 등이 한 사람씩 자세하게 물었다. 입정이 끝나기를 기다려 스님이 다시 선당에 들어와 일일이 경책하기를 마치셨다. 그리고 다음과 같이 말씀하셨다.

번잡한 세상은 밀려오고 번화한 도시는 복잡하고 어지러운데, 어느 겨를에 마음을 내어 여기 와서 정좌靜坐하고 화두를 참구하겠습니까! 그래도 상해에 사시는 여러분의 선근이 깊고 (이곳의) 불법이 창성하고 있는데다가 특별한 인연이 있어, 이런 큰 일이 이루어진 것입니다. 중국의 불교는 옛날부터 교敎·율律·정淨·밀密 등의 제종諸宗이 존재해

53) 대수법진大隨法眞 선사(834~919)에게 한 스님이 물었다. "겁화劫火가 타 올라 삼천대천세계가 무너지면 그것도 무너집니까?" 선사가 대답했다. "무너진다." 그 스님이 "그러면 그것을 따라가겠습니다" 하자 선사는 말했다. "그것을 따라가라."

왔지만, 엄격히 따지고 보면 종문의 한 법이 다른 어떤 것보다 낫다는 것을 제가 이미 말씀드렸습니다. 다만 근래에 불법이 쇠미하여 인재가 나오지 않고 있습니다. 저는 과거에도 여러 절에 가서 살아 보았지만, 지금은 더욱 예전 같지 못합니다. 이런 말을 하니 저 역시 부끄럽군요! 뭐 하나도 잘 모르니 말입니다.

사중 스님들의 자비와 여러분의 배려 때문에 제가 앞에 나섰지만, 마땅히 응자 노스님이 담당하시는 것이 옳았습니다. 스님은 선禪과 교敎를 겸비한 선지식이고, 진정한 '선배 노장'이십니다. 굳이 제가 동석하지 않아도 되었습니다. 저는 지금 뭐 하나도 잘 못합니다. 부디 여러분은 스님을 잘 좇아서 앞으로 나아가시기 바랍니다. 물러나서 주저앉지 마십시오.

위산 조사는 이렇게 말했습니다. "상법시대像法時代[54] 말에 태어난 것이 한스럽다. 성인이 가신 지는 오래고, 불법은 생소하며, 사람들은 게으르다. 간략히 좁은 소견을 펴서 후학들에게 밝혀둔다."[55] 위산 스님은 덕호德號가 영우靈祐이고 복건 사람이었는데, 백장百丈 조사를 가까이 하여 마음자리를 밝혔습니다. 사마두타司馬頭陀 스님이 호남湖南에서 보니 위산潙山의 지세가 매우 좋아서 1,500명 대중을 거느릴 선지식이 나올 만한 곳이었습니다. 이때 위산 스님은 백장 스님 회상에서 전좌典座(원주)를 맡고 있었습니다. 사마두타가 그를 보자 이 사람이 위산의 주인이라 판단하고, 그에게 위산으로 가서 개산開山하시라고 청했습니다.

---

54) 불법이 부처님 입멸 후 천 년 간의 '정법시대'와 다소 비슷한 시대.

55) '所恨同生像季, 去聖時遙, 佛法生疏, 人多懈怠, 略伸管見, 以曉後來'. –「위산경책」.

위산 스님은 당나라 때 사람인데, 불법은 당나라 때 상법시대의 말엽이었습니다. 그래서 그는 자신이 부처님 가신 뒤에 태어난 것을 한탄한 것입니다. 불법은 깨치기 어려운데, 중생의 신심은 점점 못해져 고심해서 배우려 들지 않습니다. 그래서 불과佛果를 얻지 못하는 것입니다. 우리는 지금 위산 스님과 또다시 천 여 년을 격해 있습니다. 상법시대가 지나갔을 뿐만 아니라, 말법시대 역시 900여 년이 지나갔습니다. 세인의 선근은 더욱 적어졌습니다. 그래서 불법을 믿는 사람은 많지만, 참으로 깨친 사람은 매우 적습니다.

저 자신의 경우를 놓고 비교해 본다면, 지금은 불법을 배우는 방편이 많아졌습니다. 함동咸同[56] 때 각지의 사찰은 모조리 불타 버렸고, 삼강三江[57] 아래로는 오직 천동사天童寺 하나가 보존되었습니다. 그러다가 태평太平 연간[58]에 종남산終南山에서 한 무리의 노老 수행자들이 나와서 (강소 · 절강 일대의 불타 버린 절들을) 중흥했습니다. 그때는 가진 거라고는 바가지 하나, 삿갓 하나밖에 없었습니다. 그래도 무슨 군말이 있었겠습니까! 그 뒤에 불법이 점점 창성하기 시작했고, 각 지방에서 짐을 막대기로 메고 다니는 사람들이 나오기 시작하여[59] 오늘에 이르고 있습니다. 또 이제는 가죽가방을 들고 다니면서, 불법의 진정한 실천에 대해서는 조금도 이야기하지 않는 사람들이 있습니다. 과거의 선화자禪和子(선

56) 함동咸同은 함풍咸豊(1851~1861)과 동치同治(1862~1874) 두 연호를 함께 일컫는 말이다. 1850~1864년 사이에 홍수전洪秀全이 이끄는 사이비 천주교도들에 의한 '태평천국의 난'이 중국의 남부 지방을 휩쓸었다. 이 반란자들의 무리는 그들이 지나가는 지역의 사찰들을 닥치는 대로 불태워 버렸다.

57) 강소성(장쑤성)江蘇省에 있는 송강松江, 누강婁江, 동강東江의 세 강이라고 한다.

58) 홍수전이 남경을 도읍지로 하여 태평천국을 건국한 1853~1864년 사이.

59) 스님들이 짐을 많이 가지고 다닌다는 뜻.

객)들은 제방의 선지식을 참례할 때 걸어 다니지 않으면 안 되었지만, 지금은 자동차 · 기차 · 기선 · 비행기가 있습니다. 이러니 모두 편한 것만 생각하지 고생을 하려고 하지 않습니다. 갖가지로 방일放逸한데다가 그 정도가 심해지고 있습니다.

비록 각 지방의 불학원佛學院도 수시로 앞장서 이끌고 있고 스님들도 날로 늘어나고 있지만, 근본문제는 이제부터 내버리고 돌아보지 않습니다. 하루 종일 지해知解만 구하고 있지, 수행해서 깨치려고 하지를 않습니다. 뿐만 아니라 수행해서 깨치는 것이 문제를 해결하는 근본임을 모릅니다. 「영가증도가永嘉證道歌」에서는 이렇게 말합니다.

근본을 얻고 나면 지말은 걱정하지 말라.	但得本莫愁末
맑은 유리가 보배 달을 머금은 듯하니.	如淨琉璃含寶月

말법시대의 세상을 한탄하나니	嗟末法惡時世
중생이 박복하여 훈련하기 어렵네.	衆生福薄難調制
성인들이 가신 지 오래고 사견이 심하며	去聖遠兮邪見深
마魔는 강하고 법은 약해 원망이 많네.	魔强法弱多怨害
여래의 돈교 법문을 들으면	聞說如來頓教門
기왓장처럼 부숴 버리지 못해 한스러워하네.	恨不滅除令瓦碎
행위는 마음으로 하나 재앙은 몸으로 받네.	作在心殃在身
남들을 원망하고 탓할 필요가 없으니	不須怨訴更尤人
무간지옥의 업을 초래하고 싶지 않으면	欲得不招無間業
여래의 바른 법륜을 비방하지 말라.	莫謗如來正法輪
나는 어릴 때부터 학문을 쌓았고	吾早年來積學問

경전과 주석서도 토론하고 공부했네. 亦曾討疏尋經論
개념적 분별에 매달려 쉬지 못했고 分別名相不知休
바다의 모래를 세느라고 피곤하기만 했네. 入海算沙徒自困
뜻밖에 여래의 호된 질책을 들었다네. 却被如來苦呵責
남의 보배를 세어서 무슨 이익이 있느냐고. 數他珍寶有何益

이 스님은 육조를 참례하고 대철대오 했습니다. 육조는 그를 '일숙각一宿覺' 이라고 불렀습니다. "경전과 주석서를 토론하고 공부하는 것은 바다의 모래를 세는 것과 같다"는 것을 알 수 있습니다. 종문의 방법은 금강왕 보검과 같아서 만나는 대로 베어 버리며, 칼날에 닿는 것은 죽습니다. 이것이 그 자리에서 성불하는 위없는 법문입니다.

또 신찬神讚 선사의 경우를 보면, 약관에 행각을 나서 백장 조사를 가까이 하고 깨쳤습니다. 나중에 은사 스님 계신 절로 돌아와 경을 배웠습니다. 은사 스님이 물었습니다. "너는 나를 떠나 밖에 있으면서 어떤 것을 얻었느냐?" 그가 대답했습니다. "별로 얻은 것이 없습니다." 은사 스님은 그를 부역에 내보냈습니다. 하루는 은사 스님이 목욕을 하면서 신찬에게 때를 밀어 달라고 했습니다. 신찬이 등을 밀면서 말했습니다. "불당은 좋은데 영험이 없습니다." 은사 스님이 무슨 뜻인지 몰라 그를 돌아보았습니다. 그가 다시 말했습니다. "부처가 영험은 없지만 능히 빛을 놓는군요." 또 하루는 은사 스님이 창문 밑에서 간경看經을 하고 있을 때 벌 한 마리가 창호지문에 부딪치며 나가려고 애를 쓰고 있었습니다. 신찬이 말했습니다. "세계가 이렇게 광활한데 나가려고 하지 않고 창호지만 뚫으니 어느 세월에 나갈까?" 그리고 게송으로 이렇게 말했습니다.

열린 문으로 나가려 하지 않고　空門不肯出
창을 뚫으니 너무 어리석구나.　投窗也太癡
백년을 옛날 종이 뚫어 봐야　百年鑽故紙
어느 때 깨칠 날을 기약하리오.　何日出頭時

은사 스님이 듣고는 그를 나무란 뒤에 경을 치우고 물었습니다. "너 바깥에 나가 꽤 오랫동안 행각을 했는데, 어떤 사람을 만났고 어떤 것을 배웠느냐? 이렇게 말이 많으니 말이다!" 신찬이 말했습니다. "저는 스님께 작별을 고한 뒤, 백장 스님 회하에서 이미 백장 스님이 가르치는 '쉬는 자리歇處'를 받았습니다. 그러나 스님께서 연로하신 것을 생각하고 이번에 일부러 돌아와 스님의 은덕을 갚고 싶었던 것입니다." 은사 스님은 대중에 고하고 식사 공양을 베푼 다음 신찬에게 설법을 청했습니다. 신찬은 법좌에 올라서 백장 가풍을 드러내며 말했습니다. "신령스런 빛 홀로 빛나, 육근 육진을 멀리 벗어났네. 진여의 항상된 본체 드러나니 문자에 구애받지 않네. 마음의 성품은 물듦이 없어, 본래 스스로 원만히 이루어져 있네. 허망한 인연을 여의기만 하면, 그것이 바로 여여한 부처라네."[60]

은사 스님은 언하에 깨치고 말했습니다. "늙어서야 궁극의 일을 듣게 될 줄 어찌 알았으랴!" 이리하여 절의 주지 소임을 신찬에게 맡기고 도리어 신찬을 스승으로 받들었습니다. 여러분 이렇게 쉬운 것을 한 번 보십시오. 얼마나 시원시원합니까? 우리는 오늘로 타칠을 10일 넘게 했는

---

60) '靈光獨耀, 迥脫根塵. 體露眞常, 不拘文字. 心性無染, 本自圓成. 但離妄緣, 卽如如佛'. 이것은 백장 선사의 법어를 그대로 인용한 것이다.

데, 어째서 도를 깨치지 못합니까? 그것은 단지 모두 죽자 사자 공부하려 들지 않기 때문입니다. 어떤 사람은 이것을 아이들 장난같이 보고, 어떤 사람은 참선 공부는 선당에 고요히 앉아서 해야 잘 되는 것으로 생각합니다. 사실 이것은 맞지 않는 것입니다. 진심으로 공부하는 사람은 동정動靜을 구분하지 않고, 무슨 일을 하든, 길거리든 시장바닥이든 어디나 다 좋은 것입니다.

옛날에 도자屠者(백정) 스님이란 분이 있었습니다. 밖으로 다니며 참방參方을 하던 중 하루는 시장에 들어갔다가 푸줏간 앞을 지나게 되었습니다. 그런데 고기를 사러 온 많은 사람들이 모두 백정에게 좋은 고기만을 달라고 하는 것이었습니다. 백정은 갑자기 화를 내고 칼을 놓으면서 말했습니다. "어느 덩어리가 좋은 고기가 아니란 말이오!" 도자 스님은 이 말을 듣고 단박에 깨쳤습니다. 이것을 볼 때 옛사람들의 공부는 결코 선당에 앉아야만 할 수 있는 것이 아니었음을 알 수 있습니다. 오늘 여러분은 어느 한 사람도 깨친 기연을 말하지 않는데, 이것은 시간을 헛되이 보낸 것 아닙니까? 응자 노스님과 대화상 등 스님들은 부디 다시 점검을 잘 해 주시기 바랍니다.

제4장 해칠법어解七法語

허운 노스님은 선당을 나가시고 응자 노스님이 일일이 점검하고 가르침을 주신 뒤, 각자 좌차座位대로 좌정했다. 허운 노스님이 다시 선당에 들어와서 입선 중에 사람들을 일일이 경책하신 다음, 앉은 자리에서 한 번 가르침을 주셨다. 방선을 하고 차담이 끝난 뒤 모두 일어섰다. 허운 노스님은 법복을 입고 선당에 들어와 불전佛前에 평좌平坐하시더니, 죽비로 일원상一○相을 그리고 말씀하셨다.

결칠을 하자마자 해칠입니다. 해칠 · 결칠로 바빴던 것은 어떤 날입니까? 한 생각 인연을 잊으면 모든 경계가 쉬어집니다. 마하반야바라밀.

마음과 경계가 고요하면 체와 용이 돌아와,	心境寂 體用歸
본래 스스로 둥글게 밝아 밤낮이 없네.	本自圓明無晝夜
남과 북, 동과 서를 어떻게 구분하랴!	那分南北與東西
삼라만상을 인연 따라 자재하게 관하네.	萬象隨緣觀自在
새 울고 꽃피니 달은 계곡에 내리네.	鳥啼花笑月臨溪

지금 선칠을 해제하니 일구一句는 어떻게 말합니까?

종판이 울릴 때 발우가 뛰니 鐘板吼時鉢盂跳
반야바라밀을 자세히 관하라. 諦觀般若波羅蜜

— 풉니다解.

제3부

수시설법(隨時說法)

1. 상해 거사림 법문
(上海居士林請普說, 1912년)

이번에 여러 거사님들이 저에게 불학佛學에 대해 간략히 이야기해 달라고 했습니다. 이 일을 말하자면, 노납老衲은 너무나 부끄럽습니다. 대체로 저 자신도 전혀 실행하지 못하고 있지만, 비록 하찮고 얕은 몇 마디 이야기를 한다 하더라도 옛 사람이 남긴 말에서 끌어오지 않는 것이 없고, 저와는 본래 무관합니다. 우리 부처님이 일대사 인연을 위해 세상에 내려와 가르치신 팔만 사천 법문은 거의 다 병에 대해 처방을 내린 것임을 생각해 보십시오. 만약 병이 없다면 약을 베풀 일이 뭐가 있습니까? 그러나 한 병이라도 낫지 않은 것이 있다면 그 약을 먹지 않을 수 없습니다. 그 처방으로 우리 중국에서 가장 효과가 있는 것으로는 종宗 · 율律 · 교敎 · 정淨 그리고 밀주密呪의 지송持誦만한 것이 없었습니다. 이상 몇 가지 처방은 우리나라에서 각기 한때 찬란히 빛을 발했습니다. 현재 융성하고 있다고 하는 곳은 강절江浙(강소 · 절강)을 넘지 않고, 태台 · 현賢 · 자은慈恩[1]보다는 동서밀교가 크게 풍광을 떨치고 있습니다. 제법諸法이 수승하고 오묘하기는 하나, 종宗 · 율律 두 법문에 대해서만은 많은 사람들이 주목하지 않습니다.

이 말법시대를 한탄하지만, 따지고 보면 실은 법의 말末이 아니라 사람의 말末입니다. 어째서 사람의 말末입니까? 보통 선禪을 말하고 부처를 말하는 사람들은 불학佛學은 많이 이야기하지만 부처 배우기學佛는 잘 하려 들지 않습니다. 부처의 행行을 경시하고, 인과를 분명히 알지 못하며, 부처의 율의律儀를 파하기 때문에 이와 같은 현상이 나타나는 것입니다. 대개 현재의 병폐들은 여기에 기인하지 않은 것이 없습니다. 사정이 이러니, 우리가 참으로 생사를 위해 불법을 배우는 사람이라면 조심해야지 함부로 막 행동해서는 안 됩니다.

법문은 많지만 각 문門이 다 생사를 요달하는 것입니다. 그래서 『능엄경』에서 말하기를, "근원으로 돌아가면 성품에 둘이 없지만, 방편에는 많은 문이 있다"[2]고 한 것입니다. 그래서 스물다섯 분의 성자가 각기 한 문을 전수專修한 것입니다. 또 그래서 "한 문에 깊이 들어간다"고 했습니다. 만일 한 성자가 여러 문을 욕심내어 닦으면 오히려 원통圓通을 얻지 못할 수 있고, 그래서 62억 항하사같이 많은 법왕자法王子의 이름을 지니는 것이 관세음보살의 명호 하나를 지니는 것에 미치지 못합니다.[3]

무릇 부처 배우기에서는, 진실하여 허황되지 않고, 들뜨고 사치스러운 면을 말끔히 제거하는 것을 귀하게 여깁니다. 뜻과 원력을 견고히 하

---

1) '台'는 천태종, '賢'은 현수종賢首宗, 곧 화엄종이다. '慈恩'은 자은종으로, 법상종 또는 유식종으로도 불린다.

2) '歸元性無二, 方便有多門'. 『능엄경』, 제6권(李耘虛, 275쪽).

3) 관세음보살의 몸과 마음은 법계에 두루하므로, 중생들이 그의 이름만 지송해도 62억 항하사 법왕자들의 이름을 지송하는 것과 동등하다(李耘虛, 251쪽 참조).

고, 신통이나 신기하고 오묘한 것을 탐내지 마십시오. 인과를 깊이 믿고, 의젓하게 계戒를 지키기를 서릿발같이 하여 범하지 않도록 힘써 노력하면 성불하는 날이 올 것이고, 달리 특별한 것이 없습니다. 본래 마음 · 부처 · 중생은 처음부터 차별이 없습니다. 자기 마음이 부처이고 자기 마음이 부처가 되는데, 무슨 닦고 깨달음이 있겠습니까? 지금 닦음을 말하는 것은 미迷와 오悟가 다르고, 마음의 습이 두터워 그릇되게 열 가지 세계十界의 구분을 만들어내기 때문입니다. 만일 열 가지 세계가 곧 한 마음一心이라는 것을 이해할 수 있으면 이것을 '부처'라고 하는 것입니다. 그래서 부득이 힘을 다해 수행하여 혹업惑業을 소멸하는 것이며, 만약 습의 병이 사라지면 자연히 약은 필요 없게 됩니다.

옛적에 말하기를, "범부의 마음만 없애라. 성인의 견해가 따로 없다"고 했습니다. 비유하자면 물이 흙먼지로 오염되었을 때 백반을 넣기만 하면 맑은 물이 나타나듯이, 공부도 그와 같습니다. 마음의 습은 흙먼지와 같고 물은 자기 마음과 같습니다. 흐린 물에 백반을 넣으면 흐린 물이 맑아집니다. 범부의 수행은 그래서 범부를 성인으로 만드는 것입니다. 그러나 수행을 시작하면 주된 공부와 보조적 공부를 구분할 수 있어야 합니다. 염불을 주된 공부로 삼고 나머지 법문을 보조적 공부로 삼으면, 나머지 모든 법문은 정토淨土로 회향할 수 있습니다. 염불은 마음과 입이 다르지 않아 염념念念에 사이가 없고, 염불을 함에 염하지 않아도 저절로 염이 되어, 깨어 있을 때나 잠잘 때나 늘 한결같은 것을 귀하게 여깁니다. 이렇게 공부한다면 어찌 극락에 가지 못할까 하고 근심하겠습니까?

만일 오로지 참선을 한다면, 이 법은 실로 제법을 넘어섭니다. 꽃을 집어 들자 미소를 짓듯이拈花微笑, 연緣을 만나 마음을 밝힌 사람은 손가락으로 이루 헤아릴 수 없이 많습니다. 실로 부처님이 보여주신 것은 '가르침 밖의 뜻' 이어서 범부의 마음으로는 이해할 수 없습니다. 만일 그 자리에서 바로 마음을 밝힐 수 없는 사람이라면, 일구화두를 열심히 참구하기만 하면 됩니다. 마음을 가지고 깨치기를 기다리거나, 텅 빈 마음으로 앉아 있기만 하거나, 현묘한 것, 공안公案, 신통 등을 탐내지 마십시오. 지견知見을 말끔히 쓸어버리고 하나의 화두를 또렷이 지니되, 심의식心意識을 벗어나 한 생각 일어나기 전 바로 그 자리를 계속 보아 나가십시오. 오래도록 물러서지 않고, 깨치든 못 깨치든 상관하지 않으면서 오직 이 의정이 현전하게 하면, 저절로 타성일편打成一片이 되어 동정動靜에 일여한 때가 옵니다. 그러다가 기연機緣에 탁 부딪치면 앉은 자리에서 명근命根이 끊어지는 것이 마치 외가 익어서 꼭지가 떨어지듯 하여, 비로소 자신이 부처와 다르지 않다는 것을 믿게 됩니다. 위산 스님이 말하기를, "세세생생 물러서지 않을 수 있으면, 부처의 자리에 틀림없이 오를 수 있다"고 했는데, 어찌 우리를 속이는 것이겠습니까! 늘 보면 그 시대 사람들이 종지宗旨를 알지 못해 그릇되게 삿된 믿음을 갖고, 온갖 미친 선禪과 삿된 정定으로 선종을 비방하면서, 뭐가 좋고 나쁜지 모른 채 '선종이 이렇다' 고 말합니다. 예로부터 지금까지 부처가 되고 조사가 된 분들이 무수히 많지만, 오직 종문을 추구하여 나머지 학學들을 넘어섰다는 것을 알아야 합니다.

오늘날로 말하면, 선문禪門뿐만 아니라 그 밖의 법문에서도 실제적 이익을 얻고 사자후를 하는 사람은 좀처럼 보기 드물고, 나머지 법문들 역시 병폐가 없지 않습니다. 오늘날의 사람들이 진보하지 못하는 것은 그 병통이 (음식을 먹지는 않고) 먹는 이야기만 하고 남의 보배를 세며, 인과와 율의를 폐기하기 때문임을 알아야 합니다. 이것이 통폐通弊입니다. 만일 선禪을 하는 사람이 타성일편의 공부로 염불을 한다면, 이와 같이 염불하여 어찌 아미타불을 보지 못하겠습니까? 염불을 하는 사람이 염을 하지 않아도 염이 되고, 깨어 있을 때나 잠잘 때나 다르지 않은 마음으로 참선을 한다면, 이렇게 참선하여 어찌 깨치지 못할까 근심하겠습니까? 요컨대 한 문을 깊이 추구해야 합니다. 한 문을 이와 같이 하고, 모든 문을 이와 같이 해야 합니다. 과연 이와 같이 할 수 있다면 모두가 성불할 수 있다고 제가 감히 보증합니다. 그렇다면 업근業根이 두텁다한들 뭐가 두렵겠으며, 어떤 습기인들 단박에 벗어나지 못하겠습니까? 이 밖에 다른 술법으로 이것을 능가할 수 있는 것이 있다면, 그것은 제가 알지 못하지만 말입니다.

늘 한탄하지만, 도를 배우는 사람들이 좋은 이익을 잘 증진하지 못하는 까닭은, 많은 경우 어지러운 마음이 쉬지 못해 편한 것만 좋아하고, 오늘은 참선을 했다가 내일은 염불을 하거나 밀주密呪를 지송하고, 널리 여러 문을 섭렵하여 주된 것과 보조적인 것을 구분할 줄 모르며, 매번 자기 법문을 바꾸기 때문입니다. 그러면서 헛되이 성불하기를 바라고, 부처의 행은 조금도 하지 않고 온갖 마구니 업을 지어 함께 마구니 권속이 됩니다. 그렇게 머리가 희어질 때까지 기다려도 이루는 바가 없으면 오히려 정법을 비방합니다. 옛말에 "무간지옥의 업을 초래하고 싶지 않거든, 여래의 바른 법륜을 비방하지 말라"고 했습니다.

이제 보살의 수승한 법회를 만났으니 한 마음으로 경축하시되, 각기 자기 자신의 관자재보살을 알아야 합니다. 관세음보살은 문聞 · 사思 · 수修에서 시작하여 삼마지(삼매)에 들어갔습니다. 아난阿難은 기억력은 비상했으나 삿된 생각(경계에 끄달린 마음)에 떨어짐을 면치 못했으니, 들음으로 부처님의 불법만 지니고 왜 스스로 들음을 듣지 않습니까? 들음을 돌이켜 자성을 들으면 그 성품이 무상도를 이룹니다.[4] 저는 산야에 사는 사람에 지나지 않아 지혜와 견식이 얕습니다만, 여러분이 후의로 초청해 주셨기에 간략히 수행의 이익과 손해를 이야기했습니다. 오늘 9월 19일, 관세음보살을 함께 염하되 입은 막아 버리십시오. 보살은 이 문耳門에서 닦아 들어갔고, 안이비설신의는 지킬 것을 잃어 버렸습니다. 일체를 끊고 유有나 무無에 숨는 것을 극력 피하면, 바로 그 자리에서 마음을 관하는 것이 자유롭지 않겠습니까?

4) 이 대목은 『능엄경』, 제6권의 다음 구절들을 인용한 것이다. '阿難縱强記, 不免落邪思', '將聞持佛佛, 何不自聞聞', '反聞聞自性, 性成無上道'(李耘虛, 271~2, 275쪽).

2. 복건공덕림 불칠 법문
(在福建功德林佛七開示, 1933년)

1933년 봄, 복건성의 복건공덕림 거사들이 불칠佛七을 시작했다. 3일째 되는 날, 허운 노화상이 고산 용천사에서 내려와 용무를 보고 나서, 공덕림 대중을 위문하러 들렀다. 마침 불칠 대중은 입선하여 묵연히 염불을 하고 있었다. 허운 노화상이 도착하는 소리를 듣자 대중의 태반이 자리를 떠나서 스님을 맞이하고, 절을 했다. 이때 허운 노화상이 대갈일성 하고 말씀하셨다. "… 지금 여러분은 일심불란一心不亂이 됩니까, 안 됩니까? 만일 일심불란이라면 제가 오는 소리를 어떻게 듣습니까? 만일 일심一心이 일정하지 않았다면, 설사 아미타불이 온다 해도 여러분은 알아보지 못합니다. 그가 부처인지 마魔인지도 알지 못합니다. 일정한지 어지러운지도 분명하게 구분하지 못합니다. 그러면 앞길이 위험하니, 정말 가여운 일입니다." 대중은 훈계를 듣고 나서 모두 어찌 줄 몰랐고, 불칠장佛七場에 들어가 입선을 했다. 허운 노화상은 대중과 함께 법당에 들어가 불전에 예를 올리고 나서 대중에게 이런 법문을 했다.

여러분이 불칠佛七을 할 때는 일심一心이 중요합니다. 만일 마음이 하나가 되지 않고 이것저것 보고 듣는 식으로 염불을 하면, 미륵불이 하생下生할 때까지 염해도 도리어 업장만 달라붙습니다. 불법이나 세법世法이나 다 마찬가지입니다. 세법도 일관된 마음이 없으면 해내지 못하는데 하물며 불법이겠습니까? 염불하는 사람은 처음부터 끝까지 아주 면밀하게 한 자字 한 자, 한 구절 한 구절 오롯이 염해 가야 합니다. 부처가 와도 이렇게 염하고, 마魔가 와도 이렇게 염하여, 바람이 불어도 들어오지 않고 비가 와도 젖지風吹不入 雨打不濕 않을 정도라야 합니다.[5] 이렇게 하면 성공할 날이 있습니다. 왜 그렇습니까? '부처'라는 것은 깨어 있음覺입니다. 깨어 있을 수 있으면 자연히 힘써 오롯한 마음으로 염해 가는 법을 알게 됩니다. '마魔'라는 것은 번뇌입니다. 번뇌는 중생의 혜명慧命을 해칩니다. 그것이 혜명을 해치는 것을 알면, 당연히 더 힘써 오롯한 마음으로 그것을 항복 받게 됩니다. 그래서 충분히 깨어 있을 수 있으면 그것이 곧 부처를 보는 것이고, 만일 해를 당한다면 그것은 마에 집착한 것입니다.

지금 이 불칠장에서 만일 원래 자리에 앉은 채 움직이지 않았다면, 계속 염불한 여러 거사님들은 부처를 보고 있었다고 할 수 있습니다. 여러분 가운데 절을 하고 저를 맞이하신 분이 몇 분 계신데, 무엇을 맞이했는지 말해 보십시오. (그렇게 해서) 이로운 점을 말하지 못한다면, 시간만 허비했지 아무 소득이 없는 것 아니겠습니까? 여러분이 일심으로 하는 큰일을 제가 번거롭게 하고, 여러분이 일심으로 하는 정업淨業을 제가 동요시킨 것 아니겠습니까? 그런 식이라면 여러분이 저를 마왕의 가장자리에 둔 것입니다.

---

5) 우익지욱蕅益智旭 대사의 『미타요해彌陀要解』라는 책에 "비록 명호를 지니기를, 바람이 불어도 들어오지 않고 비가 와도 젖지 않을 만큼 은장철벽같이 해도(縱將名號, 持至風吹不入, 雨打不濕, 如銀牆鐵壁相似)"라는 대목이 있다.

안타깝게도 세속인들은 매양 삼보를 공경할 줄 모릅니다. 정말 가련한 일입니다. 그들 중 어떤 사람은 무엇을 써서 돼지, 닭, 생선을 구워 관음보살에게 공양하지만, 그것은 살계殺戒를 범한 것일 뿐 아니라 예법에도 어긋납니다. 한 번은 제가 상해에 있을 때, 매란방梅蘭芳[6]이 상해에서 공연을 하고 있었습니다. 한 거사가 수백 원을 주고 특등석 하나를 사서 저에게 주며 공연을 보라고 했습니다. 제가 그에게 말했습니다. "팔관재계八關齋戒[7]를 받은 재가자도 공연을 보지 않는데, 하물며 출가 승려인 내가 보겠는가? 당신은 나에게 공연을 보라고 하지만, 그것은 돼지고기를 구워 보살님께 공양 올리는 것과 다를 것이 없다"고 말입니다. 그 사람은 절을 하고 잘못을 참회하면서 말했습니다. "제가 오늘 수백 원을 들여서 가르침을 얻었습니다. 스님들을 존경하는 이유를 알겠습니다." 불법은 위없는 것이고, 마음 쓰는 법을 중요시합니다. 한 구절을 잘 듣고 정진하십시오.

허운 노화상은 읍을 하고 떠났다. 이때는 아무도 감히 일어나서 전송하지 못했다. 스님도 돌아보지 않았다.

---

6) 중국의 유명한 경극 배우(1894~1961).

7) 보통 6재일(음력 8, 14, 15, 23, 29, 30일)에 정진하는 재가자가 받는 8가지 계율. 정진일 하루 동안 지니는 계이며, 1) 불살생, 2) 불투도, 3) 불음不淫, 4) 불망어, 5) 불음주, 6) 부좌고광대상不坐高廣大床(높고 큰 상에 앉지 말 것), 7) 불착화만불향도신不著華鬘不香塗身, 불가무관청不歌舞觀聽(몸에 화만을 두르거나 향액을 바르지 말 것, 노래나 춤을 보거나 듣지 말 것), 8) 불비시식不非時食(때 아닌 때 먹지 말 것)이다. 앞의 7가지는 계戒, 마지막 한 가지는 재齋이므로 '八關齋戒'라고 한다. ('關'은 금지한다는 뜻이다.)

3. 중경 자운사 법문(1)

(在重慶慈雲寺開示, 1943년 1월 17일)

오늘 여러분이 발심하여 삼보에 귀의하셨는데, 노납老衲은 매우 기쁘고 위안이 됩니다. 여러분이 멀리서 강을 건너 이곳에 오신 것은 모두 뭔가 이익을 얻기 위해서입니다. 그러나 만약 이익을 얻고 싶다면 스스로 상당한 수행을 해야지, 헛된 이름만 걸어 두는 것은 옳지 않습니다. 여러분은 이왕 불문佛門에 귀의했으니 불자라는 것을 알아야 합니다. 비유하자면, 제왕의 집안에 태어나면 제왕의 자손인 것과 같습니다. 그러나 성실한 인품으로 힘써 노력해야, 쫓겨나지 않고 높은 지위에 올라서 자신이 누릴 것을 누릴 수 있습니다. 지금부터는 부처님들의 가르침에 따라서 수행해 나가야 합니다.

세간의 모든 일은 환幻과 같다는 것을 알아야 합니다. 사람이 평생에 하는 일들은 실로 벌이 꿀을 모으는 것과 같고, 누에가 고치를 짓는 것과 같습니다. 우리는 자신의 한 생각이 움직여 포태胞胎 속으로 떨어지고, 태어난 뒤에는 점차 나와 남의 분별을 알고 탐진치의 생각을 일으킵니다. 어른이 되고 나면 점차 사회와 접촉합니다. 그리고 도모하는 일들은 거의가 자기 일신의 이익과 즐거움을 추구하고, 권속들을 위해 재물을 축적하는 것입니다. 하루 종일 부지런히 일하면서 평생을 바쁘게 보내지만, 결국 숨 한 번 돌아오지 않으면 그런 것들이 자신과는 아무 상관없는 것이 되고 맙니다. 벌이 꿀을 모으는 것과 무엇이 다릅니까? 그리하여 평생 하는 일들은 많은 업장을 만들어내고, 그로 인한 나쁜 과보들은 떨치려고 해도 떨쳐지지 않습니다. 이 또한 누에가 자신을 옭아매는 것과 뭐가 다릅니까? 결국 마지막에는 끓는 가마솥이나 불구덩이 속으로 들어가 스스로 삼악도에 떨어집니다.

그러니 여러분은 잘 살펴 생각해야 합니다. 부처님의 가르침에 따라 상시 채식長素을 해야 하고, 그것이 안 된다면 우선 재일 채식花素이라도 해야 합니다.[8)] 특히 자기 자신이 살생을 해서는 안 됩니다. 남의 목숨을 죽여서 자기 목숨을 이롭게 하는 것을 마음에서 어떻게 참아낼 수 있습니까? 닭을 죽이는 광경을 본다면, 닭을 잡아 죽일 때 그것은 필시 날개를 퍼덕이며 도망가려 하면서 비명을 지릅니다. 그러나 나는 강하고 그것은 약하니, 힘이 없어 저항하지 못합니다. 그래서 원한을 참지 못하고, 그 원한이 마음에 쌓여 나중에 보복하게 됩니다. 이것은 요즘 강대국들이 흉기(무기)를 사용하여 약소민족을 훼멸하는 것과 이치가 똑같습니다. 여러분은 이왕 불자가 되었으니, 도리에 어긋나는 일은 함부로 하지 말아야 합니다. 불법은 본시 아주 신기한 것이 아닙니다. 마음의 순리를 따를 수만 있으면 절반은 터득한 것입니다.

---

8) 長素란 늘 채식을 하는 것이고, 花素란 재일齋日에만 채식을 하는 것이다. 여기서 '채식' 이란 일체의 고기(생선 · 계란 포함)와 파 · 마늘 등 오신채를 먹지 않는 것을 말한다. (우유에 대해서는, 먹지 말아야 한다는 견해도 있으나 살생과 무관하므로 먹어도 된다는 견해가 유력하다.)

많은 사람들은 제가 나이를 수십 년 헛되이 먹은 것을 보고, 저를 만날 때마다 신통을 구하는 마음을 갖습니다. 그리고 출세간인은 과거와 미래를 알 수 있을 거라고 생각하고, "전쟁이 언제 끝나겠습니까? 세계는 언제나 태평해지겠습니까?" 하고 묻습니다. 사실 신통이라고 하는 것은 천마외도天魔外道도 그것을 가지고 있을 뿐 아니라, 귀신과 짐승도 오통五通은 다 가지고 있습니다. 이것은 성품 가운데 본래 갖추어진 것으로, 굳이 신경 쓸 필요가 없는 것입니다. 부처를 배우는 사람들인 우리는 마땅히 마음을 밝혀 성품을 보아 생사를 해탈하고, 보리심을 발하여 보살도를 행해야 합니다. 얕은 수준에서 말하면, "모든 악은 행하지 말고, 온갖 선은 받들어 행하라"가 됩니다. 남에게 손해를 끼쳐 자신을 이롭게 하면 안 될 뿐 아니라, 자신이 손해를 보더라도 남을 이롭게 해야 합니다. 진지하게 그렇게 해 나갈 수 있으면, 계戒에서 정定이 생기고 정定에서 혜慧가 생깁니다. 일체를 자기가 알고 자기가 보니, 자연히 오늘 귀의한 것이 헛되지 않게 됩니다.

방금 몇 분이 『능엄경』의 취지를 질문했습니다. 이에 여러분과 이곳에서 기연을 만난 것을 이용하여 간략히 개요를 말씀드리겠습니다. 이 경은 원래 백 권인데 우리나라에 번역된 것은 10권밖에 없습니다. 처음 4권은 견도見道를 보여주고, 제5, 6권 등은 수행을 보여줍니다. 제8, 9권은 점차 증과證果를 얻는 과정이며, 마지막으로 음마陰魔 망상을 이야기합니다. 아난존자는 중생들을 위해 질문을 해 보입니다. 그리고 부처님은 먼저 제법이 생겨나는 것은 오직 마음이 나툰 것임을 밝힙니다. 아난존자는 자금광紫金光 덩어리와 같은 부처님의 32상相을 보자 좋아하는 마음이 일어납니다. 부처님이 묻습니다. "그것은 무엇으로 보았는가?" 아난존자가 부처님께 아룁니다. "저의 마음과 눈을 이용해서이며,

눈으로는 여래의 수승한 상호를 봅니다." 부처님이 묻습니다. "마음과 눈은 어디에 있는가?" 아난존자가 부처님께 아룁니다. "제가 보건대 여래의 청련화 눈은 부처님 얼굴에 있고, 저의 들뜬 근根과 네 가지 진塵[9]은 제 얼굴에 있습니다. 이와 같이 아는 마음도 실로 몸 안에 있습니다." 부처님이 말합니다. "마음은 안에 있지도 않고 밖에 있지도 않고, 그 중간에 있지도 않다. 일체에 집착하지 않는 것이 마음이라 해도 역시 옳지 않다."[10]

여러 수행인들이 위없는 깨달음을 얻지 못하는 것은 모두 두 가지 근본 때문입니다. "첫째는 시작 없는 생사의 근본이니, 여러분이 지금 모든 중생과 함께 반연攀緣하는 마음을 자기 성품으로 아는 것이고, 둘째는 시작 없는 보리열반의 원래 청정한 본체이니, 여러분이 지금 가진 식정識情의 원래의 밝음이 제연諸緣을 일으킬 수 있어 그 연緣에 잃어진 것이며, 모든 중생이 이 본래의 밝음을 잃어버린 탓에 종일 행하면서도 자각하지 못하고 헛되어 여러 윤회계로 들어가는 것입니다."[11] 제법이 생겨나는 것은 오직 마음이 나투는 것임을 알아야 합니다. 모든 인과因果 세계의 미진微塵은 마음으로 인해 체體를 이룹니다. 그리하여 일체중생이 보살이 되지 못하는 것은 모두 객진번뇌에 의해 그르쳐지기 때문입니다. 색 · 성 · 향 · 미 · 촉 · 법은 육진六塵이 되고, 안 · 이 · 비 · 설 · 신 · 의는 육근六根이 되어 십이처十二處를 이룹니다. 여기에 안

---

9) '들뜬 근(浮根)' 은 '육안', 네 가지 진(四塵)은 '색 · 향 · 미 · 촉' 이다.

10) 이상 인용문들은 『능엄경』, 제1권 참조(李耘虛, 11-12쪽).

11) '一者無始生死根本, 則汝今者與諸衆生用攀緣心爲自性者. 二者無始菩提涅槃, 元淸淨體, 則汝今者識精元明, 能生諸緣. 緣所遺者, 由諸衆生遺此本明, 雖終日行而不自覺, 枉入諸趣.' 『능엄경』, 제1권(李耘虛, 30쪽).

식 · 이식 · 비식 · 설식 · 신식 · 의식의 육식六識이 더해져 십팔계十八界가 됩니다. 또 지 · 수 · 화 · 풍의 사대에다 공대空大 · 견대見大 · 식대識大를 더하여 칠대七大가 됩니다. 모두 합쳐 25가지가 되고, 그래서 25분의 성자들이 숙세의 인연으로 도道에 들어간 경로를 스스로 밝힌 것입니다.

육도윤회로 말하자면 음욕이 근본이고, 삼계에 유전流轉하는 것은 사랑이 바탕입니다. 아난존자가 중생들을 위해 보여주었듯이, 그가 여러 겁을 수행했음에도 마등가摩登伽의 난을 면치 못한 것[12]은 죄장罪障 중에서 음욕이 으뜸이기 때문이었습니다. 음욕이 몸을 손상하기 때문에 살생을 하여 몸을 보양하게 되고, 도둑질과 거짓말 등의 악을 행하게 되며, 또한 음욕을 따라 태어나게 됩니다. 아난은 자금광 덩어리 같은 여래의 32상을 보자 마등가의 미색을 좋아하지 않게 되었습니다. 남자가 여자를 보면 (미색에 끌리지 않기 위해) 자기도 여자라고 관상觀想할 수 있고, 여자가 남자를 보면 자기도 남자라고 관상할 수 있습니다. 망상을 제거하고 스스로 종일 생각하면 확실히 마음을 바꿀 수 있습니다. 비유하자면 제가 예전에 어릴 때는 집에서 변발을 하고 속복을 입고, 종일 접촉하고 생각하는 것이 세속사 아닌 것이 없었기 때문에 밤에 꿈을 꾸면 가족 친지나 갖가지 세속일 아닌 것이 없었지만, 출가하고 난 뒤에는 행하고 생각하는 것이 불가의 일을 벗어나지 않았기에 밤에 꿈을 꾸어도 염불 등을 벗어나지 않은 것과 같습니다. 파 · 마늘 오신채를 먹으면 안 됩니다. 그것은 욕념을 조장하지 않기 위해서입니다. 흔히 말하듯이

12) 창녀 마등가의 딸이 아난존자에게 음욕을 품어 마등가에게 주문을 외게 하여 아난존자를 유혹했으나, 부처님이 그를 구출했다. 『능엄경』, 제1권 참조.

보조적 원인을 제거하고 주된 성품을 닦으면서 부지런히 가행정진하면 자연히 점차 성취하게 된다는 것입니다. 스스로 더 부지런해져야지 남에게 의지하면 안 됩니다.

아난존자는 왕자였고 부처님의 동생이었지만 자신의 부귀를 버리고 부처님을 좇아 출가했습니다. 그리고 부처님의 도움의 손길을 받아 과위果位를 얻기를 바랐지만, 스스로 닦아서 깨달아야지 남의 도움을 빌릴 수 없다는 것을 어찌 알았겠습니까? 그러나 우리가 발심하여 열심히 수행하면서 게으름을 피우지 않으면, 십신十信 · 십주十住 · 십행十行 · 십회향十回向에서 십지十地까지 이를 수 있고, 또한 스스로 한 걸음 한 걸음 향상하여 등각等覺 · 묘각妙覺에 도달할 수 있습니다.[13] 삼계三界 · 칠취七趣[14]는 허망한 환幻의 나툼 아님이 없고, 원래 일심一心을 벗어나지 않습니다. 일체제불의 오묘하게 밝은 깨달음의 성품 또한 일심을 벗어나지 않습니다. 그래서 마음 · 부처 · 중생의 셋은 차별이 없습니다. 향엄동자香嚴童子는 '저의 코'를 말할 수 있었고, 교범보살憍梵菩薩은 '저의 혀'를 말할 수 있었습니다.[15] 스물다섯 분 성현들의 인지因地는 달랐지만 깨달음에서는 우열이 전혀 없었습니다.

그러나 지금 시기에 발심한 초학자들은 스물네 번째 대세지보살大勢至菩薩과 스물다섯 번째 관세음보살의 두 가지 공부 방법이 어쩌면 더 적합할 것입니다. 관음보살은 아미타 부처님이 그 지위에서 물러날 때 부처님 지위를 보좌하며, 대세지보살은 관세음보살이 그 지위를 물러날 때를 기다렸다가 부처님 지위를 보좌합니다. 대세지보살은 염불로써 원

---

13) 십신부터 등각 · 묘각까지는 『화엄경』에서 말하는 수증修證의 52단계이다.
14) 지옥 · 아귀 · 축생 · 아수라 · 人趣(인간) · 仙趣(신선) · 天趣(천인)의 일곱 윤회계.
15) 『능엄경』에서 향엄동자는 향기를, 교범바제는 맛을 관하여 원통을 얻었다.

통을 얻었고, 우리가 불법을 배울 때도 아미타불을 염하여 육근을 모두 거두어들이고 정념淨念을 계속 이어 가면 삼마지를 얻습니다. "시방여래가 중생을 불쌍히 여기기를 마치 어미가 자식 생각하듯이 하지만, 만일 자식이 도망가면 생각한들 어떻게 하겠습니까? 자식이 어미 생각하기를 어미가 자식 생각하듯이 한다면, 어미와 자식이 여러 생이 지나도록 서로 어긋나지 않을 것입니다. 중생이 마음으로 부처를 생각하고 부처를 염하면 현재나 미래에 분명히 부처를 볼 것"[16]이기 때문입니다.

관세음보살로 말하자면, 문 · 사 · 수에서 시작하여 삼마지에 들었고, 위로는 시방제불에 합하여 (제불과) 자력慈力이 동일하고, 아래로는 육도중생과 합하여 (제중생과) 비앙悲仰이 동일합니다. 만약 어떤 남자가 오계五戒를 지키기 좋아하면 그에게 남자의 몸으로 나타나 법을 말하여 성취하게 하고, 어떤 여자가 오계를 지키면서 살려고 하면 그에게 여자의 몸으로 나타나 법을 말하여 성취하게 합니다. 이와 같이 때로는 천인으로 나타나고 때로는 성문 · 연각 내지 부처님의 몸으로 나타나기 때문에 이른바 32응應이라고 합니다. 또 14무외無畏, 4부사의不思議가 있어,[17] 무량겁에 이르도록 무량한 중생을 제도합니다. 중생이 다함이 없기에 자비원력도 다함이 없습니다衆生無盡 悲願無盡. 여러분은 이 뜻을 잘 체득하시기 바랍니다.

---

16) 『능엄경』, 제5권(李耘虛, 235쪽).

17) 14무외와 4부사의는 『능엄경』, 제6권(李耘虛, 248쪽 이하) 참조.

4. 중경 자운사 법문(2)

(在重慶慈雲寺開示, 1943년 1월 18일)

지금 여러분들과 함께 자유롭게 한담을 하는데, '개시開示'(가르침)라는 두 글자는 제가 부끄러워서 감당할 수 없습니다. 아직 저 자신조차도 분명하게 모르는데, 감히 어찌 남들을 잘못 가르칠 수 있겠습니까? 불교에서 '개시'를 하는 경우는 많습니다. 총림에서 좌선을 할 때는 반수班首 스님들이 돌아가면서 개시를 하고, 관음칠觀音七 · 염불칠念佛七 등의 경우도 마찬가지입니다. 그러나 배참拜懺은 타칠과 다릅니다. 예참을 할 때는 오체투지를 해야 하고 삼업三業이 청정해야 하기 때문에, 이런저런 잡된 말을 덧붙일 수가 없습니다. 그래서 예참 단상에서는 개시를 말하지 않습니다. 예참을 할 때는 이렇게 관상觀想해야 합니다. "능례能禮와 소례所禮의 성품이 공적空寂하니, 감응하여 어울림이 생각으로 헤아리기 어렵네. 제가 지금 관음보살님께 정례하오니, 감응하는 어울림이 저절로 실현되어지이다."[18] 능례의 마음으로 소례인 부처님께 예를 올리고, 능례의 마음을 깊이 관하면 현재 · 미래 · 과거의 삼세三世를 도무지 찾을 수 없습니다. 일체가 공적하니 여래장이 본래 가지고 있는 본체의 성품이 자연히 드러납니다. 그래서 『금강경』에서 말하기를 "만약 형상으로써 나를 보고 음성으로써 나를 구한다면, 그 사람은 삿된 도를 행하는 것이며 여래를 볼 수 없다"[19]고 하고, "만약 모든 상相이 상이 아님을 보면 곧 여래를 본다"고 했습니다.[20] 이는 모두 쌍차쌍조雙遮雙照[21]의 의미입니다. 공空은 곧 공이 아니고 색色은 곧 색이 아닙니다. 즉, 진공眞空이자 진색眞色인 것입니다.[22]

우리는 모두 불자인데, 고난이 극심한 이런 곳에 있습니다. 태평성대를 만나지 못하고, 만나는 것이라고는 폭탄 아니면 비행기이니 정말 불행합니다.[23] 그러나 불행한 가운데서도 행복이 있으니 어째서입니까? 불자가 본래 하는 일은 이른바 "발우 하나면 온 집들의 음식을 먹으며 세상 어디든지 혼자 다닐 수 있다一鉢千家飯 孤身萬里遊"는 것입니다. 그러나 지금은 제대로 다닐 수가 없습니다. 우리는 이럴 때 부득이 일체를 놓아버리고 자신의 몸과 마음을 점검해야 합니다. 몸은 고苦의 근본이고 마음은 죄의 근원입니다. 만약 일체를 놓아버릴 정도가 안 된다면 힘써 수행해야지, 다시 어느 때를 기다립니까? 한 번 사람 몸을 잃으면 만겁에 다시 회복하지 못합니다. 망상을 놓아버리십시오. 마음의 근본은 여여하여 밖에서는 얻을 수 없습니다. 열심히 수행한다면 생사를 끝내

---

18) '能禮所禮性空寂, 感應道交難思議. 我今頂禮觀音前, 感應道交自實現.' '能禮'는 예참하는 주체, '小禮'는 예참의 대상인 神佛이다.

19) '若以色見我, 以音聲求我, 是人行邪道, 不能見如來.'

20) '若見諸相非相, 卽見如來'.

21) 양변兩邊을 버리는(遮) 것이 雙遮, 양변이 융합되는 것이 雙照이다. 부정이 곧 긍정임을 보이는 中道 원리의 한 표현이다.

22) 眞空은 상대적인 空과 有를 떠난(버린) 空이며, 그래서 이를 妙有라고도 한다. 眞色도 같은 의미이다.

23) 1939~1942년에 일본기들이 중경을 여러 차례 폭격하여 무수한 사람들이 죽었다.

지 못할까 어찌 근심하겠습니까? 그래서 유가에서도 말하기를, "천자天子에서 일반 백성에 이르기까지, 한결같이 모두 수신修身을 근본으로 삼는다"[24]고 한 것입니다. 지금은 사람들의 마음이 순박하지 않아서 정치와 종교의 관계를 모릅니다. 정치는 몸을 다스리고 가르침은 마음을 다스리는 뜻을 전혀 이해하지 못합니다. 최근 목전의 대재난을 당하면서, 깊은 안목을 지닌 많은 사람들이 정치와 종교의 일치된 노력이 없으면 고통을 구제하고 재앙을 막기에 부족하다는 것을 알았고, 이분들이 마음을 내어 호국식재대비도량護國息災大悲道場을 건립한 것도 이러한 뜻에서입니다.

종래 법회를 건립하는 것은 자주 있는 일이어서, 무슨 십륜금강법회니 하는 등의 여러 법회가 있지만 저도 많이 기억하지는 못합니다. 그러나 마음을 쓰는 것은 각기 다른 점이 있습니다. 근래에 티베트 라마로서 중원中原에서 홍법을 하는 이들이 상당히 많고, 정부에서도 특별히 이들을 받들어 공경합니다. 그 뜻이 무척 심원하여, 정부가 특별히 그들을 신앙하는 것인지 알 도리가 없습니다. 유독 중원의 푸른 옷靑衣 승려들에 대해서는 오히려 갖가지 압박을 가하면서, 절을 허물고 승려들을 내쫓는 일이 비일비재합니다. 본래 청靑·황黃 두 교敎의 승려들은 같은 불제자이지만, 후세 사람들이 중국의 동부지방에 있는 것은 일본에서 온 동밀東密이라 하고, 중국의 서부지방에 있는 것은 티베트에서 온 장밀藏密이라고 합니다. 근년에 중국에서 밀교가 갑자기 성행하고 있습니다. 사람들이 밀교의 특장점은 갖가지 신통변화를 발휘할 수 있는 것이라고 생각하는 것입니다. 그러나 한가할 때는 예불을 하지 않다가 다급

24) '自天子以至於庶人, 一是皆以修身爲本'. 『大學』의 일절이다.

하면 부처의 발을 끌어안는 것으로는 안 됩니다. 저는 밥을 먹고 사는 인간이고, 중국과 외국을 별 차이 없이 다녀 보았습니다. 저는 범부여서 신통이 없고, 몸이 변화하지도 않을 것입니다. 그래서 감히 고기를 먹지 못하고, 감히 지나치게 돈을 쓰지도 못합니다. 보통 불법을 분명히 알지 못하는 사람은 명리名利를 잊지 못해 이런 저런 수를 써 보는데, 이런 망상을 가지고 있으면 사邪 아니면 마魔입니다. 불법은 자기 마음속에 있으므로 마음 밖에서는 법을 취할 수 없다는 것을 알아야 합니다. 신통은 공부 과정에 속하는 것인데, 어찌 마음을 내어 구할 수 있겠습니까? 이렇게 마음을 써서야 어찌 머무름이 없는 진리에 계합할 수 있겠습니까? 이런 부류의 사람들을 부처님은 가여운 사람이라고 말합니다.

지금 몇 분의 마음 넓은 보살들이 나라의 재난을 그치게 하기 위해 대비참법大悲懺法을 닦으면서 저에게 여기 와서 의식을 주관해 달라고 했습니다. 우리는 정성을 한데 모아 자기가 맡은 일을 해야 합니다. 호국식재護國息災의 공덕은 사람들이 각자 지어야 하는 것입니다. 우리는 절을 하면서 참회하고 성호聖號를 소리 내어 부르는데, 가장 영험이 있는 관음보살이 우리나라와 가장 인연이 많습니다. 그러나 마음이 정성스럽지 않으면 감응할 수 없습니다. 정성스러운 마음으로 명호를 부르면 관음보살은 빠짐없이 그 소리를 듣고 고통을 구제해 줍니다. 『능엄경』의 스물다섯 분 성자들 중 오직 관음보살이 원통을 묘하게 증득했습니다. 경문經文에 이르기를, "그 부처님이 저에게 문 · 사 · 수에서 시작하여 삼마지에 들라고 가르쳐 주셨습니다. 처음에는 들음 가운데서 흐름에 들어가 소所를 벗어나고, 소所와 들어감이 고요해지자 동정動靜의 두 가지 상相이 요연히 나지 않았습니다" 했습니다. (그리하여 두 가지 수승함을 얻었으니) 첫째는 시방제불과 같은 자력慈力이고, 둘째는 시방의 제중생과 같은 비앙悲仰입니다. 관음보살은 큰 무외無畏를 가지고 있고, 32응應은 으뜸에 속합니다. 또 이르기를, "여기서 참된 가르침의 본체는, 청정함이 소리 들음에 있습니다"[25]라고 했습니다. 62억 항하사처럼 많은 법왕자들의 성호를 염하는 것이나 관음보살 한 분의 소리 모습聲相을 염하는 것이나 마찬가지입니다.

이 『대비참大悲懺』이라는 경은 사명법지四明法智 대사(960~1028)가 닦았던 것으로, 그 비원悲願이 불가사의하고 그 감응력 또한 불가사의합니다. 책에 아주 자세히 나와 있으니 소홀히 여겨서는 안 됩니다. 아침에도 여기서, 저녁에도 여기서 오체투지하면서 삼업三業을 청정하게 하면 살殺·도盜·음淫과 탐·진·치를 끊고 십악을 십선으로 바꿀 수 있으니, 참법懺法의 묘한 도리에 부합합니다. 아울러 네 가지 큰 서원(사홍서원)을 발해야 하니, 다른 사람의 향화香火로 자신의 복혜福慧를 장엄하는 일을 어찌 즐거이 하지 않겠습니까? 말은 거짓이고, 행이 참입니다說是假 行是眞. 오늘 불법을 가지고 대략 이런 저런 이야기를 했습니다. 저 보살님은 이미 장부丈夫이고 나 또한 그러니, 자신을 존귀하게 여기면서 하다 보면 자연히 감응하기 마련입니다.

마지막으로 한 가지 고사를 여러분에게 들려드리겠습니다. 청대의 강희제 때 원통元通 화상이 서역사西域寺[26]에서 주지를 하고 있었습니다. 하루는 어떤 황의승黃衣僧 (라마승)이 오자 황제가 그를 매우 떠받들며 스님에게 그를 접대하도록 명했습니다. 스님이 말했습니다. "저 이

25) '此方眞敎體, 淸淨在音聞'. 『능엄경』, 제6권(李耘虛, 267쪽). 이 사바세계에서 부처님 가르침의 본체는, 청정하게 소리를 들음으로써 바른 정定에 드는 것이라는 뜻으로, 耳根圓通 법문의 수승함을 강조한 것이다.

26) 북경시 방산구房山區에 있는 절. 지금은 운거사雲居寺라고도 한다.

는 스님도 아니고 사람도 아닙니다. 한 마리 청개구리인데 신통력이 대단한 것뿐입니다." 이때 마침 오랜 가뭄이 들어 황제가 그 황의승에게 기우제를 지내게 했고, 과연 비가 내렸습니다. 황제가 그를 더욱 공경하자 원통 화상이 말했습니다. "빗물을 가져와 보면 됩니다. 청개구리 오줌이니 말입니다." 빗물을 살펴보니 과연 그러하므로 사邪와 정正이 분간되었습니다. 그러니 『능엄경』의 50가지 음마陰魔는 모두 알아 두어야 합니다. 그렇지 않으면 거기에 휘말려 마도魔道로 들어갑니다. 부디 대중은 유념하십시오.

5. 중경 자운사 법문(3)
(在重慶慈雲寺開示, 1943년 1월 19일)

보살 여러분! 이 법회에서 저는 자신의 분수를 너무 모릅니다. 또 다들 예불을 하고 예참당에 참여하면서도 불사佛事(법회 · 의식)에 응대하느라고 고생이 여간 아니라는 것을 모릅니다. 저녁에는 또 여러분에게 염불을 하라 하고 법문을 들으라고 하니, 어찌 여러분을 방해하는 것이 아니겠습니까? 여러분의 심중에는 차마 말하지 못하는 생각들이 있을 것입니다. 이른바 제불보살도 중생들의 원을 다 들어주기 어렵다고 하듯이, 많은 거사님들이 법회 중 법문을 듣고 싶어하기 때문에 하는 것입니다. 그러나 어제도 제가 이야기했듯이, 배참拜懺은 불칠佛七과 달라서 설법을 할 필요가 없습니다. 그렇지만 그분들의 발심도 좀처럼 얻기 어려운 것입니다. 저는 지금 허운이 아니라 허명虛名이 되었습니다. 여러분이 하지 못한 이야기를 제가 벌써 당가當家 스님에게 했습니다. 이번 법회에서는 다들 고생하면서 자기 일처럼 애쓰고 있습니다. 마치 다른 데서 정칠淨七(염불칠)을 하듯이, 매일 휴식 시간도 없습니다. 이곳의 상주 대중은 밭 한 뙈기도 없고 기와 한 조각도 없습니다. 불사를 접대하지 않으면 성공할 수 없고, 불사를 접대하면 타칠 공부를 못합니다. 그러나 불사는 매우 바쁩니다. 날이 저물면 대전大殿에서 헌식獻食을 해야 하고, 그래서 이때는 법문을 좀 해서 거사님들이 강을 건너 집으로 돌아가기 편하게 합니다. 그러나 배참을 하는 49인은 소리를 멈출 수 없고, 사람들이 교대해도 소리를 멈추지 않습니다. 상주 대중은 가장 바쁘고, 이 스물네 분은 단壇을 내려올 수 없습니다.

이른바 '개시開示'라고 할 때 '개開'는 계몽하는 것이고 '시示'는 드러내는 것으로, 사람들을 위한 선악을 이야기하고 본래면목을 드러내는 것입니다. 이 구멍은 크고 작음, 네모나고 둥긂, 성인과 범부, 남자와 여자 등의 상相이 없습니다. 무릇 모든 상은 다 허망하기凡所有相 皆是虛妄 때문입니다. 모든 상相이 상이 아님을 보면 곧 여래를 봅니다. "범부의 마음만 없애라, 성인의 견해가 따로 없다"는 것입니다. 도를 배우는 사람들은 진실해야지, 양머리를 내걸고 개고기를 팔면 안 됩니다. 오직 자신을 향해서 추구할 것이지 남을 따라 찾지 마십시오. 언설이 있을 뿐, 전혀 실다운 뜻이 없습니다但有言說 都無實義. 말은 거짓이고 행이 참입니다. 한 사람에서 시작해 많은 사람에 이르고, 한 집에서 한 나라, 또 여러 나라에 이르면서 계속 변화해 가면, 전 세계가 다스리지 않아도 교화될 것입니다.

부처를 배우는 것은 어떤 법문을 닦느냐에 관계없이 모두 계戒를 지키는 것을 근본으로 합니다. 계를 지키지 않으면 아무리 지혜가 많다 해도 모두 마구니 짓입니다. 『능엄경』의 스물다섯 가지 문은 다 원통을 증득하게 합니다. 그래서 이르기를, "방편에는 많은 문이 있으나, 근원으로 돌아가면 두 길이 없다"는 것입니다. 스스로 한 문을 택하여 올바르게 행하고, 나머지 것들은 보조적으로 행하십시오. 복과 지혜를 함께 닦아야福慧雙修 합니다. 복만 있으면 인천人天의 유루有漏에 속하고, 지혜만 있으면 미친 무리가 됩니다. 수행하면서 살심殺心을 끊지 못하면 죽어서 토지신이 되거나 성황신이 됩니다. 제가 본 바로, 많은 분들이 반평생 채식을 하다가 밀종密宗을 배우면 곧 고기를 먹는데, 실로 슬픈 일이며 자비심과는 완전히 어긋납니다. 맹자조차도 "그 비명소리를 들으면 차마 그 고기를 먹을 수 없다"고 했는데, 하물며 불제자이겠습니까? 남의 목숨을 취하여 자기 마음을 즐겁게 하고, 일시적인 식복을 탐하여 한량없는 죄악을 짓는 것입니다. 무엇을 취하고 무엇을 버릴 것이며, 무엇이 가볍고 무엇이 무겁습니까! 매양 출가한 스님으로서 고기 먹는 사람이 적지 않은 것을 보면, 제 입버릇이 좋지 않습니다. 저에게 이야기해 보라고 하면 제가 무슨 말이든 못할 것이 없으니, 부디 여러분 모두 노력하시기 바랍니다.

6. 귀양 검명사 법문
(在貴陽黔明寺開示, 1943년 2월 1일)

저는 이번에 정부 수반과 여러 대거사님들의 요청을 받들어 중경에서 호국식재대비법회를 주관하고 돌아가는 길에 이곳에 들렀습니다. 시간이 많지 않아 여러 상주 대중을 찾아뵙고 인사를 드리지 못하니 널리 양해해 주시기 바랍니다!

지금 자동차의 기계 부품을 수리하고 있기 때문에 여러분과 함께 이야기를 하게 되었습니다. 여러분은 모두 노참 상좌上座들이시고, 불법에 대해서는 이미 상당한 공부를 하셨으니 제가 말을 많이 할 필요가 없습니다. 그러나 여러분이 저를 찾아와 법문을 해 달라고 하니 또 부득이 몇 마디 하지 않을 수 없습니다. 지금 세계는 서로 싸우고 죽이고 있어 인민들의 생활이 도탄에 빠져 있습니다. 이른바 "백성들이 안심하고 생활할 수 없다民不聊生"는 것입니다. 이곳은 다행히 광묘廣妙 화상이 불법을 널리 펴고 두루 중생을 제도하고 계십니다. 저는 이번에 여러분과 함께 한 곳에 모일 수 있게 되었으니 우연한 인연은 아닙니다. 그러나 저는 여러분에 비해 헛되이 나이만 몇 살 더 먹었고, 그 나머지는 저 자신에게 물어볼 때 별로 취할 것이 없습니다.

중화민국이 건국되고 종교의 자유에 대해 정부가 국부國父(쑨원)의 유교遺教에 의거하여 여러 번 공식 훈령을 반포했습니다. 가령 천주교, 예수교, 회교를 보면 모두 정부의 보호 하에 있는데, 어떻게 우리나라 도처에서 절을 허물고 승려들을 내쫓는 일에 대해서는 억울해도 호소할 곳이 없습니까? 여러분은 이 점에 대해 생각해 보십시오. 그들이 절을 허물고 승려들을 내쫓는 것은 물론 옳지 않지만, 사물은 먼저 부패한 뒤에야 벌레가 생기는 법입니다. 지금 불문의 제자들 가운데 많은 사람이 자신의 책임을 내버린 채, 불자佛子라면 불사를 해야 한다는 것도 모르고 있습니다. 불사가 무엇인고 하니, 바로 계戒 · 정定 · 혜慧입니다. 이것은 불자의 필수조건입니다. 만약 성실하게 수행하면 자연히 (절을 허물고 승려를 내쫓는) 이런 악마들을 감화시켜 불문의 호법護法(불법의 보호자)으로 바꾸어 놓을 수 있습니다.

지금은 스님들의 범법犯法이 누적되어 제불諸佛이 재앙을 만났습니다. 사찰 건물을 마구 빼앗고 스님들을 내쫓는데, 그들은 스님들이 좋지 않은 것이 사찰 건물과 아무 상관이 없다는 것을 모릅니다. 당원이 좋지 않은 것이 전체 당과 아무 상관이 없는 것과 같습니다. 만약 스님들이 좋지 않다고 하면서 사찰 건물까지 허물려고 든다면, 그것은 당원이 좋지 않다고 해서 당사를 허물어 버리겠다고 하는 것과 뭐가 다릅니까? 이런 도리를 우리는 사람들이 분명히 알기를 바랍니다. 우리는 결국 각기 한 손을 내밀어 깨진 질그릇 화분을 일으켜 세워야 합니다. 귀주貴州(구이저우성) 사람들은 귀주의 불법만 돌보면 된다고 말하면 안 됩니다. 불교는 전체적인 것임을 알아야 합니다. 사람은 적과 친구가 따로 없고, 땅은 경계가 없어야만 비로소 진정한 대동주의大同主義입니다. 또 자신의 생사대사가 더 긴요하다는 것을 알고, 문 · 사 · 수에서 시작해 삼마지에 들어야 합니다. 각자 스스로 전진하고, 절대로 이번 생을 헛되이 보내지 마십시오.

7. 광주 중산회관 환영대회 법문
(在廣州中山會館各界歡迎大會開示詞, 1946년 8월 18일)

이번에 성도省都(광주)의 사부대중과 여러 큰 호법님들이 저에게 이곳에 와서 불법을 널리 펴 달라고 요청했습니다. 저는 아는 것이 얕아 차마 감당하지 못합니다. 그래서 여러 대표님들과 세 가지 점을 분명히 했습니다. 첫째, 환영 행사는 정중히 사양한다는 것, 둘째, 식사 초청을 사양한다는 것, 셋째, 오래 머무르지 않는다는 것이었습니다. 여러 대표님들이 모두 승낙했기에 제가 감히 산을 내려왔습니다. 그런데 도착한 뒤 각계의 많은 환대를 받았고, 육용사六榕寺는 장소가 좁아서 찾아오시는 분들을 다 응접하기 어려웠습니다. 그래서 대중이 저에게 이곳에 와서 몇 마디 이야기를 해 달라고 했습니다. 어떤 분들은 제가 무슨 대단한 사람일 거라고 생각하지만, 실은 저는 일개 노후한 나무 인형으로 아무 짝에도 쓸모가 없습니다. 아무 이야기도 할 수 없고, 어떤 법도 이야기할 수 없습니다.

지금 각계에서 전몰장병들과 재난에 죽은 동포들을 추도하는 수륙법회를 벌이기로 계획하고 있습니다. 저는 오늘 이 수륙도량이 생겨난 유래를 말씀드리겠습니다. 왜 수륙水陸이라고 합니까? '수水' 는 강, 바다, 호수, 늪이고, '륙陸' 은 높고 낮은 구릉입니다. 수륙은 허공도 포함합니다. 그래서 형상을 가진 것들은 모두 이 세 범주를 벗어나지 않습니다. 우리 부처님이 대자비를 발하여 유정들을 건지기로 하셨기에 이런 법문이 있는 것입니다. 이 법문은 부처님이 영산회상靈山會上에서 설법하실 때, 아난존자가 숲 속에서 선정을 닦다가 어떤 귀왕鬼王을 보고는 부처님께 그를 제도해 주시라고 청한 데서 연유합니다. 이 귀왕은 바로 관음보살의 화신으로, 뭇 중생들이 고통 받는 것을 가엽게 여겨 법을 설하여 제도함으로써 저승과 지옥의 중생들이 모두 극락에 왕생할 수 있게 하려고 했던 것입니다. 중국에서는 양무제梁武帝 때 시작되었습니다. 양무제가 지공誌公 화상에게 처음으로 수륙대제를 지내 달라고 청했습니다. 그는 보리심을 일으켜 『수륙의궤水陸儀軌』를 제정했고, 지극한 정성으로 거행했기 때문에 그 이익도 현저했습니다. 촛불이 꺼진 뒤 양무제가 절을 한 번 하자 촛불이 전부 밝아졌고, 다시 절을 하자 궁전이 진동했으며, 세 번째 절을 하자 공중에서 꽃비가 내렸습니다. 수륙재의 공덕이 이와 같습니다. 당나라 때 법해사法海寺의 영공英公 선사가 수륙도량을 건립하여 진秦의 장양왕莊襄王, 범수范睢, 양후穰侯, 백기白起, 왕룡우王龍羽, 장의張儀, 진매軫昧 등 천 여 년 동안 구천을 떠돌던 이들을 모두 이 법회로 천도하여 그 영혼이 하늘로 올라가게 했습니다. 송나라의 소동파蘇東坡 거사, 명나라의 연지대사蓮池大師 등 역대 성현들이 두루 보완하여 『의궤』가 점점 완비되기에 이르렀습니다. 만법은 마음이 만든 것이므로 여러분의 정성이 있으면 반드시 감응이 있습니다. 저는 여러 큰 호법님들이 법회를 주관해 달라고 경건하게 요청한 바람에, 어려운 일이지만 힘써 해 보려 합니다.

대일 항전을 시작한 이래 많은 전몰장병들이 나라를 위해 몸을 바쳤으나 그 충혼들이 의지할 곳이 없습니다. 그들의 덕을 기리고 그 공에 보답하려면 특별히 천도를 해 드려야 합니다. 그 다음으로, 불굴의 의로운 사람들이 길에 떠돌아다니다 죽었습니다. 집이 파괴되고 사람들이 죽었지만 적에게 항복하지 않았으니, 이것도 나라를 위한 것이었습니다. 이런 무주고혼無主孤魂들이 딱히 머무를 곳이 없습니다. 또 폭탄, 전염병, 차량 전복으로 죽고, 물에 빠져 죽는 등 모든 헛된 죽음을 한 사람들도 다 함께 천도하여 그 영혼을 위로해 주어야 합니다. 죽은 사람들이 편안해지면 산 사람들도 이익을 얻기 때문에, 이른바 '저승과 이승을 두루 이롭게 한다普利冥陽' 는 것이 이것입니다.

이것이 바로 인과가 순환하는 도리입니다. 사람의 마음을 돌이키는 이 길은 '모든 악은 짓지 말고, 온갖 선을 받들어 행하라' 는 가르침을 벗어나지 않습니다. 세간의 온갖 고초는 나쁜 원인을 심은 데서 비롯되지 않은 것이 없습니다. 만일 모두 양심을 속이고 효제충신孝悌忠信과 예의염치를 잃어버린 채 함부로 나쁜 짓을 하고, 나쁜 사람이 좋은 사람에게 누를 끼치면, 세상에는 계속 재앙과 전란이 있게 됩니다. 이 나라가 다시 빛을 발하는 때를 맞아, 시급히 이익을 진흥하고 폐해를 제거하며 악을 바로잡아 선을 따르게 하여 다시 적敵의 업신여김을 받지 않게 해야 합니다. 만일 대국大局을 돌아보지 않고 또 내란을 일으킨다면, 인민들이 어디서 죽을지 모릅니다. 이런 시기에 양심을 지닌 사람이라면 마땅히 정신 차리고 단결하여 악운을 해소해야 합니다.

돌이켜 생각해 보면 과거 중국의 전쟁은 황제黃帝가 치우蚩尤와 크게 싸운 이후로 전쟁이 그치지 않았습니다. 24사史[27]를 어떤 사람은 상작서相斫書[28]라고 말합니다. 만약 영구 평화를 바란다면, 모두 대자대비의 보리심을 발해야 합니다. '보리菩提'는 범어로 깨달음이라는 뜻입니다. 깨달음覺이란 마음자리 광명心地光明입니다. 제불과 중생의 차이는 깨달음과 깨닫지 못함에 지나지 않습니다. 세간의 일체제법이 인연 따라 생겨나고 환幻과 같음을 깨달으면 당체當體가 바로 공하고 물들지 않으니, 이를 성현聖賢이라고 합니다. 깨닫지 못한 것은 곧 무명無明이며, 무명이 일어나면 사리事理가 흐릿해집니다.

각자가 자기 마음의 연기緣起로 인해 십법계十法界를 낳는데, 십법계는 모두 한 마음이 만든 것입니다. 무엇이 십법계입니까? 사성육범四聖六凡입니다. 사성四聖이란 성문 · 연각 · 보살 · 부처인데, 이들은 삼계를 벗어나 윤회를 받지 않습니다. 사성의 분별은 발심의 높고 낮음에 있습니다. 가장 높은 이는 부처, 그 다음은 보살, 그 다음은 연각, 그 다음은 성문입니다. 그 나머지 천상, 인간, 아수라, 축생, 아귀, 지옥의 육법계六法界의 중생들은 육범六凡이며, 모두 고해의 한가운데 있습니다. 천도에는 28단계의 천天이 있지만, 복의 과보를 다 누리고 나면 여전히 윤회를 해야 합니다. 인도人道는 제왕과 장상將相에서부터 사농공상에 이르기까지 생로병사의 고를 다 받습니다. 아수라도道에는 천상의 복은 있으나 천상의 덕이 없어, 결국에는 뒤집혀 소멸합니다. 축생도畜生道 역시 고락의 높고 낮음이 있어 용과 봉황, 사자와 기린에서부터 습생濕生 · 화생化生의 벌레와 개미까지 있습니다. 귀도鬼道의 고락도 서로 달라 염왕閻王, 성황城隍 등 귀왕鬼王에서부터 모든 무주고혼까지 있습니다. 천 년, 백 년이 가도 벗어나지 못하는 가장

27) 중국에서 정사正史로 인정한 『사기』, 『한서』, 『후한서』 등 24종의 역사서.

28) '서로 살육하는 것을 기록한 책.' 『춘추좌씨전春秋左氏傳』의 별칭이기도 하다.

고통스러운 존재는 아귀입니다. 지옥도에는 고통만 있고 즐거움은 없습니다. 지옥들은 이름이 갖가지인데, 가장 고통스러운 곳입니다. 십법계는 한 마음을 벗어나지 않으며, 깨달았느냐 못 깨달았느냐에 따라 이루어집니다.

우리 부처님은 대자대비로 법을 설하여 대중들이 보리심을 발하게 했습니다. 보리심에는 세 가지 수준이 있습니다. 큰 것은 부처를 이루고, 중간 것은 보살을 이루며, 작은 것은 성문 · 연각을 이룹니다. 여러 천天에도 보리심을 발한 자들이 있습니다. 각기 그 크고 작음, 깊고 얕음에 따라 성취하는 바가 다릅니다. 우리는 인도에 있으므로 보리심을 크게 발하여 중생을 제도해야 합니다. 중생을 대신해 고통을 받으면서, 그들이 고통을 벗어나 승천하기를 발원해야 합니다. 사람들이 각기 이와 같이 하면 인간 세상에는 자연히 고통이 없을 것입니다.

어떤 사람은 제가 신통변화를 하는지, 세계는 언제쯤 태평해지겠는지 묻고, 국운이 좋을지 나쁠지를 묻습니다. 실은 저는 범부여서 하나도 아는 게 없습니다. 소위 늙고 썩어 가는데, 썩은 나무로는 조각을 할 수 없습니다. 그러나 여러분에 비해 몇 년 더 밥을 먹고 어리석게 몇 년 더 살아, 옛날이야기 몇 구절을 더 들었고 경서 몇 권을 더 읽었습니다. 그래서 사람 사는 괴로움을 알기에 이런 이야기를 하는 것입니다. 여러분은 나라가 평안해질 수 있을지는 묻지 말고, 자기 마음자리만 물으십시오. 조석朝夕을 막론하고, 민관民官 · 남녀를 구분할 것 없이, 어떻게 하면 효제충신을 실행하고, 극기하고 서로 격려하며, 양심을 속이지 않고, 나라에 충성하고, 자녀들을 가르쳐 길러내고, 부부간에 화합하고, 동향인들끼리 화목할지, 친구와 사귀며 신의가 있을지를 물으십시오. 사람들이 각자 그렇게 하면 세간은 자연히 태평해집니다. 그렇지 않고 잘못을 알면서도 고치지 않으면 반드시 고초가 따르고, 전보다 더 심해집니다. 사람들의 마음이 얼마나 복잡하건 관계없이, 나 자신이 본분을 잘 지킬 것이며, 함부로 행동하며 요구하지 말아야 합니다.

적이 우리를 침략한 것을 예로 든다면, 예전 청나라 도함道咸[29] 이래 외국인들이 들어와서 모두 땅을 원한 것은 아니고, 최대의 목적은 통상이었습니다. 통상은 재물과 이익을 얻기 위한 것입니다. 만일 우리가 본분을 지키고, 군자君子가 거처하는 데 편안함을 찾지 않고 먹는 데 배부름을 구하지 않으며,[30] 도道를 근심하지 가난을 근심하지 않고,[31] 향락의 경계를 탐하지 않는 자세를 지닌다면, 몇 천 년도 살아갈 수 있고, 지금인들 어찌 견뎌내지 못하겠습니까? 만일 여러분이 오롯한 마음으로 본분을 지키면서 땅과 재화를 사용한다면 외국인들도 도모할 이익이 없을 것이고, 자연히 침략할 생각을 내지 않을 것입니다. 그러면 돈이 밖으로 새나가지 않아 자연히 인민들은 부유해지고 나라는 부강해질 것이며, 굳이 비행기나 폭탄이 필요 없을 것입니다.

지금은 사람들의 욕심이 난무하여 다들 옛 도덕을 멸시합니다. 뜻이 있는 사람은 내심 근심하며, 후인들을 가르칠 방법이 없어 전란의 화를 면치 못할 것을 우려합니다. 우리는 사회풍조에 휩쓸리면 안 되고, 인과를 분명히 이해하고 과보가 있음을 알아야 합니다. 나쁜 원인을 심으면 나쁜 결과를 얻는다는 것을 알고, 도덕을 제창해야 합니다. 이른바 선善을 쌓은 집에는 좋은 일이 있게 마련積善之家 必有餘慶이며, 자연히 천룡이 옹호하고 자손이 창성합니다. 개인이 분수에 맞게 자신을 지키면 나

29) 도광道光(1821~1850)과 함풍咸豐(1851~1861) 두 연호를 함께 일컫는 말.

30) '君子居無求安, 食無求飽'. -『논어』, '學而' 篇.

31) '憂道不憂貧'. -『논어』, '衛靈公' 篇.

라도 태평합니다. 저는 아는 것이 얕지만, 오늘 큰 재를 지내는 수승한 법회 인연으로 대략적인 내용을 간략히 이야기했습니다. 여러분 고생하셨습니다.

8. 홍콩 동련각원 법문
(在香港東蓮覺院開示, 1947년)

"기연機緣은 얻기 어렵고 개시開示는 부끄럽다." 선지식 여러분, 이번에 제가 광주에 오게 된 인연은 장발규張發奎 장군과 나탁영羅卓英 주석의 요청으로, 대전大戰에서 죽은 장병들과 전란에 죽은 동포들을 천도하기 위해서였습니다. 그래서 제가 광주에 와서 수륙법회를 거행하게 되었는데, 홍콩 불자님들의 초청도 있고, 저도 홍콩에 있는 호법들과 옛 제자들을 만나보고 싶어서 홍콩에 한 번 걸음하게 된 것입니다. 오늘 여러분들과 함께 있을 수 있게 되니 이 기연은 상당히 얻기 어려운 것입니다. 개시법요開示法要를 말할 것 같으면, 저는 대단히 부끄럽습니다. 왜냐하면, 첫째 언어가 통하지 않아서 피차 서먹서먹하고,[32] 둘째로 저 자신도 자신에게 개시開示를 못하는데 어찌 남들에게 감히 개시를 하겠습니까? 그래서 여러분에게 자유롭게 이런저런 이야기만

32) 홍콩과 마카오에서는 압도적으로 광동어를 쓰기 때문에 스님이 이런 곳에서 설법을 할 때는 통역을 했다.

할 수 있습니다.

"불법을 늘 들으니 홍콩 사람들의 복이다." 우리 불교도들은 불법을 듣기 어렵다는 것을 알아야 하지만, 홍콩 쪽에는 늘 여러 큰스님들이 각 불교 장소에서 경론을 강해하고 있으니 이것은 홍콩 사람들의 복이라고 하지 않을 수 없습니다. 강경하는 스님들도 많고, 교리를 잘 이해하는 사람들도 많습니다. 중요한 것은 사람들이 바깥의 상相에 집착하지 않게 하는 것입니다. 경에서 "무릇 모든 상相은 다 허망하다"고 했습니다. 또 말하기를, "대지의 중생들이 모두 여래의 지혜와 덕상을 가지고 있다"고 했습니다. 중생들이 여래의 지혜와 덕상을 다 갖추고 있는데도 성불하지 못하는 것은 모두 진로塵勞 번뇌에 미혹되기 때문입니다. 부처는 복덕과 지혜가 원만하니, 곧 미혹되지 않은 상주진심常住眞心입니다. 상常은 변치 않는 것이고, 주住는 움직이지 않는 것이며, 진眞은 거짓되지 않은 것입니다. 이 변치 않고, 움직이지 않고, 거짓되지 않은, 능히 일체법을 깨닫고 이해할 수 있는 것을 상주진심이라고 합니다.

"미혹을 일으켜 업을 지으니 무량한 고통이 생긴다起惑作業 無量痛苦." 중생은 상주진심을 모르는 까닭에 미혹을 일으켜 업을 짓고, 온통 혼란에 빠집니다. 이 혼란 가운데 무량한 고통이 있습니다. 『대승기신론』에서 말하듯이, "무명불각은 세 가지 미세한 것을 낳고, 경계는 연緣이 되어 여섯 가지 거친 것을 기른다."[33]고 했습니다. '거친 것'은 여러

33) '無明不覺生三細, 境界爲緣長六粗'. '세 가지 미세한 것(三細)'은 무명업상無明業相(무명불각심), 능견상能見相(인식능력), 경계상境界相(대상지각)이고, '여섯 가지 거친 것(六粗)'은 지상智相(대상에 대한 분별), 상속상相續相(분별의 지속), 집취상執取相(분별에 따른 집착), 계명자상計名字相(개념적 망상), 기업상起業相(업을 지음), 업계고상業繫苦相(업에 속박됨)이다.

사실들의 거친 모습에서 볼 수 있습니다. 목전의 세간 현상은 탐·진·치와 살殺·도盜·음淫으로 인해 각종 악업이 충만한 것이고, 이 악업으로 인해 윤회를 일으켜 과보를 받습니다. 그리하여 중생들이 계속 이어지고, 세간도 계속 이어집니다. 이것으로 미루어 볼 때, 윤회는 마음이 바깥 경계에 미혹하여 집착하기 때문에 일어납니다. 능히 깨달을 수 있으면 허망함을 돌이켜 진실된 자리로 돌아가며, 생사윤회의 고苦를 끝낼 수 있습니다. 어째서 탐진치가 있으면 살·도·음을 일으켜 갖가지 악업을 짓게 됩니까?

"사람들이 각기 마음을 깨끗이 하면 세상이 편안하고 사람들이 즐겁다人各淨心 世安民樂." 만일 한 가정의 부모가 자녀 몇 명을 양육한다면 그 부모는 그들을 사랑하고 보호하기 마련인데, 사랑이 있다는 것은 곧 탐냄이 있다는 것입니다. 자신이 사랑하는 것을 탐하는 사람은 늘 쾌락과 좋은 것의 즐김을 얻으려 합니다. 탐하는 것을 얻지 못하면 진심嗔心이 일어납니다. 진심이 치성熾盛하면 싸움이 일어납니다. 작게는 집안과 집안이 싸우고, 크게는 나라와 나라가 싸워서 전쟁이 벌어집니다. 그래서 세계가 평안하고 인민이 화락和樂하려면 각기 자기 마음을 깨끗이 해야 합니다. 탐진치는 사람의 마음병과 같습니다. 이 마음병을 없애려면 좋은 의사가 묘약을 가르쳐 주어야 합니다. 부처님은 일체중생의 마음병에 대한 좋은 의사이고, 일체의 불법이 곧 묘약의 처방입니다. 중생의 마음병에는 여러 가지가 있으므로, 마음병을 치유하는 법문도 많습니다.

"불학佛學은 실천에 유의해야 한다." 만일 의사를 믿고 약을 먹을 수 있다면, 약을 먹는 대로 자연히 병은 낫습니다. 그러나 의사의 약 처방을 믿고도 처방대로 약을 먹지 않으면, 비록 좋은 의사와 묘약이 있어도 병은 여전히 그대로입니다. 그래서 불법을 배우면서 자기 마음을 깨끗이 하고자 하는 사람은 반드시 실천에 주안점을 두어야 합니다. 또한 반드시 유념해야 할 것은, 부처님은 갖가지 다양한 마음병을 치유하기 위해 다양한 법문을 베풀어 두었다는 것입니다. 예컨대 진심을 치유하는 것을 중시하는 사람에게는 자비관慈悲觀을 닦게 하고, 산란심을 치유하는 것을 중시하는 사람에게는 지관止觀을 닦게 하며, 업장을 치유하는 것을 중시하는 사람에게는 염불관念佛觀을 닦게 합니다. 여래께서 설하신 삼장 십이부 경전은 모두 불가사의하며, 그 중에서 가벼운 것과 무거운 것을 나눌 수 없습니다.

"본래 닦는 법문을 떠나지 말고 오롯한 마음으로 신뢰하라不離本宗 專心信賴." 어떤 법문이 본인에게 가장 잘 맞을지를 선택할 수만 있으면, 그 한 법을 위주로 하고 나머지 법들은 보조적인 것으로 삼아 한 문을 오로지 닦고 배우되, 행주좌와에 본래 닦는 법문을 떠나지 마십시오. 염불을 한다면 때와 장소에 관계없이 잊지 않고 염불을 하십시오. 경經에서 "62억 항사사수 보살의 명호를 받아 지니는 것이나 일심으로 관세음보살의 명호를 부르며 염하는 것이나 그 공덕은 똑같고 다를 바 없다"고 한 것을 보십시오. 모두 중생들이 오롯한 마음으로 자신의 법문을 신뢰하도록 격려하기 위해 이와 같이 말하는 것입니다. 불법을 배운다고 말하는 사람이 공부에 중심이 없고 오롯한 마음으로 배우고 닦지 않는다면 결국 아무 소득이 없게 됩니다.

"노력하여 일체의 망상을 타파하라." 또 배우고 닦는 사람은 반드시 부처님 계율에 의지해야 합니다. 계戒는 위없는 깨달음의 근본입니다. 부처님 계율에 의지한다면, 참선 · 염불 · 강경을 막론하고 어느 하나 불법 아닌 것이 없습니다. 만약 부처님 계율을 떠나면 설사 참선 · 염불 ·

강경을 한다 하더라도 불법과는 어긋나고 외도로 들어갑니다. 부처를 배우며 수행한다는 것은 본시 바깥으로 구하는 것이 아니라, 자신의 업장을 제거하기 위한 것일 뿐입니다. 그래서 생사윤회에 빠지지 않게 하려는 것입니다. 만약 생사가 이미 끝났다면 수행할 것도 없습니다. 그래서 경에서 말하기를, "부처님이 말씀하신 일체법은 일체심을 치료하기 위한 것이니, 만약 일체심이 없다면 일체법도 없다"[34]고 했습니다. 이 마음은 곧 망상을 가리킵니다. 그 경의 취지는, 병이 없으면 약도 필요 없다는 것입니다. 또 불법을 배우는 사람에게 가장 필요한 것은 자기를 믿는 마음을 갖추는 것입니다. 『범망경』에 이르기를, "나는 이미 성불했고 그대들은 앞으로 성불할 것이다. 늘 이와 같이 믿으면 계품戒品이 다 갖추어진 것이다."[35] 했습니다. 그 의미는, 사람마다 자신이 불성을 갖추고 있고 미래에 성불할 것임을 믿을 수 있다면, 반드시 노력하여 일체의 객진 망상을 해소해야 한다는 것입니다.

"인생은 연극과 같고 꿈과 같다有如演戲 人生若夢." 자기 자신이 본래 부처라는 것을 스스로 믿기 때문에 일체의 번뇌, 일체의 상相, 일체의 장애는 다 거꾸로 뒤집힌 망상입니다. 따라서 수행자는 절대로 집착하지 말고 놓아 버려야 합니다. 이른바 '만법이 다 비었으니 하나도 얻을 것이 없다萬法皆空 一無所得'는 것입니다. 『금강경』에 이르기를, "일체 유위법은 꿈, 환幻, 물거품과 같고, 이슬, 번갯불과 같으니, 마땅히 이와 같이 관해야 한다."[36]고 했습니다. 어째서 세간의 일체 유위법이 환과 같아서 실체가 없습니까? 이것은 비유로써 밝힌 것입니다. 마치 연극에

34) '佛說一切法, 對治一切心. 若無一切心, 卽無一切法.'
35) '我是已成佛, 汝是當成佛, 常作如是信, 戒品已具足.'
36) '一切有爲法, 如夢幻泡影, 如露亦如電, 應作如是觀.'

서 무대 위에서 북을 치고 연주를 할 때, 배우가 남녀노소의 갖가지 배역으로 분장하여 희로애락 등의 장면을 연기하는 것과 같습니다. 무대 위에서는 천자의 위풍이 늠름하지만, 연극이 끝난 뒤에 물어 보면 그는 이렇게 대답할 것입니다. "연극입니다." 무대 위에서 사람을 죽이는 흉악범은 겁에 질리고 근심에 휩싸이지만, 연극이 끝난 뒤에 물어 보면 그 역시 "연극입니다" 하고 대답합니다.

"만일 깨달을 수 있으면 고락이 어디 있겠는가設能覺了 何有苦樂?" 연극을 할 때는 장면들이 꼭 실제 같지만, 연극이 끝난 뒤에는 하나도 얻을 것이 없습니다. 중생들도 그와 같아서, 번뇌를 끝내지 못했을 때는 부귀영화와 희로애락이 갖가지로 나타납니다. 사람마다 본래 부처인 것은 마치 배우의 본래 신분과 같습니다. 번뇌가 흘러나올 때는 마치 배역을 연기하는 극중 인물과 같습니다. 만약 세간이 원래 극장이라는 것을 깨달아 버리면, 천당에 있어도 즐거움이 아니고 지옥에 있어도 고통이 아닙니다. 남자는 본시 남자가 아니고 여자는 본시 여자가 아니며, 불성은 똑같습니다. 세인들은 깨닫지 못하고 늘 꿈속에서 '나다, 남이다, 친구다, 적이다' 하고 분별하여 미혹이 그치지 않습니다. 어떤 출가자는 친척과 가족들은 떠났지만, 다시 '이것은 내가 사는 절이다, 스승이다, 제자다, 동창이다, 도반이다' 하고 분별합니다. 이 또한 집착하여 미혹된 것입니다.

"허망함을 되돌려 진실로 돌아가서 자신도 이롭고 남도 이롭게 한다返妄歸眞 自利利他." 따라서 재가자는 속정俗情에 미혹되고, 출가자도 도반과 법 권속에 미혹되어 모두 참된 깨달음을 얻지 못합니다. 일체의 미혹에서 벗어나 허망함을 되돌려 진실로 돌아갈 수 있을 때, 비로소 성불할 수 있습니다. 그래서 육조대사는 다른 사람이 『금강경』을 염할 때

"머무르는 바 없이 마음을 내야 한다應無所住而生其心"는 구절을 듣고 홀연히 깨쳤던 것입니다. 이 한 구절은 언어 상으로는 이해할 수 없고, 반드시 마음속으로 이해해야 합니다. 불교의 진리는 언어로 표현할 수 없는 것이기는 하나, 만약 언설을 아주 없애 버리자고 하면 그것도 어려운 일입니다. 이치는 문자에 의지해야만 그 뜻을 이끌어낼 수 있기 때문입니다. 지금 불법을 배우는 사람들은 모든 교리를 학습하되 실천을 근본으로 삼아 불법을 선양하고, 불법의 등불을 계속 이어가야 합니다.

"이러한 깊은 마음으로 무수한 세계를 받드는 것을 일러, 부처님의 은혜를 갚는다고 한다."[37] 바라건대 불법을 배우는 모든 분들은 이 두 마디를 자리이타自利利他의 표준으로 삼아도 될 것입니다.

37) '將此深心奉塵刹, 是則名爲報佛恩.' -『능엄경』, 제9권 게송(李耘虛, 146쪽).

9. 마카오 평안희원 삼귀오계 법문
(在澳門重平安戲院開示歸戒, 1947년 음력 8월 초하루)

이번에 불교계 동료들의 요청을 받아 평안희원平安戲院에 장소를 빌려서 여러 어진 분들께 법을 설하게 되었습니다.

'법法' 이란 곧 중생심인데, 중생심과 불심은 본래 둘이 없는 마음無二心입니다. 이 마음은 일체법을 다 갖추고 있어, 법이 곧 마음이고, 마음이 곧 법입니다. 『기신론』에서 말하듯이, "법이라고 하는 것은 곧 중생심이며, 세간과 출세간의 일체 모든 법을 다 갖추고 있다"[38]는 것입니다. 소위 '세간법' 이란 천天 · 인人 · 아수라 · 축생 · 아귀 · 지옥의 일체 유정有情 · 무정無情들이 바른 인과因果 등의 법에 의지하는 것이고, 육범법계六凡法界라고도 합니다. '출세간법' 이란 성문 · 연각 · 보살 · 부처로서 사성법계四聖法界라고도 합니다. 이것이 바로 사성육범四聖六凡이며, 합쳐서 십법계법十法界法이라고 합니다. 이 십법계법은 한 마음

---

38) 『대승기신론』의 서두에서, "법이라고 하는 것은 곧 중생심이니, 이 마음이 일체의 세간법과 출세간법을 포섭한다(所言法者, 卽衆生心, 是心則攝一切世間法出世間法)"고 했다.

이 만들어내는 것을 벗어나지 않습니다. 만일 전도되고 미혹되어 오염된 연緣을 따르면 육범법계가 생겨나고, 전도되지 않고 깨달아 있어 청정한 연을 따르면 사성법계가 생겨납니다. 이것으로 미루어 관찰하면, 성인에서 범부중생까지 오직 마음의 더러움과 청정함에 따라 나타날 뿐입니다. 육범의 마음은 더럽기 때문에 육도의 선과 악, 죄와 복 등의 모습이 나타납니다. 사성의 마음은 청정하기 때문에 위덕威德이 자재하고 광명이 찬연하며, 자비로운 얼굴과 덕스러운 상相이 나타납니다. 그래서 경에서 이르기를, "보살의 서늘한 달은 늘 필경공畢竟空에서 노닐고, 중생심의 때가 깨끗해지면 보리가 그림자 속에서 나타난다"[39]고 하는 것입니다. 그래서 고락은 마음에서 비롯됩니다. 염량炎凉 자아(변덕이 심한 자아)가 자기 마음으로 업을 짓고, 자기 몸으로 과보를 받습니다. 성인이든 범부든 자기 마음에게만 물어보면 됩니다.

범부는 어리석고 어두워, 일체가 마음이 스스로 만드는 것일 뿐임을 모른 채 허망하게 의심을 일으킵니다. 그래서 역경을 만나면 하늘을 원망하고 남을 탓하며, 순경을 만나면 뻐기면서 스스로 잘난 체합니다. 어떤 사람은 평생토록 좋은 일을 하고도 나쁜 과보를 받거나, 나쁜 짓을 하고도 좋은 과보를 받는데, 그러면 인과因果는 없다고 비방합니다. 그러나 인과의 이치는 잘 드러나지 않아서, 마치 과일나무를 심었을 때 먼저 익은 것이 먼저 떨어지는 것과 같다는 것을 어찌 알겠습니까? 만일 우리가 금생에 선업을 지어도 오히려 나쁜 과보를 받는다면, 그것은 모두 과거의 악업이 성숙했기 때문입니다. 금생에는 선하지만 과거의 악

39) '菩薩淸涼月, 常遊畢竟空, 衆生心垢淨, 菩提影現中.' 『화엄경』, '이세간품' 게송에서 '菩薩淸涼月, 遊於畢竟空' 이라 했고, 『염불삼매보왕론』에서 '菩薩淸涼月, 遊於畢竟空, 衆生心水淨, 菩提影現中' 으로 인용하고 있다.

업이 성숙한 탓에 부득이 악업의 과보를 먼저 받는 것이고, 금생의 선업은 아직 성숙하지 않았기 때문에 선업의 과보가 나타나지 않는 것입니다. 이런 이치를 믿는 사람은 의심이 있을 수 없습니다.

그러나 무시이래로 장애가 깊어 오랫동안 길을 잃은 채 온갖 신산辛酸을 겪으며 고苦에서 벗어날 길이 없으니, 장차 어떻게 해야 합니까? 『능엄경』에서 말하기를, "일체중생이 생사를 이어가는 것은 다들 상주하는 참마음, 성품이 깨끗하고 밝은 당체를 모르기 때문이다. 이 생각이 참되지 않기 때문에 윤회하는 것이다"[40] 했습니다. 무릇 윤회하기를 원치 않는 사람은 마땅히 모든 망상을 깨끗이 해야 하며, 망상이 깨끗해지면 윤회는 자연히 그칩니다. 그래서 마음이 미혹한 것을 중생이라 하고, 마음을 깨달은 것을 제불諸佛이라고 합니다. 부처와 중생은 한쪽은 미혹되어 있고 한쪽은 깨달았다는 것뿐입니다. 이 신령스럽게 밝은 각지覺知의 마음이 곧 타고난 불성임을 알아야 합니다. 사람마다 이것을 본래 갖추고 있고, 하나하나가 그대로 드러나 있습니다. 범부도 불성을 갖추고는 있으나, 이는 광물 속의 진금眞金이 번뇌라는 모래와 자갈 속에 들어 있어 큰 효용이 빛을 발하지 못하는 것과 같습니다. 여래가 무수한 겁을 수행하여 혹업惑業이 모래 · 자갈을 골라내어 제거한 것은, 마치 광석에서 정금을 뽑아내어 금이 일단 순수해지고 나면 다시는 잡된 모래와 자갈에 덮이지 않아 큰 효용이 완전히 빛을 발하는 것과 같습니다. 그래서 장애에서 벗어나 원만하게 밝은 대각세존大覺世尊이라고 하는 것입니다.

---

40) '一切衆生, (無始以來) 生死相續, 皆由不知常住眞心, 性淨明體, (用諸妄想) 此想不眞, 故有輪轉.' －『능엄경』, 제1권(李耘虛, 11쪽).

현재 우리는 성불하기를 바라고 있으므로 먼저 인지因地에서의 발심을 잘 관찰해야 합니다. 번뇌의 근본을 제거하십시오. 번뇌의 고苦가 소멸하면 불성이 원만하게 빛을 발합니다. 만약 인지에서의 수행이 참되지 않으면 사마외도의 비뚤어진 결과를 가져오게 됩니다. 수행의 방편을 논한다면 근기에 상중하의 차별이 있고, 법에도 삼승三乘이 있으며, 인천人天의 법문도 같지 않습니다. 상근기를 위해서라면 대승의 미묘한 법문을 설해 줍니다. 중근기를 위해서는 출세간의 해탈 법문을 설해 줍니다. 하근기를 위해서는 지옥 · 아귀 · 축생의 삼도三塗의 고통에서 벗어날 것을 설해 줍니다.

부처님이 갖가지 법문을 말씀하시기는 했지만, 대승 · 소승계를 막론하고 모두 삼귀오계三歸五戒를 근본으로 합니다. 그것을 수지受持하는 사람에게는 모든 악을 저지르지 말고 온갖 선을 받들어 행하게 해야 합니다. 그것에 의지하여 자기 한 몸을 바로 세우고, 가정을 평화롭게 하며, 나라를 다스리게 되면 인도주의는 목적을 달성하게 됩니다. 또한 고苦의 원인이 사라지면 고의 결과도 자연히 소멸하고, 삼도의 고통에서 벗어나 인천에 나게 되니 불승佛乘(성불의 길)에 들어가기 쉽습니다. 그러면 학불주의學佛主義도 목적을 달성하게 됩니다. 그래서 삼귀오계는 세간을 이끄는 좋은 나루터이며, 고통을 없애고 즐거움을 주는 묘법입니다. 이에 먼저 삼귀를 설명하고, 그 다음으로 오계를 밝히겠습니다.

이른바 삼귀의란 첫째 귀의불, 둘째 귀의법, 셋째 귀의승입니다. 왜 먼저 귀의불을 해야 합니까? 부처님은 큰 깨달음을 이루신 존귀한 분大覺世尊이며, 구경究竟의 상락常樂으로서 고뇌를 영원히 떠나 있고, 모든 중생이 미혹의 좁은 틀에서 나와 깨달음의 길로 나아가게 이끌어 줍니다. 부처님은 우리를 교화하는 스승이기 때문에 먼저 당연히 부처님께 귀의해야 합니다. 그 다음으로 법에 귀의해야 한다는 것은, 이것이 우리 부처님의 법문이고, 삼세제불三世諸佛이 모두 그것에 의지해 수행하여 무량하고 청정한 공덕을 성취하기 때문입니다. 오늘 우리가 근본 자리로 돌아가서 마음의 때를 깨끗이 하기를 바라고 있다면, 불법이 아니고서는 길이 없습니다. 그래서 두 번째로는 법에 귀의해야 합니다. 세 번째로 승僧에 귀의해야 한다는 것은, 불법이 스스로 널리 펴질 수는 없고 반드시 사람이 그것을 널리 펴야 하기 때문입니다. 사람이 법을 널리 펴야 비로소 문 · 사 · 수에서부터 닦아 나가 깨달음을 얻어 성불하게 됩니다. 아무리 불법이라 해도 설할 사람이 없으면 설사 우리가 지혜롭다 해도 그것을 이해할 수 없습니다. 이해하기 어려운 법을 승僧에 의지해 들을 수 있으니 그 은혜가 지극하고, 그래서 승에게 귀의해야 하는 것입니다. 또 그것을 삼보에 귀의한다고 말합니다. 삼보의 의미는 세 가지로 나누어 볼 수 있는데, 첫째는 일체삼보一體三寶, 둘째는 별상삼보別相三寶, 셋째는 주지삼보住持三寶입니다.

1. 일체삼보一體三寶라는 것은 일심一心 그 자체인데, 법이 이처럼 불 · 법 · 승 삼보를 다 갖추고 있기 때문입니다. 범어로 '붓다'는 우리말로 '깨달은 자'입니다. 사람이 한 생각 신령하고 밝음으로 깨달아 이해한 마음이 곧 자성自性의 일체불보一體佛寶입니다. 법이란, 규칙을 지킨다는 뜻입니다. 이 마음 성품이 세간과 출세간의 일체 제법을 지킬 수 있으므로, 이것이 곧 자성의 일체법보一體法寶입니다. 범어로 '상가(승가)'는 우리말로 '화합중和合衆'입니다. 즉, 이 깨달은 마음이 일체법을 능히 지닐 수 있으므로, 마음이 곧 법입니다. 또 모든 법이 오직 일심이므로, 법이 곧 마음입니다. 마음과 법이 둘이 아니고 사事와 이理가 화합하므로, 이것이 곧 자성의 일체승보一體僧寶입니다. 이와 같이 일심

이 불법승 삼보를 다 갖추고 있고 삼보는 일심일 뿐이므로, 이것을 일체삼보一體三寶라고 합니다. 중생은 이것을 모른 채 바깥으로 달려 나가 구하면서 생사에 유전流轉합니다. 제불은 이것을 깨달아 보리를 증득합니다. 일체삼보에 대한 설명을 마치겠습니다.

2. 별상삼보別相三寶라는 것은, 불법승 삼보의 명상名相이 각기 다르기 때문입니다. 범어로 '붓다'는 우리말로 '깨달은 자'입니다. 마음 근원을 철저히 깨달아 실상을 남김없이 밝히는 것을 '자각自覺'(자기 자신의 깨달음)이라고 합니다. 자신이 깨달은 법문으로 일체중생을 깨닫게 하는 것을 '각타覺他'라고 합니다. 자각이 원만하고 각타가 구경에 이르면 이것을 '각만覺滿'이라고 합니다. 이 세 가지 깨달음이 원만하고 만덕萬德을 구비한 것이 구경의 성불입니다. 부처님이 처음 보리수 밑에서 성도하시고 장륙금신丈六金身[41]을 보이시고, 화엄회상에서 노사나盧舍那의 존특尊特하신 몸[42]을 나타내신 것이 별상불보別相佛寶입니다.

여래는 근기에 따라 가르침을 베풀고, 다섯 때로 나누어 방편과 실제의 여러 경을 설했으니, 삼장 십이부로 말씀하신 교敎·리理·행行·증證, 인因·과果·지智·단斷[43]이 각기 서로 다릅니다. 이것을 별상법보別相法寶라고 합니다. 가르침을 받아 수행하고, 수행에 따라 깨달음에 계합하는 데는 성문, 연각, 보살의 삼승의 차등이 있어 각기 서로 다릅니다. 이것을 별상승보別相僧寶라고 합니다. 별상삼보에 대한 설명을

---

41) 1장 6척에 달하는 부처님의 금빛 몸.

42) 노사나불盧舍那佛의 응신은 존대尊大하고 특수하므로 '존특'이라는 표현이 쓰인다.

43) '교·리·행·증'은 가르침, 가르침의 원리, 가르침의 실천, 그리고 깨달음의 네 단계를 말하고, 인·과·지·단의 '지·단'은 번뇌를 아는 지혜와 그 지혜로써 번뇌를 끊는 것을 말한다.

마치겠습니다.

3. 주지삼보住持三寶라는 것은, 부처님 멸도 후에 흙으로 빚거나 나무를 깎거나 다섯 가지 금속으로 주조한 불상, 혹은 종이나 천에 그린 제불의 형상이 세상에 남아 복전福田이 되는 것입니다. 이것을 부처님처럼 공경하면 그 공덕이 이루 헤아릴 수 없습니다. 이런 것들이 계속 유지되어 끊이지 않으므로 이를 주지불보住持佛寶라고 합니다. 황권黃券이건 패엽貝葉[44]이건 막론하고 삼장 십이부의 대소승 경전은 이것을 보거나 듣고 그에 따라 수행하면 모두 이고득락離苦得樂하고 성불하기까지 합니다. 이와 같이 계속 교화하여 끊이지 않으므로 이를 주지법보住持法寶라고 합니다. 그리고 삭발염의하고 불법을 널리 펴 중생들을 교화하고 제도하며, 부처 종자를 융성하게 하는 이들을 주지승보住持僧寶라고 합니다. 주지삼보에 대한 설명을 마치겠습니다.

주지, 별상, 일체를 모두 보배라고 칭하는 것은, 세간법의 침범을 받지 않기 위해서이고, 번뇌에 오염되지 않기 위해서입니다. 세간의 일곱 가지 보배七珍[45]를 '보배'라고는 하지만 그것은 일시적으로 즐길 수 있을 뿐 결국에는 공空이 되며, 그것으로 수명을 늘릴 수 있을 뿐 죽음을 벗어나지는 못합니다. 삼보로 말할 것 같으면, 끝없는 생사를 그치게 하고 일체의 큰 두려움을 멀리 여의게 하고, 상락을 영원히 누리게 합니다. 지금 삼보에 귀의한다고 말하는 것은 주지삼보, 별상삼보에 귀의하는 것뿐만 아니라 일체 자성삼보에 귀의하는 것이기도 합니다. 언설에 떨어지면 세 가지 삼보라고 부르지만, 실은 일심一心일 뿐 그밖에 별다

44) 황권은 누런 종이로 만들었던 경전을, 패엽은 종려 잎에 쓴 경전을 말한다.
45) 금, 은, 유리琉璃, 파리玻璃(=수정), 자거硨磲, 적주赤珠(=적진주), 마노瑪瑙.

른 법이 있는 것이 아닙니다. 모름지기 일체의 사물은 마음에서 비롯되지 않음이 없습니다. 마음이 일체를 포섭하며, 여의주처럼 다 갖추지 않음이 없습니다. 그래서 교教 가운데서는 "자신에게 귀의불하고, 자신에게 귀의법하며, 자신에게 귀의승하라"[46]고 말할 뿐, 결코 "남에게 귀의하라"고는 말하지 않습니다. 육조는 "자성으로 돌아가지 않으면 돌아갈 곳이 없다自性不歸 無所歸處"고 했습니다. 무릇 '돌아감歸'이란 본래 자리로 돌아간다還元는 뜻입니다. 중생의 육근은 일심에서 일어나 본래의 근원을 등지고 육진으로 달려가며 흩어집니다. 이제 명근命根이 육정六情을 함께 아울러 일심의 근원으로 돌아간다고 하면 이것을 '귀명歸命'이라고 합니다. 그래서 귀의는 곧 귀명을 뜻합니다. '의依'란 의지한다는 뜻입니다. 모든 중생은 늘 온갖 성색聲色을 따라서 생각을 쫓아가며 흘러 다니고, 고해에서 표류하여 의지할 것이 없으며, 돌아가 편안히 머무를 곳이 어딘지를 알지 못합니다. 이제 삼보에 귀의하면 몸이 돌아갈 곳이 있고, 마음이 의지할 데가 있습니다. 이제부터는 삼보를 스승으로 삼아 삼계에서 길을 잃고 헤매던 데서 벗어날 수 있고, 보리심을 발하면 불과佛果를 얻을 수도 있습니다. 삼보에 귀의하는 것에 대한 설명을 마치겠습니다.

삼귀三歸를 이야기했으니 다음은 오계五戒를 설명하겠습니다. 삼보에 귀의하고 나면 법에 의지해서 수행을 해야 하며, 그래야 삼계의 고苦에서 벗어납니다. 만약 법에 의지하여 수행하지 않으면 들러붙음에서 벗어나고 결박을 제거할 수 없습니다. 생사의 들러붙음에서 벗어나고 번뇌의 결박을 제거하려 할 경우, 오계가 아니면 성공하지 못합니다. 그

46) '自歸依佛, 自歸依法, 自歸依僧'.

래서 "오계를 지키지 않으면 인천의 길이 끊어진다五戒不持 人天路絕"고 하는 것입니다. 무릇 '계戒'란 선을 낳고 악을 멸하는 토대이자 도덕의 근본이며, 범부를 넘어 성인에 드는 도구입니다. 계에서 정定이 나오고, 정에서 혜慧가 일어나며, 계·정·혜로 인해 보리의 길에서 바른 깨달음을 이룹니다. 그래서 계품戒品에 오르자마자 성불을 기약할 수 있는 것입니다. 그래서 "계는 위없는 깨달음의 근본"이라고 합니다. 우리 부처님은 방편문을 열어 처음에 삼귀를 제창하고, 그런 다음 오계를 설한 뒤 나중에는 대·소승계까지 말씀했습니다. 중생의 근기·마음·행이 하나같지 않을 뿐 아니라 얕은 수준에서 깊은 수준까지 있기 때문입니다. 드러나지 않은 것에서 시작하여 드러난 것에 이르고, 궁극에는 근원으로 돌아가지만, 본래 둘이나 셋이 없습니다.

오계란, 1. 살계殺戒, 2. 도계盜戒, 3. 사음계邪淫戒, 4. 망어계妄語戒, 5. 음주계飮酒戒입니다. 이 오계를 학처學處라고도 하고 학적學跡이라고도 합니다. 이것은 재가의 남녀가 배워야 하는 것이기 때문입니다. 또 '길'이라고도 합니다. 이 길에서 노닐면 대지혜의 전당에 오를 수 있기 때문이고, 일체의 율의律儀, 묘행妙行, 선법善法이 모두 이 길에서 비롯되기 때문입니다. 또 학본學本이라고도 하는데, 배워야 할 모든 것이 이것을 근본으로 하기 때문입니다. 또한 '다섯 가지 큰 베풂五大施'이라고도 합니다. 그렇게 말하는 것은, 무량한 중생들을 섭수하고 받아들여 무량한 공덕을 성취하게 하기 때문입니다. 그래서 이 오계는 하늘로 치면 오성五星[47], 산으로 치면 오악五嶽[48]이고, 사람으로 치면 오장五臟[49],

47) 세성歲星(목성), 형혹성熒惑星(화성), 태백성太白星(금성), 신성辰星(수성), 진성鎭星(토성)의 다섯 행성.

48) 태산泰山(동악), 화산華山(서악), 형산衡山(남악), 항산恒山,(북악), 숭산崇山(중악).

유학으로 치면 오상五常이라 할 수 있습니다. 즉, 인仁은 불살해不殺害, 의義는 부도취不盜取, 예禮는 불사음不邪淫, 지智는 불음주不飮酒, 신信은 불망어不妄語입니다. 오계가 온전하면 인仁을 구하지 않아도 어질고, 의義를 기꺼워하지 않아도 의로우며, 예禮를 바라지 않아도 예의 바르고, 지智를 행하지 않아도 지혜가 밝고, 신信을 흠모하지 않아도 신이 드높습니다. 이른바 '벼리를 당겨 그물을 끌어올린다振綱提網'는 것이니, 다시 무슨 노력을 더하겠습니까? 오계에 대한 총괄적 논의를 마쳤습니다.

오계의 의미를 개별적으로 설명하면 다음과 같습니다.

1. 살계殺戒를 밝히자면, 이른바 측은지심惻隱之心은 사람이면 다 가지고 있는 것입니다. 맹자가 말하기를, "그 비명소리를 들으면 차마 그 고기를 먹을 수 없다"고 했습니다. 하물며 불법을 배우는 사람이 어찌 살념殺念을 일으켜 고苦의 과보를 초래하겠습니까? 그래서 부처님이 제자들에게, 인仁을 행하려면 먼저 살계를 지키도록 한 것입니다. 살계를 지키면 윤회가 저절로 그칩니다. 살업殺業은 모두 강함으로 약함을 깔보거나, 음식을 탐하거나, 재물 때문에 목숨을 해치는 데서 시작됩니다. 그래서 사람이 사람을 죽이고, 짐승이 짐승을 죽이는 것은 모두 진살嗔殺·만살慢殺에 속하고, 만약 음식을 탐하여 죽인다면 그것은 치살癡殺에 속합니다.[50] 그러나 남의 고기로 자신의 몸을 보양하는 것을 어찌 군자가 차마 할 수 있습니까? 죽이려는 마음이 싹트면 자신에 대한 원한이 생겨남을 (죽이는 자가) 어찌 알겠습니까?

---

49) 폐장, 심장, 비장, 간장, 신장.

50) 嗔殺은 성을 내어 죽임, 慢殺은 오만한 생각으로 죽임, 癡殺은 어리석은 생각으로 죽이는 것이다.

그래서 『능엄경』에서 말하기를, "사람이 양을 먹으면 양은 죽어 사람이 되고 사람은 죽어 양이 되며, 이와 같이 열 가지 중생들이 계속 죽고 태어나며 번갈아 와서 서로 잡아먹고, 악업으로 함께 나서 미래의 끝이 다하도록 하니, 이는 도탐盜貪이 그 근본이 된다."[51]고 했습니다. 따라서 여러 겁이 지나도록 피하기 어려운 과보가 있습니다. 어찌 사람을 죽인 것에 대해서만 목숨을 내놓아야 하고 짐승을 죽인 것은 그렇지 않겠습니까? 예컨대 부처님 시대에 유리왕이 석가족을 죽인 경우를 보면, 석가부처님의 종족이 유리왕에게 죽임을 당할 때 부처님이 두통을 견디기 어려웠던 과보는 어떤 원인에서 온 것입니까? 유리왕은 옛적에 큰 고기였고, 석가 종족은 고기를 잡아먹는 사람들이었습니다. 그 당시 어린 아이였던 부처님은 어느 날 막대기로 고기의 머리를 세 번 두드린 적이 있었기에 훗날 두통을 느낀 것입니다. 석가족은 고기를 잡아먹은 사람들이었기 때문에 유리왕에게 죽임을 당했습니다. 이것을 보더라도 인과는 어김없이 들어맞는 것이니, 가히 놀랍고 두려운 일입니다. 그래서 『능엄경』에서 말하기를, "세간의 모든 태란습화胎卵濕化 중생들은 힘의 강약에 따라 번갈아 서로 잡아먹으니, 이는 살탐殺貪이 그 근본이 된다"[52]고 했습니다. 그러니 어찌 부처님의 자비가 인류에게만 미치겠습니까? 그 자비는 개미에까지 미칩니다. 불법은 평등하여 높고 낮음이 없고, 부처님 눈으로 보면 대지의 중생은 모두 성불할 수 있습니다.

또 『범망경』에서 말하기를, "모든 남자는 내 아버지이고, 모든 여자

51) '以人食羊, 羊死爲人, 人死爲羊, 如是乃至十生之類, 死死相生, 互來相 , 惡業俱生, 窮未來際, 是等則以盜貪爲本.' －『능엄경』, 제4권(李耘虛, 157쪽).

52) '則世間卵化濕胎, 隨力强弱, 遞相呑食, 是等則以殺貪爲本.' －『능엄경』, 제4권(李耘虛, 157쪽).

는 내 어머니이다. 내가 생을 거듭하며 그들을 따라 몸을 받지 않음이 없었으니, 육도중생이 다 내 부모이다. 그러니 그들을 죽여서 먹는다는 것은 바로 내 부모를 죽이는 것이다." 했습니다. 세간의 중생들은 무지하여 서로 잡아먹기 때문에, 부처님이 생명을 상해해서는 안 된다고 정해 두신 것입니다. 또 꿈틀거리는 모든 생명체蠢動含靈가 다 불성을 가지고 있으므로 곤충 종류도 해치면 안 되는데, 하물며 같은 부류끼리 서로 죽이겠습니까? 일체중생이 다 불성을 가지고 있어 미래에는 틀림없이 성불할 것입니다. 과거에 이미 부모였고 미래에 부처가 될 것인데, 어찌 감히 그들을 상해합니까? 무릇 어리석은 속인들은 자신의 이익만 추구하여 사람의 도리를 돌아보지 않고 남을 상해하고 죽입니다. 맹자가 말하듯이 "화살 만드는 사람은 사람을 상하게 하지 못할까 걱정한다"[53]는 것입니다. 서로 싸워서 이기려고만 하기 때문에 수륙과 공중에 살생 도구들이 있습니다. 사람들의 마음도 날로 그 모습이 험악해지고, 세상 형편도 갈수록 소용돌이에 말려듭니다. 그래서 서로 죽이고 죽이니 언제 끝날 수 있겠습니까? 만약 구원하려고 하지 않으면 필경 고해를 이루게 됩니다. 무릇 세상 형편이나 사람들의 마음과 관계되는 것은 마음 아프지 않은 것이 없습니다. 힘써 화평을 구하고, 사람들의 마음을 구제하여 바른 길로 돌아오게 하십시오. 인자함을 중시하고 무력을 중시하지 않으며, 음식을 탐하거나 이익을 추구하는 데 급급하지 않으면 살심殺心이 일어나지 않습니다. 살생의 계기殺機[54]가 쉬어지면 액운도

53) '矢人惟恐不傷人.' 『맹자』, '公孫丑' 篇에서 '화살 만드는 사람이 어찌 갑옷 만드는 사람보다 어질지 않으랴마는, 화살 만드는 사람은 사람을 상하게 하지 못할까 걱정하고, 갑옷 만드는 사람은 사람을 상하게 할까 걱정한다.' 고 했다.

54) 機는 '움직이는 힘' 이며, 살생의 계기란 '살생의 마음이 움직여 일어나는 것' 이다.

가라앉고 사라집니다.

사람들의 마음이 순박하지 않고, 인과는 들은 척도 하지 않으니 어떻게 합니까? 인과의 이치는 잘 드러나지 않는 것이 마치 그림자가 형상을 따르고, 메아리가 소리를 따르는 것과 같다는 것을 어찌 알겠습니까? 그것을 깊이 믿는 사람들이라면, 사람 마음을 고치지 않아도 선량할 것이고, 순경이나 역경을 만나도 마음에 근심이나 즐거움이 없을 것입니다. 현생에 받는 것은 그것이 전란이든 수재 · 화재 혹은 도적을 만나는 것이든, 모두 자신이 지은 데서 비롯됩니다. 만일 큰 전쟁이 나서 온 세상이 평안하지 않은데 유독 마카오 지역에 사는 사람들만 난을 면할 수 있다면, 이는 모두 옛적에 무거운 살업殺業을 지은 것이 없기 때문입니다. 혹시 재난을 만나는 사람이 있다면, 그것은 그 개인의 별업別業으로 받는 것입니다. 인과의 이치는 잘 드러나지 않고 불가사의하다는 것을 알아야 합니다. 이 도리를 믿는다면 살심이 자연히 그칠 것이고, 온 세상 사람들이 이 살계를 지킬 수 있으면 모든 살생 도구가 쓸모없게 될 것입니다. 여래께서 이 살계를 맨 앞에 두신 것은, 사람들로 하여금 인자한 마음으로 다른 존재들을 불쌍히 여겨서 자신과 남들의 고통을 없애게 하여, 함께 영원한 즐거움을 깨닫게 하려는 것이었을 뿐입니다. 살계의 의미에 대한 간략한 설명을 마쳤습니다.

2. 도계盜戒를 밝히자면, 훔치는 것은 탐심에서 일어납니다. 부처님은 제자들에게 바늘 한 개, 풀 한 포기처럼 작은 것도 남이 주지 않으면 감히 갖지 말도록 했는데, 하물며 훔치는 것이겠습니까? 그러나 중생들은 눈앞의 이익만 보고 갖가지 꾀를 내어 말도 하지 않고 가져갑니다. 또한 이익으로써 이익을 구하고, 나쁘게 구하고 많이 구하며, 싫증을 내지도 않고 만족할 줄도 모릅니다. 이런 것들이 모두 훔치는 것의 범주에

듭니다. 훔치는 것의 세부적인 모습이 이와 같습니다. (스님들의 경우) 크게는 시방승물十方僧物,[55] 현전승물現前僧物[56]에서 불법승물佛法僧物[57]까지 훔치고, 시주물을 다른 것과 한데 섞어 유용하는데, 비록 바늘이나 풀처럼 작은 것이라 해도 자기가 쓰거나 남에게 주는 것은 모두 훔치는 것 중에서도 매우 중한 것입니다. 화수대사花首大士가 말하기를, "오역五逆과 십중十重은 내가 다 구해줄 수 있으나, 시방승물을 훔치는 것은 나도 구해줄 수 없다."[58]고 했습니다. 부모와 스승의 물건도 주지 않는데 가지면 무거운 죄인데, 하물며 그 나머지이겠습니까? 만일 인과를 깊이 믿는다면 털끝만큼도 범하지 말아야 합니다. 사람들이 이 계를 지니지 않아도 스스로 자제한다면, 크게는 길에 떨어진 물건도 줍지 않고 밤에도 문을 잠그지 않을 수 있어 온 세상 사람들이 모두 의롭게 양보하는 사람이 될 것이니, 감옥을 유지할 필요가 어디 있겠습니까? 도계盜戒에 대한 설명을 마쳤습니다.

3. 음계淫戒를 밝히자면, 재가 · 출가 제자는 모두 이 계를 지켜야 합니다. 재가 오계에서 정식 부부는 사음邪淫에 속하지 않습니다. 그러나 다른 사람의 부녀나 다른 사람이 보호하는 사람은 언어로 희롱해서도 안 되는데, 하물며 그 정결貞潔을 침범하여 청정범행자를 더럽힐 수 있겠습니까? 부처님은 재가제자에게는 사음을 금했고, 출가제자에게는

55) 四方僧物이라고도 하며, 절이나 교단이 소유한 건물, 전답, 설비 등 공유물을 말한다. 이것은 어떤 스님이 개인적으로 가질 수 없다.

56) 한 도량에 현재 머무르고 있는 스님들(現前僧伽)이 사용하는 개인용품, 음식물 등. 시주가 현전승가에게 시주한 것과 선대 스승에게 물려받은 것을 포함한다.

57) 전당, 불상 등 佛物과 경전 등 法物, 그리고 모든 僧物의 총칭.

58) 『방등경』에서 화취보살華聚菩薩이 "오역과 사중은 나도 구해줄 수 있으나, 승물을 훔친 자는 나도 구할 수 없다(五逆四重我亦能救, 盜僧物者我不能救)"고 했다. 여기서 화수대사는 화취보살을 말하며, 인용문은 약간 달리 표현되었다.

사邪와 정正을 모두 금했습니다. 『능엄경』에 이르기를, "너는 나의 마음을 사랑하고 나는 너의 얼굴을 사랑하여, 이런 인연으로 백 천 겁을 지내면서 항상 얽혀 속박된다. 오직 살殺·도盜·음淫 세 가지가 근본이 되니, 이런 인연으로 업業과 과果가 서로 이어지는 것이다."[59] 했습니다. 온 세상 사람들이 이 계를 지킬 수 있다면, 예禮를 바라지 않아도 예가 서고, 위의가 저절로 지켜지며, 엄숙하려 하지 않아도 엄숙해질 것입니다. 그리고 법정에서 공문서와 씨름하는 수고로운 모습이 없어질 수 있습니다. 음계의 의미에 대한 설명을 마쳤습니다.

4. 망어계妄語戒를 밝히자면, 거짓말도 당연히 하지 않아야 합니다. 보았으면 보았다고 하고, 들었으면 들었다고 하여 거짓말을 입 밖에 내지 말아야 합니다. 사소한 일이라도 진실해야 하는데 하물며 중요한 일이라면 말할 나위가 있겠습니까? 거짓말을 하는 이유를 보자면, 명예와 이익을 얻고 싶어하거나, 어떤 상황을 감추고 거짓 행동을 하거나, 양심을 속이고 낯 두꺼운 행동을 하기 때문이 많습니다. 나아가 성과聖果를 얻지 못하고서도 얻었다고 말하고, 부처 마음佛心을 깨닫지 못하고서도 깨달았다고 말하여 성현들을 속이고 세인들을 미혹시키는 것이 있는데, 이것을 대망어大妄語라고 합니다. 대망어를 하면 무간지옥에 떨어지니 범하지 않도록 조심해야 합니다. 불교는 곧은 마음直心을 도량道場으로 삼는데,[60] 그에 의지하지 않고 어떻게 배우겠습니까? 온 세상 사람들이 이 계를 지킬 수 있으면 신용이 다 갖추어져 이름을 구하지 않아도 이름이 저절로 나고, 이익을 구하지 않아도 복이 저절로 찾아올 것입니다.

---

59) '汝愛我心, 我憐汝色, 以是因緣, 經百千劫, 常在纏縛. 唯殺盜淫, 三爲根本, 以是因緣, 業果相續.' -『능엄경』, 제4권(李耘虛, 157-8쪽).

60) 『유마경』, '菩薩品' 에서 "곧은 마음이 도량(直心是道場)"이라고 했다.

망어계에 대한 설명을 마쳤습니다.

5. 음주계飮酒戒를 밝히겠습니다. 음주는 마땅히 삼가야 합니다. 술은 비린 음식은 아니지만 마음을 헷갈리게 하고 성품을 잃게 할 수 있습니다. 『대지도론』은 음주에 36가지 허물이 있다고 설명하고, 『범망경』에서는 "술그릇을 남에게 주면 5백 생 동안 손이 없게 되는데, 하물며 자기가 마시거나 남에게 마시라고 하겠는가?"라고 했습니다. 옛날 어떤 비구는 독룡을 항복받는 신력神力이 있었지만 술 마시기를 좋아했습니다. 하루는 술에 취해 자다가 구토를 했습니다. 그 시큼한 냄새는 사람이 가까이 가기 어려울 정도였지만, 어떤 두꺼비만 그의 입술을 핥았습니다. 마침 부처님이 그 곁을 지나가다가 이렇게 탄식했습니다. "너는 신력으로 독룡을 항복받을 수 있는데, 오늘은 취해서 누워 있다가 오히려 두꺼비에게 항복했구나. 너의 신력은 어디 있느냐?"

그래서 부처님은 음주를 금하셨고, 주계酒戒가 이때부터 시작되었습니다. 술은 사람의 성품을 어지럽히고 재앙을 초래합니다. 또한 옛날의 어떤 재가오계 제자처럼, 주계를 파한 탓에 살殺·도盜·음淫·망妄을 모두 파할 수도 있으니 어찌 슬프지 않겠습니까! 이처럼 술은 죄의 인연을 만들어낼 수 있어 입에 대는 것을 극력 삼가야 하는데, 하물며 양껏 마시겠습니까? 온 세상 사람들이 이 계를 지킬 수만 있다면 술에 취해 화를 초래하는 사람이 저절로 없어질 것입니다. 주계에 대한 설명을 마쳤습니다.

만약 이 오계를 범하지 않으려면 마음을 수습하는 데 중점을 두십시오. 망심을 수습하면 분별이 일어나지 않고 애증이 자연히 사라집니다. 갖가지 악업이 어떻게 일어나겠습니까? 그래서 『능엄경』에 이르기를, "섭심攝心이 계戒가 되니, 계에서 정定이 생기고, 정에서 혜가 일어난다”[61]고 했습니다. 섭심이라는 두 글자가 계 · 정 · 혜 3무루학無漏學을 다 갖추고 있다는 것을 알아야 합니다. 탐진치를 끊어 버리면 모든 악이 일어나지 않아, 저절로 온갖 선을 받들어 행할 수 있습니다. 그러니 섭심이라는 두 글자가 어찌 사람의 마음을 구제하고 세간의 도리를 유지하기만 하겠습니까? 마음을 한 곳으로 거두어들일 수만 있으면 해내지 못할 일이 없습니다. 날이 가고 공부가 깊어지면 깨달음도 바라볼 수 있습니다.

우리 부처님은 크신 은혜로 처음에 삼귀를 말씀하시고, 그 다음으로 오계를 펴셨습니다. 이 방편을 써서 먼저 중생의 고통을 없애주었으니 그 은혜가 실로 엄청납니다. 몸을 부순다 한들 어찌 그 만 분의 일이나마 보답할 수 있겠습니까! 그래서 삼귀오계의 뜻을 들으면 마땅히 이해에 기초하여 실행에 옮겨야 합니다. 만일 백 가구가 사는 마을에서 열 사람이 오계를 지키면 열 사람이 순후해지고, 백 사람이 십선을 닦으면 백 사람이 화목해집니다. 이러한 풍속과 교화가 전파되어 천하에 퍼지면 어진 사람이 백만 명이 됩니다. 무릇 한 가지 선을 행할 수 있으면 한 가지 악을 없애고, 곧 한 가지 형벌이 사라집니다. 한 집에서 한 가지 형벌이 사라지면 나라에서는 백 가지 형벌이 사라집니다. 그 나라의 주인 되는 사람은 다스리지 않아도 앉아서 태평 시대를 이루는 것입니다! 그래서 오계를 받아 지니는 것은 부처님의 제도를 존경하여 따르고 즐거운 과보를 받는 것일 뿐만 아니라, 나라의 법률을 은연중 돕고 나라를 이익 되게 하는 것입니다. 이것이 바로 삼귀오계가 갖는 명예와 덕의 모

61) '攝心爲戒, 因戒生定, 因定發慧'. -『능엄경』, 제6권(李耘虛, 279쪽). 攝心은 경계에 끄달리는 마음을 단속하여 거두어들이는 것이다.

습입니다.

만일 여러분이 참으로 이것을 지켜갈 수 있으면 성불의 씨앗을 이룰 수 있지만, 행해行解가 상응해야 피안에 이릅니다. 원컨대 여러 대중은 지금부터 들은 바에 따라 이해하고, 이해하면 성찰하고, 성찰하면 수행하십시오. 그러면 성불을 기약할 수 있습니다. 늘 부지런히 정진하고 여러 사람에게 두루 알려주어 부처님 은혜에 보답하십시오. 바라건대 여러 대중은 각기 노력하십시오. 전도前途가 무한하니 재앙을 소멸하고 어려움을 면하십시오. 만일 삼귀오계를 받아 모든 악을 행하지 않고 온갖 선을 받들어 행할 수 있으면, 스스로 능히 도道에 상응할 수 있습니다. 위없는 불도를 원만히 이룰 수 있습니다!

10. 광주 연의사 연설
(在廣州聯義社演說, 1947년 9월 27일)

선지식 여러분! 이번에 저는 홍콩에서 운문산으로 돌아가는 길에 이 곳을 지나가다가 황송하게도 많은 분들로부터 이야기를 좀 해 달라는 청을 받았습니다만, 이것은 누겁累劫의 인연이 아닐 수 없습니다. 선지식 여러분! 불법이라고 하는 두 글자로 말하자면, 실로 세간의 모든 선법善法과 아무 차별이 없는 것과 같습니다. 호걸지사豪傑之士는 학문과 수양을 성취하여 식견이 탁월하고, 먼저 알고 먼저 깨달아 그 배운 바를 넘어 세간을 안정시킵니다. 제불조사諸佛祖師는 여러 겁의 수행을 성취하여 바른 앎과 바른 깨달음으로 대자비를 발하고, 널리 삼계를 제도합니다. 세간과 출세간의 성현들은 인행因行(인지에서의 수행)과 과위果位가 하나의 도道로서 평등합니다一道齊平.[62)]

선지식 여러분! 불법은 바로 사람 각자의 본분에 해당합니다. 요컨대

62) 亡名 스님(6세기)의 「식심명息心銘」에서 "하나의 도가 텅 비어 고요하니, 만물이 평등하다(一道虛寂, 萬物齊平)"고 했다.

걸음걸음 토대를 견고히 하고, 망상집착을 멀리 여의면 곧 위없는 깨달음입니다. 옛 스님이 말한 이른바 "평상심이 도道"라는 것입니다. 마치 공자의 도가 '중용'을 벗어나지 않는 것과 같습니다. 이치理의 측면에서 말하면 치우치지 않은 것을 '중中'이라 하고, 변치 않는 것을 '용庸'이라 합니다. 현상事의 측면에서 말하자면, '중中'이란 중도이니 모든 일에 지나침도 없고 모자람도 없는 것이고, '용庸'이란 평범하고 일상적인 것으로서 괴력난신怪力亂神[63]을 멀리 여의고 분수를 지켜 행동하는 것이며, 달리 특별한 것이 없습니다. 불법도 마찬가지입니다. 우리는 일상적 상황平實處에서 친절함을 볼 수 있고, 또한 친절함을 행할 수 있어야 합니다. 그래야 조금이나마 상응하고, 빈말만 하고 실천이 없는 사람이 되지 않습니다.

일상의 법으로서 십선十善 만한 것이 없습니다. 십선이란 탐욕을 삼가고, 성냄을 삼가고, 어리석음(미련한 아집)을 삼가고, 살생을 삼가고, 도둑질을 삼가고, 사음을 삼가고, 입에 발린 말을 삼가고, 거짓말을 삼가고, 이간질을 삼가고, 나쁜 말을 삼가는 것입니다. 이와 같은 십선은 제가 늘 이야기하는 것입니다. 그러나 참으로 실천할 수 있어야 비로소 부처나 조사가 되는 기초가 되며, 세계를 평화롭게 하고 인간 세상의 정토人間淨土를 건립하는 핵심 요소가 됩니다. 육조는 "마음이 평등하면 계를 지킬 것이 없다"고 했지만, 이것은 최상근기를 위해서 한 말입니다. 상근기의 지혜가 뛰어난 사람은 도법道法을 한 번 들으면 행해行解가 상응하여, 마치 향상香象이 강을 건널 때 물을 가르고 지나가는 것과 같습

---

63) '공자는 괴력난신을 말하지 않았다(子不語怪力亂神)'. —『논어』, '述而'篇. 怪力亂神은 사람들의 호기심을 자극하는 괴이한 일이나 비합리적 현상들을 지칭한다.

니다.[64] 선하다는 생각도 없는데 악한 생각이 어떻게 있겠습니까? 만약 중하근기 사람이 늘 경계의 바람境風에 끄달린다면, '마음이 평등하다'는 두 마디가 말처럼 쉬운 것이 아닙니다.

경계의 바람에는 여덟 가지가 있습니다. 이로움利, 어그러짐衰, 헐뜯음毁, 우러름譽, 칭찬함稱, 비난함譏, 괴로움苦, 즐거움樂이 그것인데, 이것을 팔풍八風이라고 합니다. 수행인이 이로움의 바람을 만나면 곧 탐착심을 내고, 어그러짐(실패, 손실)의 바람을 만나면 근심과 후회의 마음을 내며, 헐뜯음의 바람을 만나면 화를 내고, 우러름의 바람을 만나면 환희심을 냅니다. 그리고 칭찬의 바람을 만나면 안심하여 의심하지 않고, 비난의 바람을 만나면 수치심으로 분노하며, 괴로움의 바람을 만나면 잘 지키던 것도 잃어버리고, 즐거움의 바람을 만나면 거기에 빠져 제자리로 돌아갈 줄을 모릅니다. 이와 같이 팔풍에 휘둘리면 마음이 경계를 따라 흘러가는데, 생사가 닥치면 어떻게 대처하겠습니까? 어떻든 늘 걸음걸음 방비를 엄히 하며, 사물을 잘 이해하면서 마음을 움직여 십선을 닦아야 합니다. 사물의 모습事相은 말단이라 해도 말단을 잘 섭수하여 근본으로 돌아가면攝末歸本[65] 깨달음을 빨리 얻을 수 있습니다.

또한 불문에는 대략 10개 종宗이 있고 40여 파派가 있지만, 선禪 · 정淨 · 율律 · 밀密의 네 종이 근기들을 포섭하는 범위가 비교적 넓습니다. 선지식 여러분! 부처의 경지는 왕의 수도王都와 같고, 각 종宗은 수도를

64) 백장 선사가 어느 법문답에서 "또한 향상이 강을 건널 때 물을 가르고 지나가며, 의심하여 머뭇거리지 않는 것과 같다(亦如香象渡河, 截流而過, 更無疑滯)고 했다. -『五燈會元』, 卷第三. 香象은 향기가 나는 코끼리이며, 강을 건널 때 물에 뜨지 않고 바닥을 밟고 간다.

65) 唯識觀行 중에 '攝末歸本觀'이 있다. 이 觀行에서 말단(末)이란 대상 경계인 相分과 인식 작용인 見分을 뜻하고, 이 둘은 근본(本)인 識에 의지해 존재한다. 여기서는 말단인 경계를 섭수하여 근본 마음자리로 되돌리는 것을 뜻한다.

관통하는 대로大路와 같습니다. 어떤 길로 가도 왕을 볼 수 있습니다. 중생들은 사방으로 흩어져 있어 출발하는 지점이 각기 다르지만, 왕이 있는 곳에 도달하면 똑같이 유효합니다. 『금강경』에서 "이 법은 평등하여 높고 낮음이 없다"고 했습니다. 그러나 만일 우리가 오늘은 이 길을 거닐다가 내일은 저 길을 거닐면, 이리저리 떠돌기만 할 뿐 끝내 도달할 기약이 없습니다. 육조가 말하기를 "도道를 떠나서 달리 도를 찾으면 목숨이 다해도 도를 보지 못하네. 부질없이 일생을 보내고 나면 결국 스스로 후회하리라."[66] 했으니, 그 가르침이 깊습니다! 그래서 우리는 한 문에 깊이 들어가야 하며, 마음을 여기저기 나누면 안 되고 물러서서도 안 됩니다. 쥐가 관재棺材를 쏠 듯이 하되, 한 곳에서만 오래 힘을 쓰다 보면 밖으로 나갈 수 있습니다. 만약 옆길인 나머지 종들을 공부하고 싶으면, 자신의 주된 공부와 보조적 공부가 무엇인지 알아야 합니다. 선종의 수행인은 선종 법문을 위주로 하고 다른 종들의 교리는 보조적으로 해야 합니다. 정토종 수행인은 정토 법문을 위주로 하고 다른 종들의 교리는 보조적으로 해야 합니다. 율종, 밀종도 마찬가지입니다. 그래야 한로축괴韓盧逐塊[67]의 폐단을 면할 수 있습니다. 불문佛門의 계율은 각 종 모두가 엄히 지켜야 합니다. 주된 것과 보조적인 것을 아는 것은 길을 갈 때 방향을 아는 것과 같고, 계율을 지키는 것은 길을 갈 때 노잣돈과 양식이 있는 것과 같습니다. 종취宗趣는 달라도 결국에는 하나이니, 이른바 "근원으로 돌아가면 성품에 둘이 없으나, 방편에는 많은 문이 있다"는 것입니다.

---

66) '離道別覓道, 終身不見道. 波波度一生, 到頭還自懊'. -『단경』, '悟法傳衣' 章 게송.

67) '한나라의 개(韓盧)는 흙덩이를 쫓아가지만(逐塊), 사자는 흙을 던진 사람을 문다'는 말에서, 근본을 보지 못하고 지엽말단의 경계를 추구하는 것을 뜻한다.

오늘 좌중의 모든 상선인上善人들은 부처님과 인연이 있습니다. 제가 말을 많이 늘어놓았습니다만, 이 또한 허공에 쐐기를 댄 것虛空著楔일 뿐입니다. 몸조심하십시오!

11. 광주 불교지덕의원 법문
(在廣州佛教志德醫院演講, 1948년)

선지식 여러분! 오늘은 불교지덕의원이 창립되는 날입니다. 많은 분이 저에게 개막식을 주관해 달라고 해서 오게 되었습니다만, 이런 일도 매우 희유하다고 하겠습니다. 광주의 의원(병원)이 불교라는 두 글자를 앞에 붙인 것도 처음 보는 일입니다. 선지식 여러분! 인생의 팔고八苦 가운데 병도 그 하나입니다. 우리 부처님이 세상에 오신 것은 원래 중생들이 이고득락 하도록 하기 위해서였습니다. 그래서 오명五明의 학學 가운데 의방명醫方明[68]이 있습니다. 『선문일과禪門日課』[69]에 나오는 원문願文에는 "질병 도는 세상에는 약초 되어 나타나고"[70]라는 구절이 있습니다. 보살은 중생을 위해 고질병을 치료하여 구제하는 데 목숨을 아

---

68) 불문의 다섯 가지 명明은 인명因明(수학 · 논리의 지혜), 의방명(의학 · 약학의 지혜), 언방명言方明(언어 · 문자의 지혜), 공교명工巧明(건축 · 예술 등의 지혜), 내명內明(세계와 삶에 대한 깨달음의 지혜)이다.

69) 중국의 선종 사찰에서 사용하는 일상 법요집. 예로부터 전해 내려오던 여러 가지 법요가 명 · 청대를 거치며 정리된 책이다. 『禪門日誦』이라고도 한다.

70) '疾疫世而現爲藥草'. —이산혜연 선사 발원문.

끼지 않습니다. 예컨대 약왕보살藥王菩薩은 여러 가지 향을 몸에 바르고 자신을 불살라 부처님께 공양했습니다. 부처님께 공양하는 것은 곧 중생들에게 공양하는 것입니다. "마음 · 부처 · 중생, 이 셋은 차별이 없다."[71] 화엄華嚴의 요의了義는 그 이치를 우리가 헤아릴 수 있지만, 제불은 늘 중생 생각하기를 어머니가 자식 생각하듯이 합니다. 중생의 마음에는 탐진치 세 가지 병이 있는데, 부처님은 계 · 정 · 혜의 세 법을 설하여 이 병을 치유합니다. 중생의 몸에는 풍風 · 한寒 · 서暑 · 습濕의 병이 있고, 부처님은 '의방명'을 펴서 그것을 치유합니다. 『정명경淨名經』에서 말하는 소위 "중생이 아픈 까닭에 보살도 아프다"는 것입니다. 동체대비同體大悲의 자비로운 눈이 이와 같습니다.

선지식 여러분! 세간의 성현들도 역시 이와 같은 마음이고, 역시 이와 같은 이치입니다. 예컨대 신농씨神農氏가 백 가지 풀을 맛본 것도 중생들을 위해 맛본 것입니다. 보살이 인지因地에서 수행할 때는 갖가지 몸을 나투어 법을 설하는데, 신농씨가 바로 보살이 의왕醫王의 몸을 나투어 법을 설한 경우입니다.

선지식 여러분! 인류의 병은 오욕五欲이 그 원인이며, 숙업宿業에 속하는 병이라 해도 이 또한 무시이래의 오욕에서 비롯됩니다. 질병이 발생하면 구제하여 치료해야 합니다. 당장 힘이 없어 의사를 구하지 못하는 사람이 실제로 많습니다. 여러 뛰어나신 분들이 발심하여 이 의원을 개원하여 의사와 약품을 제공하니, 이 마음이야말로 보리심이고, 바로 우리 부처님의 자비 마음입니다. 선지식 여러분! 보리菩提란 바른 깨달

---

71) 『화엄경』, '夜摩天宮菩薩說偈品'의 게송에서, "마음 · 부처 · 중생, 이 셋은 차별이 없다(心佛及衆生, 是三無差別)"고 했다.

음입니다. 바른 깨달음의 마음은 나와 남, 좋고 나쁨의 양변에 떨어지지 않고 평등하게 보시하고, 적과 친구를 구분하지 않습니다. 내 가족을 치료하는 일은 물론 신경 써야 하지만, 다른 사람의 가족을 치료하는 일도 마찬가지로 최대한 노력하십시오. 좋은 사람이든 나쁜 사람이든 의원에 들어오면 평등한 마음으로 간호하십시오. 우리 부처님은 과거생 중에 몸을 버려 호랑이의 밥으로 보시한 적이 있으니, 그 의로움을 헤아릴 수 있습니다. 이 의원은 양梁 이사장님과 진陳 원장님께서 열심히 굳세게 노력한 덕분에 오늘의 성취를 이루었습니다. 옛말에 "앞에서 끌어주지 않으면 아무리 훌륭해도 빛이 나지 않고, 뒤에서 밀어주지 않으면 아무리 좋아도 드러나지 않는다"[72]고 했습니다. 좌중의 여러분들은 앞으로 돈이 있으면 돈을 내시고, 힘이 있으면 힘을 보태주셔야 할 것입니다. 육조는 "불법은 세간에 있으니 세간을 떠나지 말고 깨달으라. 세간을 떠나 깨달음을 찾는 것은 토끼의 뿔을 구하는 것과 같다"[73]고 했습니다. 모두가 노력하여 이 의원을 개원한 것은 대자대비한 일이고, 우리 부처님의 "방편을 구경으로 삼는다"[74]는 말씀의 참된 진리를 실현한 것입니다. 저는 진심으로 축하해 마지않습니다.

---

72) '莫爲之先, 雖善不彰, 莫爲之後, 雖美不揚'. 예전에 한유韓愈가 양양자사襄陽刺史 우적于頔에게 보낸 자천서(자신을 추천하기 위해 보낸 편지)에서, "앞에서 끌어주지 않으면 아무리 훌륭해도 빛이 나지 않고, 뒤에서 밀어주지 않으면 아무리 업적이 많아도 전해지지 않습니다(莫爲之前, 雖美而不彰, 莫爲之後, 雖盛而不傳)"라고 했다.

73) '佛法在世間, 不離世間覓. 離世覓菩提, 恰如求兎角'. -『육조단경』, '悟法傳衣' 章 게송.

74) 『대일경大日經』, '入眞言門住心品' 에서 "보리심을 인으로 삼고, 대비를 근으로 삼으며, 방편을 구경으로 삼는다(菩提心爲因, 大悲爲根, 方便爲究竟)"고 했다.

부록

허운 화상 약전(略傳)

부 록 허운 화상 약전略傳

허운 화상은 1840년 중국 복건福建(푸젠성) 천주泉州에서 출생하였다. 속성俗姓은 소蕭 씨이며, 양무제梁武帝의 먼 후손이다. 부친은 원래 호남湖南(후난성) 상향湘鄕 사람인데, 과거에 급제한 뒤 천주의 고위 관리로 근무했다. 모친은 안顔 씨로, 40세가 되도록 자식이 없자 관세음보살에게 열심히 기도를 올렸다. 이 무렵 소 씨 부부는 똑같은 꿈을 꾸었다. 수염이 길고 머리 위에 관세음보살상이 있는 사람이 호랑이를 타고 그들의 침실로 들어오는 꿈이었다. 그것이 태몽이었다. 그를 낳았을 때는 살덩어리 하나뿐이었으므로 안 씨 부인은 놀라고 실망한 끝에 기운이 막혀 죽고 말았다. 그 다음날 약을 파는 노인이 와서 살덩어리를 갈라 사내아이를 얻었다.

모친을 잃은 아이는 서모庶母 왕王 씨의 손에서 자랐다. 서모는 아이를 극진히 보살폈다. 어릴 때부터 총명했던 그는 집에 모셔온 선생에게서 글을 배웠다. 부친도 틈틈이 아들의 글공부를 직접 지도했다. 열한 살 때 겨울 그를 애지중지하던 할머니가 돌아가셨다. 부친은 할머니와 어머니 안 씨의 유골을 고향에 안장하기 위해 스님이 열세 살 때(1852) 그를 데리고 상향의 본가로 돌아갔다. 그곳에서 스님들이 집에 와서 천도재를 올리는 모습을 보고 깊은 인상을 받았고, 처음으로 불교 책을 접했다. 이 해 9월에는 숙부를 따라 남악南嶽(형산)의 여러 절을 둘러보았는데, 스님들이 의식을 거행하는 모습, 독경소리 등에 환희심이 일어 집으로 돌아가고 싶지 않았다. 그러나 14세 때부터 3년간은 부친의 뜻에 따라 상향의 본가에서 도가道家의 수행법을 배우고 도가 서적을 읽어야 했다. 불도를 수행하고 싶은 마음이 강했던 그는 열일곱 살 때 출가하려고 몰래 집을 나와 남악으로 갔으나, 도중에 집안사람에게 발각되어 돌아와야 했다. 17세 때는 어른들이 정해준 대로 전田 씨와 담譚 씨를 동시에 맞아 혼례를 올렸으나, 부인들과 한 번도 동침하지 않고 오히려 이들에게 불법을 일러주어 감화시켰다.

열아홉 되던 해(1858) 복주의 고산鼓山 용천사湧泉寺로 출가했다. 앞서 출가하려다가 실패한 것을 고려하여 행선지를 비밀로 했다. 용천사 상개常開 노화상 밑에서 삭발하고 이듬해 묘련妙蓮 화상에게서 구족계를 받았다. 법명은 고암古巖 또는 연철演徹이었고, 자字는 덕청德淸이었다. 부친이 사방으로 그를 찾았으므로, 그는 구족계를 받은 뒤 산 뒤쪽의 바위 동굴에 3년 동안 은신하며 예참禮懺과 염불을 했다. 아들을 찾지 못해 상심하여 병이 난 부친은 4년 후 노령을 이유로 관직을 은퇴하고, 가족을 데리고 고향으로 돌아갔다.[1] 그래서 스님은 다시 용천사로 돌아와 4년간 수두水頭, 원두園頭, 행당行堂(공양간 소임), 전좌典座(원주)

---

1) 고향으로 돌아간 부친은 이태 뒤 병으로 세상을 떠났고, 얼마 후 서모 왕 씨는 두 며느리와 함께 상향의 관음산觀音山으로 출가했다.

등 힘든 소임들을 맡아 열심히 일했다.

그런 뒤 27세 때(1866) 소임을 내놓고 다시 먼저 있던 동굴에 들어가 3년 동안 고행하며 수행했다. 화식火食을 끊고 솔잎과 풀잎을 뜯어먹었으며, 옷 한 벌로 몸을 가렸다. 머리는 길고 눈은 형형하여 사람들이 보면 요괴인줄 알고 감히 접근하지 않았다. 처음 한두 해 동안은 늘 수승한 경계를 보곤 했지만, 스님은 거기에 마음이 동요되지 않고 일심으로 관조觀照와 염불을 했다. 체력이 날이 갈수록 강해졌고, 눈과 귀가 매우 밝아졌으며, 몸이 날듯이 가벼웠다. 이와 같이 하여 30세가 되었을 즈음에는 마음 가는 대로 행하고 어디든지 거침없이 다닐 수 있었다.

31세 때(1870) 절강浙江(저장성) 온주溫州의 안탕산雁蕩山에 갔다가 한 스님에게서 천태산 화정봉 용천암龍泉庵의 융경融鏡 노화상을 찾아가 보라는 말을 들었다. 그래서 곧장 융경 화상을 찾아가 가르침을 청했다. 노화상의 제자가 된 그는 이후 노스님을 시봉하며 천태지관天台止觀 법문을 배웠고, 밤에는 노스님과 함께 좌선을 했다. 점차 마음이 가라앉고 망념이 사라지면서 공부가 깊어졌다. 노스님은 다시 그에게 "송장 끌고 다니는 것은 누구인가拖死屍的是誰?" 화두를 보라고 가르쳤다. 또한 그에게 인근의 여러 사찰에서 경전 등을 배우게 했다. 그래서 33세 때부터 35세까지 산내의 국청사國淸寺에서 '선제禪制'(선당의 제도와 법식)를 참학參學하고 『법화경』을 배웠으며, 이듬해에는 고명사高明寺에서 『화엄경』 강의를 들었다. 이렇게 몇 년 공부하여 천태교관敎觀의 핵심을 파악한 뒤 다시 용천암으로 돌아왔다. 노화상은 다시 그에게 널리 제방을 행각할 것을 권했다.

36세(1875)에 천태산을 내려온 그는 설두산雪竇山 악림사에서 『미타경』 강의를 들은 뒤 관음성지인 남해 보타산普陀山을 참배했고, 영파寧

波 아육왕사에서 부처님 사리를 친견했다. 그리고 영파 천동사天童寺에서 『능엄종통』을 듣고, 항주를 거쳐 상주常州 천녕사天寧寺, 진강鎭江 금산사金山寺, 양주揚州 고민사高旻寺 선당에서 좌선을 했다. 이와 같이 7년에 걸쳐 강소江蘇(장쑤성)와 절강浙江의 여러 사찰과 성지를 순례하면서 대덕 스님들을 참례하고 경전 강의를 들었으며, 참선 정진을 계속했다. 한편 그는 부모를 이별하고 출가한지 20여년에 아직도 도업道業을 이루지 못하고 흘러 다니고 있는 자신이 부끄러웠고, 또한 자신으로 말미암아 일찍 세상을 떠나야 했던 부모의 은혜를 갚지 못했다는 생각도 늘 가슴을 짓눌렀다. 그래서 고민사에 있을 때, 부모의 은혜를 갚기 위해 보타산에서 오대산五臺山까지 삼보일배를 하기로 발원했다.

43세가 된 이듬해(1882) 보타산을 다시 참배한 뒤, 음력 7월 초하루 보타산에서부터 오대산을 향해 삼보일배의 배행拜行을 시작했다. 소주蘇州, 남경南京을 지나고 숭산崇山 소림사와 낙양洛陽 백마사를 지나, 일념으로 관음보살의 성호聖號를 염하면서 계속 전진했다. 비바람이 몰아칠 때나 병이 나서 절을 할 수 없을 때 외에는, 힘들고 배고픈 것도 아랑곳하지 않았다. 1883년 2월, 나룻배로 황하를 건넌 뒤 해가 저물고 인가가 없어 길가의 허름한 빈 오두막에 머무는데, 폭설이 내리기 시작하여 사흘 동안 그치지 않았다. 혹독한 추위 속에서 잠을 자지 못해 앉아서 밤을 샌 데다 음식도 먹지 못해 의식이 혼미해져 가고 있을 때, 문길文吉이라는 이름의 사나이가 나타나서 그를 곤경에서 구해 주었다. 스님이 그에게 어디서 오는지 묻자 문길은 오대산에서 온다고 하였다. 그러면 오대산의 절에 왕래한 적이 있느냐고 묻자, 문길은 "사중 사람들이 다 저를 압니다" 했다. 문길은 오대산으로 가는 길을 소상히 일러주었다. 눈이 너무 쌓여 절은 할 수 없었고, 눈 위로 난 문길의 발자국을 따라 소

금산이라는 곳까지 걸어갔다. 다음날 다시 배행을 계속했다.

동상에 걸린 스님은 홍복사洪福寺라는 절에서 오래 휴식하여 몸을 회복하면서 해를 보낸 다음, 이듬해(1884) 정월 초이틀부터 다시 배행을 시작했다. 곧 복통과 이질 설사병을 만났으나 고통을 참아가며 배행을 계속했다. 2월 9일 황사령黃沙嶺의 다 무너져 가는 절에 이르러 더 이상 움직일 수 없이 탈진되었다. 거의 죽게 되었을 때 어디서 왔는지 문길이 다시 나타나 약수를 만들어 주고 죽을 끓여 먹여 그를 낫게 했다. 문길이 그의 몸을 염려하여 배행을 만류했으나, 스님은 말했다. "저는 보살님들의 가피를 구해 부모님이 고통에서 벗어나 정토에 왕생하시기를 원합니다. 앞에 어떤 어려움이 있다 해도, 오대산에 도달하지 못하면 죽어도 물러서지 않겠습니다." 4일 후 건강이 많이 좋아지자 다시 배행을 계속했다. 6월 20일 드디어 오대산 현통사顯通寺에 도착했다. 스님은 문길에 대해 수소문했으나 그를 아는 사람이 없었다. 나중에 현통사의 한 노스님이 "그분은 문수보살의 화신입니다" 하였다(오대산은 예로부터 문수보살의 성지로 알려져 있다). 이어서 스님은 5대(동대 · 북대 · 중대 · 서대 · 남대)를 삼보일배로 두루 참배한 다음 마침내 3년에 걸친 고행을 원만히 회향하였다.

이후 스님은 항산恒山 · 화산華山 · 수양산 · 향산香山과 장안長安(서안) 등 각지의 명산 · 고찰 · 유적지 등을 참배하고, 46세 때(1885) 봄에 종남산終南山으로 들어갔다. 여기서 은둔 수행하던 야개冶開 화상, 법인法忍 화상 등 당대의 이름 난 여러 스님들을 만난 그는, 그들의 권유로 이곳의 한 모봉茅蓬(토굴)에 머물렀다. 종남산에서는 여러 스님들과 교류하며 참선 수행과 『능엄경』, 『능가경』, 『법화경』 등 경전 연구를 병행했다. 그렇게 2년을 지낸 뒤 48세가 되던 해(1887) 3월, 산을 내려와 다시 행각에 나섰다. 취미산翠微山·태백산太白山을 거쳐 사천四川(쓰촨성)으로 들어간 스님은 이듬해(1888) 아미산 금정金頂을 참배했고, 계속하여 티베트로 들어가 라싸의 포탈라 궁과 드레풍사원, 간덴사원, 세라사원 그리고 시가체의 타시룬뽀사원을 참배했다.

라싸에서 설을 쇤 후 50세 때(1889) 길을 떠나 야동(야둥)亞東, 부탄을 거쳐 인도로 들어갔다. 그러나 인도에서는 불교가 쇠퇴하여 자취를 감춘 상태였기 때문에 오래 머무르지 않고 실론(스리랑카)으로 가서 불교성지들을 참배했다. 그런 다음 미얀마로 올라가 양곤의 쉐다곤 대금탑大金塔 등지를 참배하고, 7월에 북상하여 운남雲南(윈난성)으로 들어갔다. 대리大理의 얼하이洱海 호를 보고 나서 8월에 계족산鷄足山의 가섭전迦葉殿을 참배하였다.[2] 한때 불교가 융성했던 계족산의 승려들이 계율을 지키지 않고 세속의 온갖 악습에 물들어 있는 것을 본 스님은, 훗날 인연이 되면 이곳을 중흥하기로 발원하고 산을 내려왔다. 계속하여 곤명昆明, 귀양貴陽, 무창武昌을 지나고 여산廬山, 황산黃山을 거쳐 구화산九華山의 지장왕보살탑을 참배했다. 그리고 새롭게 율종의 근본도량이 된 강소 보화산寶華山의 융창사隆昌寺에서 하안거와 동안거를 나면서 이곳에서 계율을 모범적으로 시행하는 것을 보고 계율의 중흥이 중국불교 중흥의 관건임을 절감했다. 종남산을 나온 이후 티베트, 인도, 미얀마를 돌아 운남, 귀주, 호남, 호북, 강서, 안휘, 강소성까지 수륙만리를 행각한 3년의 기간 동안 스님은 강이나 바다를 건널 때 외에는 줄곧 걸어 다녔고, 각지의 대덕 스님들을 두루 참방參訪했다.

---

2) 가섭존자는 이 계족산에서 선정에 들어 입적했다고 한다. 허운 스님이 가섭전을 참배할 때, 허공에서 대종을 치는 소리가 세 번 크게 울렸다. 사람들은 큰 도인이 왔기 때문에 종소리가 울렸다고 하면서 찬탄했다.

51세 때(1890) 봄, 스님은 보화산을 떠나 강소 의흥宜興의 현친사顯親寺에서 중수 불사를 도왔고, 적산赤山의 반야사로 옮겨가 종남산에서 돌아온 법인 스님과 함께 분좌설법分座說法을 하기도 했다. 이듬해에는 금릉金陵(남경) 청량산 정성사淨成寺에서 중수불사를 도왔다. 53세 때(1892)는 도반 스님들과 함께 다시 구화산에 들어가 3년간 취봉翠峯의 한 모봉茅蓬에서 함께 수행하면서 『화엄경』 등을 연구하였다. 이 무렵 스님은 선종은 물론 천태종, 정토종, 화엄종, 율종 등 제종諸宗에 대한 폭넓은 안목을 갖추게 되었다. 56세 때(1895) 양주 고민사의 주지 스님이 구화산에 와서 여러 스님들에게 고민사에서 하는 선칠에 참가할 것을 권했다. 그래서 모봉 생활을 접고 모두 고민사로 가기로 했고, 허운 스님이 먼저 가게 되었다. 때는 장마철이어서 장강長江(양쯔강)의 물이 불어나 있었다. 스님은 뱃삯이 없어 나룻배로 강을 건너지 못하고 강둑을 따라 걸어 내려가다가 실족하여 강에 빠졌다. 수영을 못했던 스님은 급류에 하루 낮밤을 떠내려 간 뒤 어부의 그물에 걸려 구출되었다. 스님은 숨이 약간 남아 있었고, 어부는 급히 인근 사찰에 연락하여 스님을 절로 모셨다. 스님은 만 이틀 동안 의식이 혼미했고, 입으로 많은 물을 토했으며, 몸의 여러 구멍에서 계속 피가 흘러나왔다. 며칠이 지난 뒤 몸이 약간 회복되자, 고민사에서 타칠에 참가할 일념으로 대중의 만류를 뿌리치고 양주로 갔다.

고민사에서는 12주의 타칠打七 중 4칠이 끝나고 8칠이 진행 중이었다. 스님은 물에 빠진 후유증으로 입과 코로 피가 흘러나오는 고통 속에서도 선당에서 정진을 계속했다. 몸뚱이가 있는지 없는지도 모른 채 주야를 가리지 않고 오로지 일념으로 밀고 나갔다. 그렇게 20여 일이 지나자 기적같이 정신이 맑아지고 몸의 병이 다 나아 버렸다. 이후 일체를 놓아 버리고 일념불생이 되어 공부가 낙당落堂이 되었고, 밤낮으로 한결같아서 몸이 날아갈 듯 하였다. 어느 날 밤에는 방선 시간에 문득 눈을 들어 보니 홀연히 대광명大光明이 환히 비추는 것이 마치 대낮과 같았다. 선당의 안팎이 밝게 뚫려 절 안의 스님들 거동이나 멀리 강 위에 떠가는 배, 강변의 나무들 모습이 환히 다 보였다. 그래서 자신의 참선 공부가 순숙했음을 알았다.

선달 16일, 마지막 제8칠의 3일째 저녁 방선 때 누가 뜨거운 물을 따라주는 것을 받다가 물방울이 스님의 손에 튀는 바람에 들고 있던 찻잔이 떨어져 '탁' 깨졌다. 이 소리에 의심의 뿌리가 문득 끊어지면서 마음이 열렸으니,마치 꿈에서 깨어나는 것 같았다. 그래서 게송을 읊었다.

잔이 바닥에 탁 떨어지니	杯子撲落地
깨지는 소리 분명하고 또렷하네.	響聲明瀝瀝
허공은 산산이 부서지고	虛空粉碎也
미친 마음이 그 자리에서 쉬어졌네.	狂心當下息

또 이렇게 읊었다.

끓는 물 손에 튀어 잔을 깨뜨리니	燙著手 打碎杯
집은 부서지고 사람은 죽어 할 말이 없네.	家破人亡語難開
봄이라 꽃향기 처처에 그윽한데	春到花香處處秀
산하대지가 그대로 부처로세.	山河大地是如來

1896년(57세) 여름 고민사를 떠나 진강 금산사에 가서 계기戒期(일정

기간에 걸쳐 계율을 강의하고 수계하는 절차)에 참여했고, 이듬해(1897) 낭산狼山 광교사廣敎寺를 참배하고 양주 중흥사에 가서 일을 도왔다. 5월에는 초산焦山 정혜사에서 『능엄경』을 강의했다. 그리고 돌아가신 어머니를 제도하기 위해 아육왕사에 가서 부처님 진신사리를 친견하면서 매일 3천배를 한 뒤 연지불공燃指佛供[3]을 하였다. 이듬해 봄에는 영파 칠탑사七塔寺로 옮겨가서 『법화경』을 강의했고, 강의가 끝난 뒤 의흥 동관산銅棺山으로 가서 모봉을 짓고 겨울을 보냈다. 1899년(60세) 봄에는 동관산을 내려와 단양丹陽 금태사金台寺의 중수 불사를 도왔고, 다시 적산 반야사로 가서 머물렀다. 이듬해(1900) 초, 스님은 적산을 떠나 산동성으로 올라갔다. 먼저 동악東岳인 태산泰山을 들른 뒤 뇌산牢山으로 가서 명대明代의 감산덕청憨山德淸 선사가 오두막을 짓고 살았던 나라연굴那羅延窟 앞에서 감산선사를 생각하며 묵묵히 기도를 올렸다. 이어서 곡부曲阜의 공묘孔廟(공자 사당)를 참배했다. 그런 다음 다시 오대산 현통사를 참배했고, 이어서 종남산으로 가려 했으나 이 무렵 의화단의 난으로 일대가 혼란하여 부득이 북경으로 들어갔다. 북경에서는 석경산石經山의 석판 대장경을 보았고, 용천사龍泉寺에 머물렀다.

이 해 여름 영국 · 프랑스 등 8개국 연합군이 쳐들어와 광서황제와 자희태후가 서쪽으로 피난을 갈 때 왕공王公 · 대신大臣들과 함께 어가御駕와 동행하여 서안西安까지 가서 이곳의 와룡사에 머물렀다. 그러나 스님을 찾아오는 사람들이 너무 많아, 11월에 몰래 와룡사를 떠나 종남산으로 들어갔다. 여기서 모봉을 짓고 조용히 은거하면서, 호를 '허운虛

3) 손가락을 태워 불전에 공양하는 의식. 일정한 절차와 법식에 따라서 하며, 허운 스님의 경우에도 경험 많은 사람들이 곁에서 도와주었다.

雲', 별호를 '환유幻遊'로 바꾸었다. 이때 『능엄경』, 『법화경』, 『원각경』 등을 깊이 연구하여, 이들 경에 대한 주를 단 원고를 여러 권 썼다. 이듬해(1901), 예전 종남산에서 같이 공부한 도반인 월하月霞 스님이 계진戒塵 스님 등과 함께 종남산에 들어왔다. 이해 섣달 27일(1902년 2월), 스님은 온 산에 눈이 내린 가운데 밭에서 고구마를 캐어와 솥에 넣고 삶다가 옆에 앉아서 그대로 선정에 들었다. 정월 15일 한 스님이 허운 스님이 걱정되어 보러 왔다가 스님이 선정에 들어 있는 것을 보고 경쇠를 울려 정에서 깨어나게 했다. 그 스님이 물었다. "식사는 하셨습니까?" 스님이 대답했다. "아직요. 솥 안에 고구마가 있는데 아마 익었을 겁니다." 솥을 열어 보니 고구마에는 곰팡이가 심하게 피어 있었다. 스님이 보름 넘게 선정에 들었다는 소문이 퍼지자 사람들이 많이 찾아오기 시작했다. 그래서 스님은 종남산을 떠났고, 뒤따라 온 계진 스님(당시 24세)과 태백산에서 만나 함께 이동했다.

1902년(63세) 봄, 스님은 태백산을 거쳐 아미산 금정金頂을 다시 참배했다. 아미산을 내려온 뒤 홍수로 불어난 강을 건너기 위해 나룻배를 탔다. 계진 스님이 먼저 타고 마지막으로 스님이 한 다리를 배에 걸쳤을 때, 배를 묶어 두었던 밧줄이 끊어졌다. 그 바람에 균형을 잃고 강물로 떨어지던 스님은 황급히 두 손으로 뱃전을 붙잡았고 계진 스님도 스님을 붙들었다. 배는 금방 물결에 떠내려갔다. 작은 배에 사람이 많이 타고 있어 만일 스님이 배 위로 오르려고 하면 배가 전복될 위험이 있었다. 부득이 스님은 뱃전을 붙잡은 채 물결에 몸을 맡기고 같이 흘러갔다. 날이 저물 때 배가 대안對岸에 닿았다. 급히 스님을 끌어올리고 보니 바지와 두 발이 강바닥의 돌들에 부딪쳐 찢어져 피가 그치지 않았다. 그러나 스님은 통증을 무릅쓰고 계속 길을 재촉하여 계족산으로 갔다.

당시 계족산은 대처승과 그 자손들이 절들을 세습하고 있어 스님들이 마땅히 머무를 곳이 없었다. 그래서 곤명의 복흥사福興寺에 가서 머물렀다. 스님은 이 절에서 3년간 폐관을 했고, 계진 스님이 스님을 외호外護했다.

1904년(65세) 봄에 여러 사람들의 요청에 따라 출관出關하고, 귀화사歸化寺에서 『원각경』과 『사십이장경』을 강의했다. 스님의 강경講經 소식을 들은 성 안팎의 많은 사람들이 몰려와서 스님에게 귀의했다. 이어 곤명 공죽사筇竹寺와 대리大理 숭성사崇聖寺에서 『능엄경』을 강의하여 많은 귀의자를 배출했다. 스님을 돕는 인연이 많아지자 두 스님은 마침내 계족산으로 가서 발우암缽盂庵에 머무르며 이 절을 중수하기 시작했다. 그러나 불사에 많은 자금이 필요했기 때문에 스님이 직접 밖으로 나가 모화募化(모금) 활동을 벌였다. 그리고 발우암을 중건하는 동시에 불자들을 교육하고 전계傳戒를 시작하여, 점차 계족산의 분위기를 일신해 나갔다. 이듬해(1905) 불사 자금이 거의 떨어지자 스님은 다시 동남아시아로 모화 여행을 떠나기로 했다. 스님의 스승인 용천사 묘련 화상이 말레이시아 페낭 일대에서 불법을 펴고 있다는 소식을 들었기 때문이다.

운남에서 미얀마로 내려가던 중 밀림의 습한 기후로 장독瘴毒(습한 기후에서 생기는 풍토병)에 걸렸다. 겨우 유동柳洞이라는 곳의 관음사라는 중국인 절에서 여러 날 쉬며 건강을 다소 회복했다. 그 뒤 배를 타고 페낭으로 갔다. 그런데 당시 미얀마에 전염병이 돌고 있었고, 배 안에서도 전염병으로 죽은 사람이 발견되었다. 그래서 스님이 페낭 부두에 내리자마자 검역을 위해 승객들이 모두 멀리 격리 조치되었다. 검역을 받고 10여일이 지나 모두 그곳을 떠나고 원래 몸에 병이 있던 스님만 그곳에 남게 되었다. 이때 의사가 준 약을 먹고 자칫 목숨을 잃을 뻔 했지만, 한 노인의 도움으로 겨우 목숨을 건졌다. 페낭의 극락사로 와서 묘련 화상을 만난 스님은 이 절에서 휴양하며 건강을 회복했다. 얼마 후 묘련 화상은 고산으로 돌아갔다. 스님은 극락사에서 『법화경』을 강의했고, 다른 곳에서도 『약사경』과 『능가경』을 강의하기도 했다. 이리하여 많은 신도들과 결연을 맺고 필요한 불사 자금을 모을 수 있었다. 그런데 연말에 운남성에서 전보가 왔다. '묘산흥학廟産興學' 풍조가 심각하며,[4] 이에 반대하는 운동을 주도하던 경안敬安 화상(천동사 주지) 등이 스님에게 속히 상해로 오기를 바란다는 것과, 북경에서 자희태후가 자신의 칠순 경축일에 스님이 와서 송경해 주기를 바란다는 것이었다.

1906년(67세) 봄에 스님은 페낭을 떠나 먼저 일본으로 건너가서 각지의 사찰을 둘러본 다음 상해로 건너갔다. 그리고 경안 화상, 야개也開 화상(천녕사 주지) 등과 함께 북경으로 올라가 묘산흥학 조치의 철회를 청원하기로 하였다. 북경에 도착하자 스님과 알고 지내던 왕공대신들이 다수 방문했다. 스님은 이들과 함께 자희태후 탄신 법회 준비를 하는 한편 청원 건을 준비하였다. 얼마 후 청원이 받아들여져 황제가 칙령을 내렸고, 이후 각지의 사찰 침탈 행위가 잦아들었다. 경안 화상과 야개 화상은 일이 끝난 뒤 돌아갔고, 허운 스님은 뒤에 남아서 태후의 탄신 축하 송경법회를 해 주었다. 그리고 황제에게 계족산에도 『용장龍藏』[5] 한 질을 하사해 달라는 청을 올려 6월 초에 황제의 허락을 받았다. 『용장』

---

4) '廟産興學' 은 사찰을 학교로 개조하는 등 사찰 재산을 활용하여 근대교육을 실시한다는 것으로, 조정의 지침에 의해 이미 추진 중에 있었다. 이 때문에 전국 각지에서 사찰에 대한 침탈이 공공연히 일어나고 있었다.

5) 청나라 옹정 11년(1733)에 황제의 명으로 편찬을 시작, 옹정 13년에 경판에 새기기 시작했고 건륭 3년(1738)에 완성된 대장경. '건륭대장경' 이라고도 한다.

을 가져갈 준비를 하던 중 9월에 묘련 화상의 편지를 받았다. "장경藏經은 배로 옮겨 하문廈門에 도착한 뒤 남양南洋을 경유하여 운남으로 옮기면 되고, 하문에 왔을 때 고산에 잠깐 들르라"는 것이었다.

마침내 1907년(68세) 정월에 장경을 가지고 북경을 떠나 천진에서 배로 운송하여 하문(샤먼)에 도착했다. 이때 묘련 화상의 입적 소식을 접했다. 스님은 곧 고산으로 가서 묘련 화상의 다비식을 치른 다음, 극락사에 안치할 노화상의 유골 일부와 함께 장경을 뱃길로 운송하여 페낭으로 갔다. 장경을 잠시 극락사에 모셔둔 스님은 계속 남양 일대에서 모화 활동을 했다. 태국의 방콕에 갔을 때는 용천사龍泉寺에 머무르면서 『지장경』 등을 강의했다. 방콕에 머무른 지 한 달이 지난 어느 날 스님은 선정에 들었다가 9일 후 출정出定했다. 이 일로 스님의 명성이 높아져 국왕과 왕후, 대신들을 비롯한 많은 불자들이 스님을 찾아왔다.[6] 스님이 방콕을 떠날 때는 왕공대신들과 일반 불자들이 스님에게 많은 시주를 해 주었다.

1908년(69세) 봄, 말레이시아의 명승지들을 유람한 뒤 극락사에서 『대승기신론』, 『화엄경』 등을 강의하고 한동안 극락사에서 폐관 수행을 하였다. 이듬해(1909) 폐관을 끝낸 스님은 용장을 운송하여 페낭을 떠나 미얀마 양곤으로 가서 수로와 육로를 이용하여 장경을 운송, 국경을 넘어 운남으로 들어갔다. 운남에서는 많은 신도들이 연도에 늘어서서 스님과 대장경을 환영했다. 계족산 발우암까지 운송한 다음 장경루藏經樓를 지어 이곳에 장경을 보관했다. 그리고 발우암의 사명寺名을 황제가 하사

6) 이 무렵 열대 지방의 습열濕熱로 인해 스님에게 몸이 마비되는 증세가 나타났다. 스님은 용천사의 화타신상華佗神像에게 처방을 구하게 하여 그 처방대로 음식을 먹고 나서 점차 회복되었다.

한 축성선사祝聖禪寺로 고쳤다. 이후 축성사는 날로 융성했고, 상주 대중도 늘어났다. 스님은 계율을 엄정하게 정비하고 매년 한 번씩 전계傳戒를 했다. 또한 경을 강의하고 승가교육을 제창하여 승가의 낡은 폐습들을 개혁해 나갔다.

1911년(72세) 신해혁명이 일어나자 운남에서도 혁명군의 반란이 일어나 현아懸衙(현의 관아)를 포위하는 사건이 벌어졌다. 스님은 무고한 인명 희생을 막기 위해 직접 반란군 지도자와 담판하여 포위를 풀도록 했다. 1912년에 남경의 임시중앙정부에서는 새 중화민국에 복속하지 않고 있는 티베트를 토벌하기 위해 운남의 군대에 티베트 출병을 명령했다. 스님은 티베트가 전란에 휩쓸리는 것을 막기 위해 직접 군사령부를 찾아가 달라이라마와의 협상을 제안했다. 그래서 운남의 한 라마승을 대표로 파견하여 달라이라마와 협상하게 한 끝에 출병 없이 정치적으로 문제가 해결되도록 했다.

그러나 청 왕조가 망한 뒤 특히 운남에서는 군경이 사찰과 불상을 훼손하고 사설 학교들이 사원을 점거하는 등 폐단이 많이 발생했다. 운남성 군사령관 이한원李漢源이 축성사 인근에 와서 진을 치자 스님은 직접 그를 찾아가서 설득한 끝에 군대를 철수하게 했다. 이한원은 이때 스님에게 귀의하여 제자가 되었고, 그 후 다방면으로 스님을 도왔다. 이 무렵 중국 각지에서는 민주공화국 수립에 따른 변화를 반영하여 각종 불교협회들이 생겨나고 있었다. 경안 화상과 야개 화상 등이 이런 흐름을 효과적으로 결집하기 위해 전국 단위의 불교연합조직 결성을 추진했다. 여기에 적극 호응한 스님은 1912년(73세) 4월에 상해로 가서 여러 스님들과 협의하고 '중화불교총회'를 창설하는 것을 돕고, 한동안 상해 청량사의 사무처에서 업무를 처리했다(이 기간 중 상해불교 거사림의 요청으로 정안사靜安寺에서 법문을 했다). 그런데 안휘 · 호남 등 지역에서는 여전히 사찰 재산 침탈 행위가 심각했으므로, 이 해 12월(양력)에는 경안 화상 등과 함께 다시 북경으로 가서 사찰 재산은 정부나 지방의 공유재산이 아니며, 불교계가 자신의 권익을 지킬 수 있음을 내용으로 하는 '중화불교총회장정章程' 의 승인을 청원하기로 했다. 우여곡절 끝에 정부의 승인을 받았고, 이후 불교계는 한결 평안해졌다.

이듬해(1913) 3월, 스님은 상해에서 중화불교총회 전국대표대회에 참석한 뒤 운남으로 돌아와 '전장滇藏(운남 · 티베트)불교지회' 와 '전성滇省(운남성)불교분회' 를 조직했다. 그리고 불교학교, 포교단, 병원 등 여러 가지 불교사업을 계획하고 추진하였다. 이듬해(1914) 초에는 제반 업무를 다른 사람들에게 맡기고 계족산에서 한동안 휴식했다. 그런 다음 다른 지역으로 나가서 강경講經도 하고, 티베트 접경지역의 라마교 사찰 등을 순시하기도 했다. 나중에 중앙정부가 중화불교총회의 설립을 취소하여 총회의 활동은 중지되었지만, 운남의 '전장불교지회' 와 같은 유력한 지방 분회들은 계속 활동을 전개했다. 스님은 그동안 계족산 흥운사興雲寺와 하양下洋의 나전사蘿荃寺 등을 중수했다.

1916년(77세) 초에는 몇 해 전 스님이 미얀마에서 시주 받아 현지에 맡겨둔 옥불상玉佛像을 운송해 오기 위해 몇 명의 제자를 데리고 다시 미얀마로 내려갔다. 양곤으로 내려가 용화사龍華寺에서 『능엄경』을 강의한 다음 배를 타고 올라와 옥불상이 있는 신가新街라는 곳에 도착했다. 이때 서양 관병官兵들이 스님의 일행을 원세개(위안스카이)의 중국 정부에 반대하는 '혁명당인' 으로 의심하여 구금한 다음, 두 손을 묶고 구타를 하는 등 학대를 가했다. 현지 화교華僑인 신도가 보석금을 내고서야 풀어주었다. 스님은 한동안 신도의 집에 머무르며 운송을 준비한 뒤,

이듬해(1917) 봄에 옥불상을 운송하여 계족산으로 돌아왔다. 그리고 축성사에 옥불전을 지어 이곳에 불상을 봉안했다.

1918년(78세) 가을, 운남성 군사령관 당계요唐繼堯가 운남 · 귀주 · 사천 일대에서 죽은 장병들의 고혼과, 자기 부친 천도식을 스님에게 부탁했다. 그래서 이듬해 봄 스님의 주관으로 곤명에서 49일간 천도법회를 여법하게 거행하고, 이어서 당계요의 부친 천도재를 거행해 주었다. 이때 당계요는 스님에게 귀의하여 제자가 되었다. 그 다음해(1920) 봄에도 곤명에서 같은 수륙법회를 한 번 더 주관해 주고, 이어서 곤명에서 강경도 했다. 이 기간에 스님은 지역 일대를 둘러보다가 곤명 서쪽 벽계산碧鷄山의 고찰인 화정사華亭寺가 황폐해져 가고 있는 것을 발견했다. 이 절의 재산도 태반이 침탈된 상태였다. 그래서 이 절을 보존해 줄 것을 당계요에게 진정했다. 당계요는 이를 승낙하고, 오히려 스님에게 이 절의 주지가 되어 절을 복원하고 시방총림十方叢林으로 만들어 달라고 청했다.

스님은 이를 수락하고 화정사에 머무른 뒤, 절 이름을 운서선사雲棲禪寺로 고쳤다. 나중에 법당 터에서 비석 조각이 발견되어, 옛날의 절 이름이 원래 '운서사'였음이 밝혀졌다. 스님은 1920년(81세)부터 10년에 걸쳐 운서사를 축성사와 비슷한 규모로 중건했다. 이곳에 주석하는 동안 스님은 매년 전계傳戒, 강경講經, 선칠을 시행했다. 1922년에는 몇 달 째 비가 오지 않자 성장省長이 스님에게 기우제를 지내 달라고 간청했다. 스님이 단을 설치하고 기우제를 지낸 지 3일 만에 큰 비가 쏟아졌다. 1926년(87세) 봄, 스님이 운서사에서 『범망경』을 설할 때는 경내의 오래된 매화나무에서 백련화 수십 송이가 피고, 채소밭의 채소에서 청련화가 피는 기적이 일어나기도 했다.

1928년(89세)에는 국민정부의 화폐 남발로 인플레가 극심하여 불사 자금으로 모아 둔 돈의 가치가 10분의 1로 떨어졌다. 자금이 더 필요해져서 스님이 다시 나서야 했다. 그래서 7월에 홍콩에 가서 강경과 전계를 하고 광주廣州에서도 강경을 했다. 그 뒤 잠시 고산鼓山으로 들어갔다가 영파 아육왕사와 보타산을 거쳐 상해로 갔다. 이해 겨울, 고산 용천사의 주지 화상이 입적하자 고산의 스님들이 상해로 와서 스님에게 용천사로 돌아와 절을 맡아 달라고 청했다. 고산으로 간 스님은 수백 명의 대중과 여러 사람들의 청을 거절하지 못하고 용천사 주지를 맡기로 했다. 1년 간 고산에 머무르며 그동안 쇠락한 고산의 가풍을 어느 정도 정비했다. 특히 1929년(90세) 하반기에 고산불학원을 창립하고 이듬해 자항慈航 스님을 초빙하여 승가교육을 강화했다. 1930년(91세) 봄 계기戒期에 스님이 『범망경』을 강의할 때는 당나라 때 심었다는 방장실 앞의 두 그루 소철나무가 홀연히 꽃을 피웠다. 스님은 이 해 가을에야 운남으로 돌아가 축성사와 운서사의 뒷일을 다른 스님들에게 맡긴 다음 다시 고산으로 돌아왔다. 고산에서 스님은 인재를 기르고 수행 가풍을 바로잡는 한편, 전각들을 다수 중수하고 몇 개의 암자를 새로 지었다. 그리고 사중의 문헌들을 편찬하거나 증보하기도 했다.[7)]

1934년(95세) 봄의 어느 날 밤, 방장실에서 가부좌하고 있는데 비몽사몽간에 육조혜능 스님이 와서 "때가 되었으니 너는 돌아가야 한다!" 하였다. 5월에는 광동성 스님들이 와서 스님에게 조정祖庭(조계 남화사)을 중흥해 달라고 청했다. 이날 밤 연이어 세 번이나 육조 스님이 꿈에 나

---

7) 예컨대 스님은 제자인 寬本 스님으로 하여금 고산에 소장된 대장경판들을 정리하여 『鼓山藏經板目錄』을 편찬하게 했고, 불조의 초상화가 그려진 『佛祖道影』을 수정 · 증보하여 『增訂佛祖道影』을 편찬했으며, 선문오가禪門五家의 법맥을 정리한 『星燈集』을 직접 편집했다.

타나서 스님을 재촉했다. 며칠 후에는 광동성의 이한혼李漢魂 장군과 여러 거사들이 전보를 보내어 스님에게 남화사 주지로 와 달라고 청했다. 그래서 스님은 먼저 남화사를 한 번 둘러본 다음 8월에 마침내 허락했다. 먼저 11월부터 연말까지 남화사에서 전계傳戒 도량을 열어 분위기를 일신했다. 어느 날 밤 스님이 보살계를 설할 때 어디선가 호랑이 한 마리가 나타났다. 대중이 모두 두려워하였으나 스님은 호랑이를 위해 삼귀의三歸依를 설해 주었다. 호랑이는 머리를 세 번 끄덕인 뒤 조용히 사라졌다.

이듬해(1935) 여름, 스님은 고산으로 돌아와 방장직을 내놓고 바로 남화사로 옮겨갔다. 그리고 이내 조전祖殿을 수리하는 것을 시작으로 중건 불사에 착수했는데, 명나라 감산덕청 선사가 중수한 뒤로 실로 수백 년 만의 불사였다(이 해 겨울, 송나라 때 심었고 고목이 된 지 오래인 나무 세 그루가 갑자기 새 가지들을 내뻗었다). 스님은 부족한 불사 자금을 마련하기 위해 가까운 광주 · 홍콩 등지를 다니며 법회를 주재하거나 경을 강의하여 많은 결연을 맺고 시주를 받았다. 1937년 7월 중일전쟁이 발발한 뒤에는 불사에 어려움이 많았지만 스님은 의연히 중건 불사를 계속했다. 1943년(104세) 정월에는 중경(충칭) 자운사慈雲寺에서 국민정부의 요청으로 49일간 거행한 국가적 천도재인 '호국식재대비법회護國息災大悲法會'를 주관했다. 스님은 법회 기간 중 중경시 일대에서 일체의 도살을 금지하게 했다. 법회가 끝난 뒤 자운사에서 사흘에 걸쳐 설법을 했고, 이후 각지에서 스님에게 법문을 해 달라는 요청이 쇄도했다. 그러나 스님은 4월에 중경을 떠나 남화사로 돌아왔다. 해회탑海會塔 건립을 끝으로 남화사 중건 불사가 이 무렵에 완료되었다. 건물과 탑, 암자 등을 포함하여 도합 240여 칸을 새로 짓고 대소 불상 690존尊을 조성하여 남화사를 장엄하게 재건하는 데 성공했다. 7월에는 '남화사 계율학원'을 창립했고, 경내에 소학교를 만들어 가난한 동네 아이들이 와서 공부할 수 있게 했다.

이보다 앞서 1940년에 스님은 어떤 스님과 함께 곡강曲江·유원乳源 일대의 도량들을 둘러보던 중, 운문종雲門宗의 개창 도량인 운문산 대각선사大覺禪寺가 조사전祖師殿 하나만 남고 거의 황폐해져 있는 것을 보고 비감함을 느꼈다(다행히 조사전에는 운문선사의 육신상이 온전히 보존되어 있었다). 스님의 이야기를 듣고 이 절을 둘러본 이한혼 장군 등이 1943년 말 스님에게 운문사를 중흥해 달라고 청했다. 스님은 이를 수락하고, 남화사 방장직을 법제자 복인復仁 스님에게 물려준 뒤 운문산으로 들어가 즉시 복원 불사를 시작했다. 그러나 재정적 여건은 남화사 때보다 더 어려웠다. 스님은 고령에도 불구하고 크고 작은 모든 일을 세심히 감독하고 점검하면서 손수 작업에 참여하여 함께 일을 했다. 1944년 이후로 광동성 일대가 전란에 휘말려 운문사로 피난 오는 사람들이 많아지자, 스님은 절 살림살이가 어려운 가운데서도 절에 죽막粥幕(죽 급식소)을 지어 피난민들과 동고동락했다. 1945년 8월 일본이 항복하면서 대일항전은 끝났지만, 이듬해 6월부터 국공내전이 발발하여 시국 불안은 계속되었다.

1946년(107세) 7월, 광동성 당국에서 스님에게 전쟁 중 죽은 사람들을 위한 천도재를 주관해 달라고 요청했다. 그래서 9월에 광주 정혜사(육용사)에서 7주야에 걸친 수륙천도재를 이끌었다. 의식이 끝날 무렵 절 안의 복숭아나무가 철도 아닌데 갑자기 크고 아름다운 꽃을 피웠다. 이듬해(1947)에는 남화사에서 봄 계기戒期를 주관한 뒤, 8월에 홍콩으로 가서 동화삼원東華三院에서 7주야 동안 열린 '만선연법회萬善緣法會'와 동련각원東蓮覺苑에서 3일간 열린 '기도세계화평대비식재법회祈禱世界和平大悲息災法會'를 주관하고 동련각원에서 설법을 했다. 이어 마카오에 가서 평안희원平安戲院에서 설법을 하고 계를 설했고, 돌아오는 길에 광주 연의사聯義社에서도 연설을 했다. 1948년(109세) 봄에는 광주의 '불교지덕원佛教志德院'이라는 구빈병원 개막식에 참석하여 설법을 했고, 광주와 홍콩에서 강경설법 등을 한 뒤에 운문산으로 돌아왔다. 6월에 계진 스님(70세)이 곤명 운서사에서 입적했다는 소식이 왔다. 스님은 멀리서나마 그를 애도했다. 10월 말 스님은 다시 광주 육용사에 갔는데, 이때 미국에서 제니스라는 여사가 스님을 찾아와 귀의했다. 스님은 광주 불자들의 청에 따라 11월 하순 남화사에서 선칠법회를 거행한 다음 운문산으로 돌아갔다. 중건 불사는 1949년에 대체로 마무리되었으며, 중건된 대각선사의 대소 전각은 180여 칸에 달했다.

이 무렵 국공내전이 3년째로 접어들면서 많은 피난민들이 남쪽으로 몰렸다. 1949년 2월 국민정부는 남경에서 광주로 천도했으나 4월에 남경이 인민해방군에게 함락되고, 10월에는 광주도 함락되었다. 10월 1일에는 북경을 수도로 한 중화인민공화국이 선포되었다. 장개석의 국민정부는 12월에 대만으로 퇴각했다. 스님은 이 해 여름 홍콩에서 법회와 강경을 했다. 홍콩의 제자들은 본토 상황이 위험하니 홍콩에 계시라고 권했으나, 스님은 다시 운문산으로 돌아갔다.

중공 당국이 토지개혁법 등 대대적인 개혁을 실시하면서 사찰도 예전처럼 시주금을 모으거나 강경 · 불공 등에 의존하여 꾸려갈 수 없게 되었다. 국가 정책이 바뀌자 스님은 '하루 일하지 않으면 하루 먹지 않는다'는 백장百丈 가풍을 따라 1950년(111세) 봄부터 황무지를 개간하여 자급자족하는 체제로 전환했다. 이듬해 봄에는 운문산에서 처음으로 전계傳戒를 실시했다. 전국 각지에서 많은 사람이 계를 받으러 왔다. 그러나 이 무렵 '반혁명분자' 진압 운동이 전국적으로 전개되는 가운데 일부 불량분자가 수계 대중에 끼어들었고, 현 당국에서는 운문산에 금은 등 재물과 무기가 숨겨져 있다고 의심했다.

1951년(112세) 3월 31일 무장한 군인들이 대각선사를 포위하고 스님들을 억류한 다음 사찰 구석구석을 철저히 수색했다. 아무것도 나오지 않자 그들은 소임자 스님 등 26명을 구금하고 심하게 구타하면서 고문을 가했다. 이 구타와 고문으로 스님 한 명이 죽고 다른 스님들은 손가락이 부러지거나 골절상을 입었다. 몇 명의 스님은 실종되었다. 그래도 아무 소득이 없자 열흘 뒤인 4월 8일, 일단의 군경이 방장실로 들어와 숨겨둔 금은, 무기 등을 내놓으라며 스님을 나무 몽둥이와 쇠몽둥이로 마구 구타했다. 스님은 머리와 얼굴에 피를 흘렸고 늑골이 부러진 뒤 바닥에 쓰러졌다. 나중에 시자 스님들이 스님을 일으켜 앉히고 약을 달여 간호했다. 이틀 뒤 스님이 아직 살아 있다는 것을 안 그들 10여 명이 다시 와서 가부좌하고 있는 스님을 또다시 몽둥이로 구타하고, 스님을 바닥에 질질 끌면서 주먹질을 하고 발로 걷어찼다. 스님은 피를 흘리며 쓰러졌다. 그들이 떠난 뒤 밤이 되자 시자들은 스님을 부축하여 자리에 앉으시게 했다. 5일 뒤부터 스님은 점차 길상와吉祥臥 자세로 누웠다. 호흡도 없고 맥박도 정지되었으나 체온은 정상이었고 안색은 평화로웠다. 시자들은 밤낮으로 곁을 떠나지 않고 스님을 지켰다. 그러다가 스님이 미미한 신음소리를 내더니 눈을 떴다. 시자들이 8일이 지났다고 하자 스님이 대답했다. "나는 불과 몇 분이 지난 것 같아." 그리고 당신이 그 사이 도솔천에 올라가 미륵보살의 법회에 참석한 이야기를 시자에게 다음과 같이 기록하게 했다. 미륵보살이 강의를 끝낸 뒤 스님을 가리키며 말했다. “너는 돌아가거라.” 스님이 미륵보살에게 말했다. “제자는 업장이 깊어서 돌아가고 싶지 않습니다.” 미륵보살이 말했다. “너는 업연이 아직 끝나지 않았으니 돌아가야 한다. 나중에 다시 오너라.” 그리고 스님을 위해 게송을 읊어 주었다.

스님은 구타당한 후유증으로 한동안 죽도 먹지 못하고 물만 마셨다. 사중의 양식이 모두 털려서 먹을 것이 없는 것을 안 스님이 대중들에게 말했다. “제가 업이 두터워 여러분에게 누를 끼쳤습니다. 사정이 이러하니, 여러분은 각자 어디로든 가서 목숨을 부지하시기 바랍니다.” 그러나 아무도 스님 곁을 떠나려 하지 않았다. 그들은 산에서 나무를 해다 팔아서 양식을 사왔고, 조석 예불과 좌선도 예전처럼 계속 이어갔다. 그러나 스님이 그동안 『능엄경』, 『원각경』, 『유교경』, 『법화경』, 『심경心經』을 주석하여 저술한 원고들과 이때까지 기록해 둔 많은 분량의 법어, 시문詩文, 서신 등이 군경에 압수당해 유실되고 말았다.

운문산에서 스님들이 봉변을 당한 이 사건(‘운문사변雲門事變’)은 점차 각지의 제자들과 신도들에게 알려졌고, 북경의 지인들도 알게 되었다. 그들이 중앙정부에 이 사건에 대해 항의하자 얼마 후 중앙정부에서 광동성에 이 사건 조사를 지시했다. 대각선사에 대한 억압이 이때부터 풀리기 시작했다. 6월 하순에 중앙정부 인사가 광동으로 내려와 광동성 인민정부 사람들과 함께 합동조사반을 구성하여 현장으로 와 조사 활동을 벌였다. 조사요원이 스님에게 학대를 당했는지, 어떤 재산 피해를 입었는지 물었으나 스님은 모두 “없다”고 대답했다. 조사반은 지방 유관부서에 진상조사를 명하고 구금된 스님들을 모두 석방하게 했다.

1952년(113세) 초부터 4월 사이에, ‘중국불교협회’ 창립 문제로 북경에서 수차 스님의 상경을 요청했다. 스님은 계속 응하지 않다가 4월 말경에야 제자들을 이끌고 대각선사를 출발하여 무창 삼불사三佛寺에 도착했는데, 몸 상태가 악화되는 바람에 삼불사에서 상당 기간 휴식한 다음 9월 중순에 기차로 북경에 당도했다. 그리고 9월 말부터 10월 초까지 광제사廣濟寺에서 세계평화를 축원하는 법회를 주관했다. 11월 중순에는 광제사에서 중국불교협회 창립을 위한 발기인회의가 열렸다. 여기서는 중국불교협회가 전국 각지의 불교계를 포괄하도록 하고 창립대회는 이듬해에 열기로 했다. 스님은 또한 중앙정부에 대해, 인민들에게 종교의 자유를 허용하고 불교 사원에 대한 침탈과 승려들의 강제 환속을 금지해 달라고 건의하여 당국의 승인을 받았다. 12월에는 상해로 내려가 옥불사에 머물렀다. 여기서 49일간 진행하는 '축원세계화평법회祝願世界和平法會'를 주관했다. 1953년(114세) 1월 말경 법회가 끝난 뒤 많은 사람들의 요청에 따라 옥불사에서 2주간 선칠을 주관하며 매일 법문을 했다. 4월에는 항주 정자사淨慈寺에서 또 다른 세계화평법회를 주관하고, 소주 호구산虎丘山에서 호구소륭 선사의 탑 낙성식에 참석했으며, 낭산 광교사에서 수륙법회에 참석한 뒤 다시 옥불사로 돌아왔다.

5월 중순, 북경에서 중국불교협회 창립대회에 참석해 달라는 요청이 왔다. 그래서 다시 상경하여 광제사에 머물렀다. 5월 30일에 개막된 대회에서 명예회장의 한 사람으로 선출된 스님은 "각 지역과 민족 불교도들의 대단결"을 강조했다. 이 대회에서는 불교를 개혁한다는 미명 하에 『범망경』, 『사분율四分律』, 『백장청규』 등을 폐지해야 한다, 승려의 법복이 봉건적이므로 고쳐야 한다, 승려가 자유롭게 결혼하고 음주·육식할 수 있어야 한다는 등등의 안건이 제출되었으나, 스님은 여기에 단호히 반대하며 제동을 걸었다. 이후 그 안건들은 보류되었다. 스님은 대회 폐막 이전에 북경을 떠나 운강석굴을 둘러보았다. 그러나 정부 당국에서 스님을 강서(장시성) 여산廬山에서 휴양하도록 조치했다. 6월에 여산으로 가던 도중 무창 보통사保通寺에서 2주간 선칠을 주관했다. 여산에 도착해서는 대림사大林寺에 머무르면서 여산 일대의 고찰들을 돌아보았다.

7월 경 여산 동쪽 영수현永修縣의 운거산雲居山에서 온 스님들이 말하기를, 운거산 진여사眞如寺가 일제 침략 때 전소되어 지금은 비로자나불상, 관음상 등만 잡초 속에 앉아 있고, 스님이 네 명밖에 살고 있지 않다고 하였다. 스님은 이 절을 중수하기로 발원하고 영수현 당국의 허락을 얻은 뒤 7월에 운거산으로 들어갔다. 반년도 되지 않아서 사방에서 납자 백 수십 명이 운집했다. 이곳에서 황무지를 개간하여 농사를 짓고 나무를 심어 숲을 조성하는 한편, 이듬해(1954) 봄부터 중건 불사에 본격적으로 착수했다. 1955년(116세) 봄부터 여름까지는 대중들을 위해 '방편개시方便開示' 법문을 했다. 8월에는 북경에서 중국불교협회 제2차 확대회의에 참석해 달라는 연락이 왔으나, 스님은 불참하는 대신 1차 회의 때 제출되었던 '불제佛制' 개혁 안건들에 대한 확고한 반대와 함께 '중국불학원' 창립을 제안하는 의견서를 보냈다. 이 해 가을에는 당국의 허락을 얻어 18일의 단기이기는 했으나 계기戒期도 시행했다. 그러면서 불과 몇 년 사이에 대부분의 당우堂宇와 전각을 다 지어 차례로 낙성하여, 1959년에는 중건 불사를 완료하고 『운거산지雲居山志』를 새로 정리했다.

이 무렵 스님은 병이 들었다. 1959년 8월, 스님의 120세 탄신을 즈음하여 국내외 제산장로諸山長老들, 제자들이 줄지어 찾아왔고, 각지에서 축하하는 편지와 전보가 답지했다. 스님은 한 답장 편지에서 이렇게 썼다. "백년의 진로塵勞가 몽환간夢幻間입니다. 어찌 더 살기를 바라겠습니까. 태어난다는 것은 죽음의 시작이니, 지혜로운 사람은 얼른 정신을 차려, 머리에 붙은 불을 끄듯이 일심으로 공부해 가야 합니다. 어느 여가에 세속 사람들의 하는 식을 흉내 내겠습니까."

10월 들어 스님의 병환이 깊어져 누워 계신 시간이 많았다. 12일 저녁에는 문안을 여쭈는 소임자 스님들에게 "뒷일은 수일 전에 대중에게 다 말했으니 더 말할 것 없다. 계 · 정 · 혜를 부지런히 닦고 탐진치를 소멸하라" 하였다. 13일 오전, 스님은 평상시와 같이 몇 시간을 가부좌한 뒤 12시 반에 시자들과 제자들을 들어오게 하고 이렇게 말했다. "자네들 나를 여러 해 시봉하느라 고생 많았다. 내가 지난 10년 간 온갖 고초와 비방을 겪으면서도 다 감수한 것은 오직 나라 안의 불조 도량을 보존하고, 사원이 청규를 지키며, 출가자들이 이 가사大衣를 잘 보존하도록 하기 위함이었다. 그러나 어떻게 해야 영구히 지켜 갈 수 있겠는가? 오직 한 글자이니, 바로 '계戒'이다." 오후 1시 45분 시자들이 다시 방에 들어가 보니 스님은 길상와 자세로 입적하신 뒤였다. 세수 120세, 승랍 101세였다. 18일에 입감하고 19일에 다비하였다. 다비가 끝난 뒤 오색 사리 백 여 과가 나왔고, 작은 것은 무수하였다.

용어 해설

가피加被 불보살이 돌보아 줌.

각조覺照 또렷이 깨어서 비추어 봄.

결연結緣 승려가 법회, 강경講經, 전계傳戒 등 본연의 업무를 통해 신도들과 인연을 맺는 것.

경계境界 1) 모든 인식의 대상. 2) 수행 도중에 눈앞에 나타나는 경지. 수행이 진보하고 있음을 말해주는 좋은 경계도 있고, 마장魔障 또는 망상 · 집착으로 인해 나타나는 나쁜 경계도 있다.

경안輕安 몸이 가뿐하고 편안한 상태.

계급階級 수행의 이런 저런 단계.

공망空亡 텅 빈 무기 상태, 즉 공망무기空亡無記. → 무기.

공안公案 참선인이 참구參究하는 주제로서, 일반적으로 학인의 질문과 그에 대한 선사들의 답변으로 이루어진 사안.

구경究竟 궁극窮極. 깨달음의 최종적인 경지.

구족具足 빠짐없이 다 갖추고 있음.

기연機緣 계기가 되는 인연.

길상와吉祥臥 오른쪽 옆구리를 바닥에 대고 길게 눕는 자세.

낙당落堂 망념이 모두 쉬어지고 화두일념이 간단없이 유지되어 선정의 경계가 현전한 상태. '타성일편' 과 같다.

납승衲僧 기운 옷을 입은 스님. 즉 수행승을 말한다.

노사나盧舍那 노사나불. 비로자나불毘盧遮那佛의 약칭. 그러나 비로자나불을 법신, 노사나불을 보신, 석가모니불을 화신으로 배치하기도 한다.

능엄회상楞嚴會上 부처님이 슈라바스티의 기원정사祇園精舍에서 능엄경을 설한 법회.

당가當家 사찰의 최고 행정책임자. 주지.

당두堂頭 사원의 우두머리. 곧, 방장으로서의 주지를 가리킨다.

당체當體 바로 이[그] 본체.

도거掉擧 마음이 들떠 가라앉지 않는 것. 들뜸.

독두무기獨頭無記 다른 것과 함께 작용하지 않고 홀로 독립하여 작용하는 무기無記. 공망무기의 다른 이름이다.

마정수기摩頂授記 정수리를 만져 주며 언제 성불할 것이라고 예언해 줌. 수기授記란 언제 성불할 것인지를 미리 예언해 주는 것이다.

망상妄想 마음속에서 일어나는 여러 가지 생각. 망념. 허망하게 생멸하는 것이므로 망상이라 한다.

명근命根 목숨의 뿌리, 곧 생사윤회의 근본인 자아.

명리名利 이름과 이익. 즉 명예와 재물을 말한다.

명상名相 이름과 형상. 또는, 개념적 명칭.

모봉茅蓬 띳집. 띠로 지붕을 하고 나무와 흙으로 지은 집. 우리나라의 토굴에 해당하지만, 방이 여러 칸인 제법 큰 집도 있다.

무간업無間業 무간지옥無間地獄에 떨어질 정도의 큰 죄업. 무간지옥은 고통이 끊일 사이가 없는 지옥이다.

무기無記 분명한 의식이 없는 상태. 몽중무기夢中無記는 잠에 빠져 있는 상태이고, 공망무기空亡無記는 하나의 고요한 청정함은 있으나 또렷이 비추어 화두를 참구하지 못하고 그대로 머물러 있는 상태.

무명無明 무지無知. 자신의 본래성품을 망각하고 자신을 한 중생이라고 여기는 전도망상顚倒妄想. 생사윤회의 근본 원인이므로 근본무명根本無明이라고도 한다.

무생無生 남生이 없음. 불생불멸의 영원한 진리. 선에서는 '한 생각도 일어나기 전의 마음자리', 즉 일념무생一念無生을 뜻하기도 한다.

무생법인無生法忍 무생無生의 도리를 확실히 인지하는 것. 철저한 깨달음을 뜻하는 말이다.

무시이래無始以來 시작도 없는 옛적부터.

문·사·수聞思修 聞은 불법을 청문하는 것, 思는 이것을 사유(성찰)하는 것, 修는 실천 수행이다.

반수班首 정진 대중을 여러 반으로 나눈 한 반의 우두머리. 사부대중이 같이하는 선칠禪七에서는 스님들이 반수가 되었다.

반연攀緣 집착의 대상이 되는 인연 경계. '반攀'이란 칡넝쿨 같은 것이 나무를 감아 오르는 것이다. 육근이 인연 경계를 만나면 그 경계에 집착하는 것이 마치 칡넝쿨이 나무를 감는 것과 같다고 해서 반연이라 하며, 그러한 대상 경계 역시 반연이라 한다.

발설지옥拔舌地獄 거짓말을 많이 한 자의 혀를 뽑거나 혓바닥을 쪼개는 지옥.

방棒 선사들이 쓰는 몽둥이. 학인들을 깨우치기 위해서 사용한다.

백척간두百尺竿頭 백 척이나 되는 높은 장대의 꼭대기.

범정凡情 범부의 마음. 중생심.

법문法門 깨달음에 들어가는 문. 수행 노선. 우리나라에서는 이러한 본래의 의미 외에도 '불법에 관한 가르침', 즉 스님들의 설법을 뜻하기도 한다.

본분사本分事 수행인의 본분. 즉, 힘써 정진하여 도업을 이루는 것이다.

본참공안/화두本參公案/話頭 평소에 참구하는 공안이나 화두.

부촉咐囑 정법을 이어갈 것을 부탁하여 맡김.

불사佛事 승려들이 불법을 위해 하는 모든 일. 중국에서는 각종 법회나 의식, 특히 천도재를 뜻하는 말로 널리 쓰인다.

불승佛乘 부처가 되게 하는 가르침. 불도. 이것은 원래, 모든 보살이 부처가 될 수 있다는 대승의 보살도를 의미한다.

불조佛祖 부처와 조사祖師.

불칠佛七 염불 수행을 선칠처럼 7일 단위로 하는 것. 염불칠, 정칠淨七이라고도 하며, 관세음보살 염불을 하는 경우는 '관음칠'이라고 한다.

사대색신四大色身 지 · 수 · 화 · 풍地水火風의 4대四大로 된 육신. 육신은 물질적 형상이 있는 것이므로 색신色身이라 한다.

사부대중四部大衆 비구, 비구니, 우바새優婆塞(남자신도), 우바이優婆夷(여자신도)의 네 부류 불교도. 사중四衆이라고도 한다.

사생四生 중생이 태어나는 네 가지 모습인 태생胎生, 난생卵生, 습생濕生, 화생化生. →태란습화.

사제법四諦法 사성제四聖諦, 즉 고 · 집 · 멸 · 도苦集滅道의 네 가지 진리.

삼도三塗 지옥, 아귀餓鬼, 축생畜生의 세 세계. 고통이 심한 세계이므로 3악도三惡途라고도 한다.

삼세제불三世諸佛 과거, 현재, 미래의 모든 부처님. 과거불로는 연등불然燈佛이 대표적이며, 현재불은 석가모니불, 미래불은 미륵불이다. 석가모니불은 육신이 이미 열반에 들었지만, 현재에도 법계에 존재하는 현재불로 본다.

삼업三業 몸 · 입 · 마음身 · 口 · 意으로 하는 세 가지 행위.

삼장 십이부三藏十二部 삼장은 불전佛典을 크게 경장經藏, 율장律藏, 논장論藏의 셋으로 나눈 것이고, 십이부는 서술 형태나 내용에 따라 불전을 다음 12가지 유형으로 분류한 것이다. 1) 경經/계경契經(sutra), 2) 응송應頌/중송重頌(geya), 3) 풍송諷頌

/고기송孤起頌(gatha), 4) 인연因緣(nidana), 5) 본사本事(itivṛttaka), 6) 본생本生(jataka), 7) 미증유법未曾有法(adbhuta-dharma), 8) 비유譬喩(avadana), 9) 논의論議(upadesa), 10) 무문자설無問自說(udana), 11) 방광方廣(vaipulya), 12) 수기修記(vyakarana).

상락常樂 항상됨과 즐거움, 또는 항상된 즐거움. 아래 항 참조.

상락아정常樂我淨 『열반경』에서 말하는 열반의 4덕德. 상常은 상주불변의 존재, 낙樂은 다함이 없는 즐거움, 아我는 참나로서의 무한한 의식이며, 정淨은 일체의 오염이 없는 실상의 청정함을 말한다.

생멸법生滅法 생겨났다가 결국 사라지는 것. 진리의 실상이 아닌 현상계의 사상事象. 유위법有爲法.

생사심生死心 생사가 목전에 걸려있다는 다급하고 절박한 마음.

선근善根 전생부터 쌓아 온 좋은 마음 바탕. 불법을 닦을 수 있는 좋은 자질.

선기禪機 선의 기틀. 선지禪旨를 얻거나 활용할 수 있는 어떤 계기. 깨달음을 얻거나 남을 깨닫게 할 수 있는 어떤 상황. 또는 그 상황을 포착하고 활용하는 능력까지도 의미한다.

선지식善知識 본래 '좋은 벗善友'을 뜻하는 말이었으나, 지금은 공부인을 깨달음으로 이끌어 줄 수 있는 안목을 가진 사람(스승), 또는 더 넓은 의미로, 나에게 어떤 깨우침을 주는 사람이란 뜻으로 쓰인다.

성색聲色 소리와 형상. 육진六塵 경계를 이 두 가지로써 대표한다. 색色은 눈에 보이는 모든 형상이다.

수순隨順 남의 뜻에 따라 줌, 혹은 인연에 순순히 따름.

수좌首座 방장을 보좌하면서 선원 대중을 이끄는 우두머리 소임자. 원래 선종 사찰이 동당東堂과 서당西堂으로 나뉘어 운영될 때 이판理判인 서당의 소임으로, 사판事判인 동당의 유나와는 소임의 성격이 약간 달랐다.

숙세夙世 오랜 전생 동안. 宿世라고도 쓴다.

습기習氣 다생多生에 익힌 마음의 습習. 성격, 기질, 소견 등 한 사람의 인격 전반과 관련된다. 업의 결과로 축적된 것이므로 업습業習이라고도 한다.

십선十善 십악을 행하지 않는 것.

십악十惡 열 가지 악. 살생, 투도偸盜(남의 것을 훔치는 것), 사음邪淫, 망어妄語(거짓말), 기어綺語(아첨), 양설兩舌(이간하는 말), 악구惡口(욕설), 탐애貪愛, 진에瞋恚(성냄), 치암癡暗(어리석음)의 열 가지이다.

아승기겁阿僧祇劫 이루 헤아릴 수 없이 많은 겁. 진사겁塵沙劫, 무량겁無量劫.

염의染衣 옷을 물들임, 또는 물들인 옷. 출가한 승려가 입는 옷.

염화두念話頭 실다운 의심 없이 생각으로 이어가는 화두.

영산회상靈山會上 부처님이 법화경을 설한 법회. 영축산(영취산)靈鷲山에서 있었으므로 영산회상이라 한다.

요달了達 완전히 통달하여 앎.

요의了義 의미가 분명하고 완전하게 드러난 것, 또는 그러한 가르침.

용문龍門 잉어가 이곳을 뛰어 오르면 용이 된다는 황하 상류의 물 고비. 등용문登龍門이라고도 한다.

원두園頭 채소밭을 가꾸고 돌보는 소임 또는 그 소임자.

원통圓通 일체에 두루 원융무애한 상태. 성자가 깨달은 실상의 오묘한 경지.

유나維那 선원 대중의 규율을 유지하는 소임.

유정有情 생명을 가진 존재. 중생.

육근六根 안·이·비·설·신·의眼耳鼻舌身意의 여섯 가지 감각 기관.

육도六道 중생이 윤회하는 여섯 세계. 즉, 지옥, 아귀餓鬼, 축생畜生, 아수라阿修羅, 인간, 천상.

육도만행六度萬行 보시, 지계, 인욕, 정진, 선정, 지혜의 육바라밀六波羅蜜 수행.

육진六塵 육진이 대상으로 삼아 반연하는 경계인 색·성·향·미·촉·법色聲香味觸

法의 여섯 가지.

이륙시중二六時中 하루 12시. 즉, 하루 24시간. 십이시중十二時中.

인지因地 처음 발심한 때로부터 깨달음을 얻기 전까지 수행하는 단계. 특히 부처님이 전생에 보살지菩薩地였을 때. 인시因時라고도 한다.

인천人天 사람과 천인, 또는 인간人間(인간계)과 천상天上(천상계).

자리이타自利利他 자기도 이익되고 남도 이익되게 함. 즉, 자기가 깨닫고 그 깨달음으로 중생을 제도함.

자비희사慈悲喜捨 중생과 함께 하는 네 가지 큰마음. 곧, 남을 기쁘게 하는 자애로움, 남의 고통을 덜어주는 연민, 남의 즐거움을 함께 기뻐함, 마음이 평등한 것. 사무량심四無量心이라고도 한다.

장원심長遠心 오래도록 꾸준히 밀고 나가는 마음. 장영심長永心이라고도 함.

정법안장正法眼藏 정법正法의 핵심. 부처님의 위없는 진리의 요체. 안眼은 안목, 지견知見의 뜻이며 장藏은 무한한 폭과 깊이를 나타낸다.

제방諸方 전국 각지의 선지식 회상會上. 선사가 주석하는 선원들을 통칭한다.

종취宗趣 선종의 궁극적 이치.

종판鐘板 종 아래 달아 두는 하나의 판. 선당 안에 있으며, 입선을 알릴 때 이 종판을 세 번 두드린다고 한다.

증득證得 깨달아 체득함. 법의 실상을 체험으로 깨달아 얻는 것을 말한다.

지주持呪 주문呪文, 즉 진언眞言을 지송持誦하는 것. 주력呪力이라고도 한다.

진로塵勞 번잡한 세간사. 또는, 여기에서 오는 온갖 번뇌.

진여眞如 진리의 여여한 실체.

천룡天龍 천인天人과 용龍. 불법을 외호外護하는 팔부중八部衆 중 두 부류.

탐진치애貪瞋癡愛 탐냄과 성냄과 어리석음과 애착함.

태란습화胎卵濕化 태생胎生, 난생卵生, 습생濕生, 화생化生을 합쳐 일컫는 말. 중생이 몸을 받아 나는 네 가지 형태이다.

폐관閉關 독방에 들어가 홀로 수행하는 것. 장기간 문 밖으로 나오지 않는다.

학인學人 도를 깨치기 위해 공부하는 사람. 제방을 다니며 참선하는 스님을 가리키지만, 우리나라에서는 강원講院에서 경을 공부하는 스님을 학인이라 한다.

할喝 선문답 간에 고함을 지르는 것. 학인을 깨닫게 하기 위한 수단이다.

항하사恒河沙 '갠지스 강의 모래알'. 그 숫자를 헤아릴 수 없는 것이므로, 무궁무진하게 많다는 뜻으로 흔히 쓰이는 비유이다.

행주좌와行住坐臥 '다니고, 머물고, 앉고, 눕는' 것. 일상의 모든 신체적 움직임을 총칭한 말이다. 사위의四威儀라고도 한다.

행해行解 행동(실천)과 이해(인식). 아는 것과 행하는 것.

향판香板 향나무로 만든 경책용 판자. 길이 1미터 정도이며 방장과 유나가 좌선중인 대중을 경책할 때 사용한다.

현전現前 눈앞에 나타남. 목전에 항상 있음.

혼침昏沈 흐리멍덩하게 잠에 빠지는 것.

화두話頭 참선 공부의 주제. 공안 가운데서 핵심 어구.

인명 해설

고봉원묘高峯圓妙 선사(1238~1295) 15세에 출가하여 이듬해 계를 받고 20세부터 참선을 했다. 3년의 사한死限을 정하고 공부하여 3년째에 드디어 '만법귀일 일귀하처' 화두를 타파하고, 다시 설암雪巖 화상에게서 화두를 받아 5년 만에 모든 의심을 남김없이 해결하였다. 천목산天目山에서 오래 교화하였다.

관계지한灌溪志閑 선사(?~895) 백암栢岩 선사에게 출가하고 임제 선사를 참례하였다. 나중에 말산末山 비구니와 문답하여 깨우친 바 있어 3년간 원두를 살면서 보답하였다. 관계灌溪에 머물면서 교화하였다.

구여직瞿汝稷(1548~1610) 명나라 때 인물. 박학다식하고 내외전에 통달했으며, 자백진가紫柏眞可 스님의 석경石經 판각 불사를 도왔다. 나라연굴那羅延窟에서 수행했고, 역대 선사들의 전법상승傳法相承과 기연문답機緣問答을 모은 『지월록指月錄』 30권을 저술했다.

남악회양南嶽懷讓 선사(677~744) 15세에 형주荊州 옥천사玉泉寺로 출가하여 홍경弘景율사 밑에서 8년을 정진하다가 행각에 나서 육조를 참례하였으나, 육조의 한 물음에 막혀 8년을 참구한 후에 인가받았다. 육조를 15년간 모신 뒤에 남악南嶽(형산)의 반야사에서 법을 폈다.

남전보원南泉普願 선사(748~834) 어릴 때 출가하여 30세 때 구족계를 받은 뒤, 마조의 문하로 가서 배웠다. 48세에 남전산南泉山으로 옮겨가 법을 폈다.

낭야혜각瑯琊慧覺 선사(생몰 연대 미상) 분양선소汾陽善昭의 법을 이었다.

대매법상大梅法常 선사(752~839) 마조를 참례하고 깨친 후 대매산大梅山에 들어가 오래 은거하였다.

덕산선감德山宣鑑 선사(782~865) 어려서 출가하여 계율과 경전을 깊이 두루 학습하고 금강경에 『청룡소초』라는 주석서를 지었다. 용담숭신 선사를 참례하고 대오한 뒤 예양澧陽의 덕산선원에 30년간 머물렀다.

마조도일馬祖道一 선사(709~788) 속성俗姓이 마馬씨이며, 유년에 출가한 뒤 행각에 나서 남악회양 선사 밑에서 깨쳤다. 홍주 개원사開元寺(현 남창 우민사)에서 18년간 교화하였다. 법을 이은 제자가 83인(혹은 139인)이었다.

방온龐蘊 거사(740~808) 개원사 마조 문하에서 대오하고 2년을 더 공부한 뒤, 호북성 양양으로 가서 살았다. 우적공이 편집한 어록과 시 300여 수가 전한다.

백장회해百丈懷海 선사(749~814) 20세에 출가하여 이듬해 마조를 참례하고, 그 회상에서 각고정진하여 마조의 심인을 전수받았다. 대웅산(일명 백장산) 백장사에서 법을 폈으며, 백장청규百丈淸規를 제정하였다.

법안문익法眼文益 선사(885~958) 7세에 출가, 20세에 구족계를 받고 율학을 배웠다. 나중에 장경長慶 선사 회하에서 수년을 배운 뒤 제방을 행각하다가 나한계침羅漢桂琛 선사의 법을 이었다. 강남의 숭수원崇壽院, 청량원淸凉院 등지에서 법을 폈으며, 법안종의 개조가 되었다.

사명법지四明法智 대사(960~1028) 북송대의 천태종 승려. 절강 사명산四明山 보은원保恩院(연경사延慶寺)에 주석하며 40여 년 동안 참법懺法을 강의했고, 법화참法華懺과 대비참大悲懺을 3년씩 닦는 등 여러 가지 참법을 행했다.

석두희천石頭希遷 선사(700~791) 12세에 육조 밑으로 출가하고 3년 뒤 육조가 입적하자 청원행사 선사를 찾아가서 대오했다. 나중에 청원 문하를 떠나 형산의 남사南寺로 가서 암자를 짓고 살았다. 「참동계」, 「초암가」 등을 남겼다.

설봉의존雪峰義存 **선사**(822~908) 출가한 뒤에 한동안 동산양개洞山良介 선사 문하에서 배우다가 덕산의 회상으로 갔다. 사형인 암두전활 선사와 함께 다니다가 암두의 교시에 힘입어 대오했다. 덕산의 법을 이었으며, 복주의 상골산象骨山에 설봉사를 창건하고 이곳에서 주석했다.

신찬神讚 **선사**(생몰 연대 미상) 복주 대중사大中寺의 계환 스님 밑으로 출가했고, 백장 선사 회상에서 깨친 뒤 대중사로 돌아와 계환 스님을 깨우쳐 주었다.

암두전활巖頭全豁 **선사**(828~887) 어려서 출가하여 경률론 삼장을 두루 익힌 뒤 제방을 행각하였다. 동산洞山에서 오래 선을 익혔고, 나중에 덕산 스님을 참례하여 그의 법을 이었다. 동정호의 와룡산에서 법석을 열었다.

약산유엄藥山惟儼 **선사**(751~834) 17세에 출가했다. 석두 스님을 참례한 뒤 다시 마조를 참례하여 대오했다. 마조를 3년간 모신 뒤 다시 석두 회상으로 돌아와 석두의 법을 이었다. 풍주 약산藥山에서 오래 교화하였다.

여동빈呂洞賓(755~?) 당唐 나라 때의 선인仙人. 순양진인純陽眞人, 순양조사 혹은 여조呂祖라고도 한다. 종리권에게서 내단법內丹法을 전수받고 거화산居華山에서 40년간 수도했다. 왕중양과 유해섬에게 법을 전하고 무창 황학루에서 등선했다고 한다. 『태을금화종지』, 『심원춘』 등의 저술이 전한다.

연지대사蓮池大師**=운서주굉**雲棲袾宏 **선사**(1535~1615) 32세에 출가, 일념으로 화두를 참구하여 깨친 후 37세에 항주 운서산雲棲山으로 들어가 염불삼매를 닦았다. 선정동귀설禪淨同歸說을 제창하여 염불을 권장했고, 『선관책진禪關策進』, 『죽창수필竹窓隨筆』, 『치문숭행록緇門崇行錄』 등의 저술을 남겼다.

염관제안鹽官齊安 **선사**(?~842) 마조의 제자이며, 법을 얻은 뒤에는 항주의 염관사鹽官寺에 주석하였다.

영가현각永嘉玄覺 **선사**(675~713) 온주溫州 영가현 사람으로 일찍이 출가하여 천태선天台禪을 닦아 얻은 바가 있었다. 31세 때 육조를 참례하고 대오했다. 『선종영가집』

과 「증도가證道歌」, 「지관송止觀頌」 등을 남겼다.

영명연수永明延壽 선사(904~976) 30세에 출가하여 천태덕소 스님을 참례하고 법안종 종지를 얻었다. 항주 영은사靈隱寺를 중수했고, 영명사永明寺로 옮겨가서 오래 주석했다. 『만선동귀집萬善同歸集』을 저술, 선정겸수禪淨兼修를 주장하여 후세에 큰 영향을 미쳤고, 『종경록宗鏡錄』 100권을 남겼다.

옹정제雍正帝(678~1735, 재위 1722~1735) 청나라 황제. 일찍부터 불교에 심취하여 선 수행에 몰두했다. 선지禪旨가 깊었고, 운서주굉 스님의 선정일치禪淨一致 사상을 존중했다. 선종과 관련하여 『어선어록禦選語錄』 19권을 편집했다.

용담숭신龍潭崇信 선사(생몰 연대 미상) 천황도오天皇道悟 선사가 주석하던 천황사 아래 마을에서 태어나 어릴 때부터 도오 선사를 섬기다 선사에게 출가했다. 선사의 심인을 얻은 뒤 천황사에서 선사를 30년간 모셨고, 나중에 예주의 용담선원으로 옮겨 그곳에서 주석했다.

운문문언雲門文偃 선사(864~949) 17세에 출가했다. 나중에 목주도명睦州道明 선사를 참례하여 깨치고, 다시 설봉 선사로부터 심인을 전수받았다. 17년을 행각한 뒤, 소주韶主 영수원靈樹院에 주석하다가 뒤에 운문산에서 회상을 열었다.

원공遠公=여산혜원廬山慧遠 스님(334~416) 동진東晋의 도안道安 스님 회상에서 『반야경』 강의를 듣고 깨쳤다. 나중에 여산廬山으로 들어가 뜻을 같이하는 123인과 함께 염불결사인 백련사白蓮社를 결성하고 염불을 닦았다.

위산영우潙山靈祐 선사(771~853) 15세에 출가하여 23세에 구족계를 받았다. 곧 행각에 나서 백장 선사를 참례하고 심인心印을 전수받았다. 31세 때 사마두타 스님의 천거로 위산으로 옮겨가 40여 년을 주석하였다.

육조혜능六祖慧能 대사(638~713) 속성은 노盧씨. 어떤 스님이 『금강경』을 읽는 것들 듣고 깨친 후 24세에 홍인대사弘忍大師를 참례하여 행자 신분으로 그의 법을 잇고 조사의 의발衣鉢을 전수받았다. 남해 법성사法性寺(현 광주 광효사廣孝寺)에서 삭발하고 구족계를 받은 뒤 조계 보림사寶林寺(현 남화사南華寺)에서 주석하였다. 청원 행사, 남악 회양 등이 그의 법을 이었다.

일행一行 선사(683~727) 인도에서 건너 온 선무외 · 금강지 두 스님으로부터 밀교를 전수받았으며, 『대일경소大日經疏』를 저술하였다.

임제의현臨濟義玄 선사(787?~867) 어려서 출가하여 한때 계율과 경전을 깊이 연구했다. 황벽의 회상에서 3년을 지낸 뒤 법을 묻다가 세 번이나 몽둥이로 얻어맞은 뒤에 깨쳤다. 황벽의 법을 이어 진주鎭州 임제사臨濟寺에서 법을 폈다.

자양진인紫陽眞人(981~1082) 송대宋代의 선인仙人. 본명은 장백단. 유해섬에게서 금단비술金丹秘術을 전수받고 도교 남종南宗의 제1조가 되었다.

장자張子(1020~1077) 송대宋代의 유학자. 이름은 재載이며, 고향의 지명을 따서 횡거橫渠 선생이라고 불렸다. 이理와 기氣가 하나임을 주장했다.

정자程子(1032~1085) 송대宋代의 유학자. 통상 명도明道 선생으로 불렸다. 동생인 정이程頤(1033~1107)와 함께 주자학의 선구가 되었다.

조주종심趙州宗諗 선사(778~897) 어릴 때 출가하여 남전南泉 문하에서 20년간 배우고 대오하였다. 그 후 40년간 행각하며 제방을 유력遊歷한 뒤, 80세에 조주趙州 관음원觀音院에 주석하여 40년간 교화하고 120세에 입적했다.

종리권鐘離權 도가의 선인仙人. 화양선인 왕현보를 만나 장생술, 내단법을 전수받고, 이를 여동빈에게 전하였다. 『영보비법』 등의 저술이 있다.

주염계周濂溪(1017~1073) 송대宋代의 유학자. 이름은 돈이惇頤이며, 보통 염계濂溪 선생이라고 불렸다. 『주자전서周子全書』 7권을 남겼다.

주자朱子(1130~1200) 송대宋代의 유학자로 이름은 희熹. 태극도설을 바탕으로 이理와 기氣의 이원론을 주장하였다. 주자학이라는 신유학을 탄생시켰다.

천태덕소天台德韶 국사(891~972) 17세에 출가하여 이듬해 계를 받고 나중에 투자대동投子大同 선사와 용아거둔龍牙居遁 선사 밑에서 배웠다. 법안문익 선사의 법을 이었다. 오월吳越 충의왕忠懿王의 귀의를 받아 국사가 되었다.

천혜 철天慧徹 선사(?~1745) 임제종 양기파의 오조법연五祖法演 하下 26세 법손이다. 양주 고민사高旻寺에서 주석하였다.

청원행사靑原行思 선사(?~740) 일찍이 출가하여 육조를 참례하고 대오한 뒤 길주 청원산靑原山에서 주석하였다. 석두희천이 그의 법을 이었다.

팽조彭祖 800세를 살았다는 중국의 전설적인 선인仙人.

한산대사寒山大士(생몰연대 미상) 비승비속으로 국청사國淸寺에서 습득拾得과 어울리며 자유롭게 다녔다. 나중에 산 속으로 종적을 감추었으며, 나뭇잎이나 마을 담벼락에 써 놓은 시 300여 수가 전한다.

혜문慧文 선사(생몰 연대 미상) 처음에는 주로 선관禪觀을 닦았고 나중에 『중론中論』과 『대지도론大智度論』을 읽고 일심삼관一心三觀의 심요心要를 깨쳤다. 북제北齊 일원에서 교화하였으며, 천태종의 개조開祖이다.

황룡혜남黃龍慧南 선사(1002~1069) 19세에 출가하여 자보自寶 선사와 늑담회징泐潭懷澄 선사 밑에서 배웠고, 석상초원石霜楚圓 선사 밑에서 대오하였다. 나중에 황룡산黃龍山에서 회상을 열었고, 임제종 황룡파黃龍派의 시조가 되었다.

황벽희운黃檗希運 선사(?~850) 어려서 출가하였으며, 백장 회해의 법을 잇고 강서 황벽산에서 교화하였다. 속가 제자인 배휴裵休가 편집한 『전심법요傳心法要』와 『완릉록宛陵錄』이 그의 어록으로 전한다.

옮긴이의 말

허운(쉬윈)虛雲 화상은 근 · 현대 중국의 선지식으로서 쇠잔해 가던 중국의 불교, 특히 선풍禪風을 중흥한 거목이다. 스님은 어려운 시대를 살았다. 19세기의 청나라는 1840년 벌어진 아편전쟁을 기점으로 서구 열강에 급속히 침탈당해 갔고, 내부적으로는 봉건사회의 모순이 드러나면서 크고 작은 변란이 지속되었다. 결국 1911년 신해혁명으로 청 왕조는 무너졌지만, 일제의 침략과 대일항전, 공산당의 등장과 국공내전, 인민공화국 정부 수립 등 정치 · 사회적 격변들이 연이어 중국을 뒤흔들었다. 이들 전란 외에도 만성적 기근과 질병으로 무수한 사람들이 고초를 겪거나 죽어 갔다. 불교 역시 이런 험난한 시대적 상황에 휩쓸리지 않을 수 없었다. 특히 태평천국의 난 때 장강(양쯔강) 이남의 불교는 수많은 사찰의 소실로 큰 타격을 입었고, 승려들의 계율 해이 속에서 외부 세력에 의한 광범위한 사찰 침탈을 겪었다. 또 중국이 공산화된 뒤에는 공산주의자들의 불교 억압에도 대처해야 했다.

허운 스님은 이러한 엄혹한 현실 속에서도 불굴의 정진력과 원력으로 깨달음을 추구하는 동시에 불법을 지켜내고 발전시키려는 엄청난 노력을 했다. 산중 동굴에서의 오랜 고행, 보타산에서 오대산에 이르는 초인적인 삼보일배, 티베트 · 인도 · 스리랑카 · 미얀마를 거친 장대한 도

보순례는 물론이고, 구화산 · 종남산 등에서의 은둔 수행과 깊은 경전 공부는 이理와 사事, 동動과 정靜을 아우르는 수행자로서의 훌륭한 전범典範을 보여주었다. 스님은 간절한 도심道心으로 공부한 끝에 56세에 마침내 화두를 타파하고 일대사를 쾌단快斷했으니, '대기만성' 이란 바로 스님의 경우를 두고 하는 말이었다. 그러나 스님의 행리行履는 자신의 수행과 깨달음을 밖으로 회향하는 적극적 활동에서 더욱 위대한 면모를 보여주었다. 그것은 동정 간에 일여하게 지어 가는 '회호廻互 공부' 인 동시에, 현실과 유리되지 않고 사바세계를 정토로 만들어 가려는 자비 원력의 일관된 실천이었다. 계족산을 중흥하고 남종선의 발상지인 남화사와 선종의 옛 터전인 운문산과 운거산을 재건한 것이나, 계율 정립과 승가교육의 혁신에 힘쓴 것도 큰 업적이라 하겠다. 가는 곳마다 강경과 설법으로 무수한 사람들을 불문에 귀의시키고 전란과 기아로 신음하던 난민들을 힘써 구호한 것도 대자비로 세간을 교화한 훌륭한 모범이었다. 또한 공산당 정부가 불교계를 어용화하면서 불교의 정체성을 허물려고 했으나, 스님은 이를 최대한 막아내는 데도 앞장섰다. 앞으로 중국불교가 옛 모습과 영광을 되찾을 수 있다면, 과거에 스님이 힘써 마련한 토대가 큰 밑거름이 될 것이다.

스님은 종문의 선사였지만, 당시의 다른 많은 스님들과 마찬가지로 다른 종파의 가르침도 폭넓게 배우고 수용했다. 특히 천태선과 염불은 스님 자신도 수행했던 것으로, 스님의 여러 법문에서도 그 영향이 많이 나타나고 있다. 스님이 깊이 연구한 경전으로는 『능엄경』, 『법화경』, 『원각경』, 『기신론』 등을 꼽을 수 있는데, 특히 『능엄경』을 많이 강의했다. 안타까운 것은 스님이 수십 년에 걸쳐 저술해 둔 주요 경전에 대한 주석서들과 그동안 하신 스님의 많은 법문 기록이 1951년의 '운문사변'

때 소실되어 버렸다는 점이다. 그나마 화를 면한 얼마간의 법문 기록과 그 이후 하신 법문들은 스님 자신이 구술한 '자술연보自述年譜'와 함께 나중에 『허운노화상연보법휘』라는 책으로 엮어졌다. 여기에는 스님의 '상당법어上堂法語'와 운거산 '방편개시', 그리고 지금 이 책에 수록된 여러 법문 등이 들어 있다.

본서의 제1부 '참선요지'는 스님이 운문산에서 하신 말씀들 가운데서 추려낸 핵심 법문들이다. 이것은 원래 '참선법요參禪法要', '좌선수지坐禪須知', '용공난이用功難易'라는 제목으로 『운문산지』에 수록되어 있던 것과, 몇 가지 짧은 법문들로 이루어져 있다. 제2부 '선칠개시'는 1953년 상해 옥불사에서 하신 선칠법문이고, 제3부 '수시설법'(역자가 편의상 붙인 제목이다)은 스님이 여기저기서 하신 개별 법문들이다. '선칠개시'와 '수시설법'은 주로 재가자들을 대상으로 한 것으로서 불법을 공부하는 자세와 계율의 엄수를 강조하고 있다. 시기적으로는 '수시설법'이 가장 앞서나, 이 책에서는 '참선요지'를 맨 앞에 두었다.

스님의 법어는 간결한 가운데 비교적 평이하게 읽히지만, 주의 깊은 이해가 필요한 부분들이 있다. 특히 '참선요지'에서 스님이 '화두'와 '하미'를 구분하여 화두를 '한 생각 일어나기 전'으로 규정하고, '화두를 보는 것看話頭'은 곧 '마음을 보는 것觀心'이라고 하며, 그것을 『능엄경』의 '반문문자성反聞聞自性' 행법과 함께 언급하는 대목은 이 책에서 가장 독창적인 법문인데, 종래 우리가 일반적으로 이해해 온 화두 참구법과는 다른 점이 있다. 예컨대 화두를 '한 생각 일어나기 전'으로 보는 것은 화두의 본질에 대한 스님의 새로운 해석 내지 접근법이라고 볼 수 있지만, 생각 이전의 그 자리를 '고요한 가운데 비추는寂而照' 방식으로 화두를 참구한다면(24쪽 참조), 이것은 일종의 묵조적 화두법이라고 부를 수 있을 것이다. 왜냐하면 스님이 '청정한 깨달음의 상相' 또는 '자기 마음의 청정한 깨달음의 체體' 를 관한다(23~4쪽)고 표현한 것은 묵조선에서 말하는 '비춤' 또는 '자각' 과 다르지 않기 때문이다. 따라서 스님은 화두에 묵조선법을 채용하여 전통적인 화두선 기법을 확장 또는 변화시켰다고 볼 수 있다. 이것은 화두법이 정형화되기 이전의 전통 선법들을 다시 연상시키면서, 일부 화두에서는 묵조와 간화看話가 결합될 수 있음을 보여주었다는 점에서 중요한 의미가 있다.

허운 스님은 이 방법을 특히 "염불시수念佛是誰" 화두와 긴밀히 관련시킨다. 이 화두는 몇 번 염불을 한 뒤에 그 염불을 하는 자가 누구인지를 묻는다는 구조인데, 공부가 익숙해지면 "누구인가?" 하는 물음 하나만 남게 된다. '염불하는 자' 는 그 염불이 일어나는 자리, 곧 모든 생각과 행위가 일어나는 마음 바탕으로 귀결되어, 결국 이 마음을 관하면서 "누구인가?"를 묻게 된다. 스님은 이 마음 바탕을 '한 마음', '현전하는 한 생각 마음現前一念心' 또는 '한 생각 일어나기 전' 이라고 부른다. '한 생각 일어나기 전' 이라는 말은 일견 추상적 개념처럼 느껴질 수도 있으나, 이것은 우리가 아무 망념 없이 자기 자신을 자각할 때의 그 자각, 또는 자각의 실체인 자신의 존재감에 다름 아니다. 그것을 다른 말로 하면 '나' 또는 '내가 있다' 는 느낌이다. 따라서 스님이 '마음을 관한다' 고 하는 것은 바로 자기자각의 수행을 뜻한다. 이것을 스님은 '자기 마음을 돌이켜 비춘다反照自心' 또는 '관을 돌이켜 자기 마음을 관한다反觀觀自心' 고 표현했다. 요컨대 "염불시수" 화두는 반조자심反照自心, 곧 자기자각을 토대로 "누구인가?"를 의심하는 것이며, 이것은 내용상 "나는 누구인가?"의 자기탐구 행법과 동일하다.

사실 "염불하는 것은 누구인가?"나 "이 송장 끌고 다니는 것은 누구인가?" 하는 화두는 모두 같은 질문 방식이고, "(이것을 하는) 나는 누구인가?"라는 하나의 물음으로 집약될 수 있다. 그러나 "누구인가?" 하는 물음에서 중요한 점은 그것이 그 물음을 던지는 자기 자신에 대한 부단한 자각觀心을 바탕으로 해야 하며, 그 자각 안에서 그 자각에 대해 그 물음을 던져야 한다는 것이다. 이 경우 그 자각은 본질상 대상과 주체가 하나로 통일된 상태이며, 자각과 물음(의심)은 둘이 아니게 된다. 따라서 "누구인가?" 하는 물음 자체가 자기자각 안에 포함되어 진행된다. 스님이 '반문문자성'을 '화두를 보는 것看話頭'과 동일시한 것은 이런 이유에서이다.

허운 스님이 이 책에서 드는 다른 화두는 "부모미생전" 화두와 "만법귀일" 화두인데, 전자의 경우 스님은 '부모에게서 태어나기 전 나의 본래면목'은 곧 '마음'이라고 하여 그 본래면목의 참구가 바로 자기 마음을 관하는 것임을 밝힌다. 이것은 "나의 본래면목은 무엇인가?" 하고 물을 때도 "염불하는 것은 누구인가?" 할 때와 같이 참구해야 한다는 뜻이다("이뭣고?" 화두도 만약 그것을 "'이' 하는 이것이 뭣고?" 하는 식으로 참구한다면, 이와 마찬가지이다). "만법귀일" 화두의 경우는 어떤가? 스님은 "만법은 모두 마음에서 생겨난다"고 하므로 "만법이 하나로 돌아간다"고 할 때의 '하나'를 마음으로 보고 있음이 분명하다. 따라서 "그 하나는 어디로 돌아가는가?" 하는 물음은 "나의 본래면목은 무엇인가?"와 다를 것이 없다. 결국 스님이 '참선요지'에서 언급하는 네 가지 화두 모두 참구 방법은 동일한 것이다.

그러나 여기서 논한 스님의 개념과 방법론이 모든 화두에 두루 적용될 수 있다고 단정하기는 어렵다. 예컨대 "무無"자 화두나 "마삼근麻三斤" 화두를 그와 같은 방식으로 참구할 수 있겠는가? 이것은 더 연구가 필요한 문제이지만, 실제적으로 어려움이 있을 수 있다. 이런 화두는 '염불하는 자'나 '송장 끌고 다니는 자'와 같은 주체('나')를 전제하지 않기 때문에, 관심觀心 또는 자기자각을 반드시 요하지는 않기 때문이다. 이런 화두에 대한 의심과 자기자각은 필연적으로 연관되지 않고 오히려 서로 방해될 여지가 있다. 따라서 이런 화두들은 화두 언구 그 자체에 대한 의심만을 밀고 나가는 것이 좋을 것으로 생각된다("부모미생전"이나 "만법귀일" 화두를 이런 전통 방식으로 해도 별 문제는 없을 것이다). 다만 그 의심이 일어나는 자리는 다름 아닌 '마음'이므로, 언구에 대한 의심도 본질적으로 '현전하는 한 생각 마음'과 별개일 수는 없다. 이런 점에서, 스님의 '화두-화미'론은 다른 화두들에도 일반적으로 적용될 수 있는 보편성이 있다. 다만 스님은 "무"자 화두나 "간시궐", "정전백수자"와 같은 다른 화두들에 대해서는 별로 말씀하지 않고 있으므로, '반조자심'에 기초한 스님의 묵조적 화두법은 일단 "누구인가?"라는 형태의 화두에 한정해서 쓰는 것이 좋을 듯하다.

그러나 화두 수행은 방법론의 측면에서만 논할 수 없는 문제이다. 근본적으로 보자면 그것은 수행자 각인의 근기 수준과 발심의 정도에 따라 더 크게 좌우된다. 만약 심신이 강건하고 업장이 가벼우며 근기가 예리한 사람이라면, 어떤 화두를 어떤 방식으로 참구해도 의정을 일으켜 타성일편打成一片의 경지에 드는 데 큰 문제가 없을 것이다. 생사심과 장원심이 투철하여 정말 간절한 마음으로 공부하는 사람도 그와 마찬가지일 것이다. 중요한 것은 우리가 법에 대한 바른 안목을 가져야 하고, 수행 과정에서 계를 잘 지켜야 한다는 것이다. 또한 행해行解가 상응하는 좋은 선지식을 찾아가 그의 밑에서 배우고 수행하는 것이 공부를 성취하는 가장 확실하고 빠른 길임을 알아야 한다. 이런 조건들을 얻을 수 있으려면 우리가 간절한 마음으로 진정한 보리심을 발하고, 복혜福慧를 함께 닦으면서 굳센 의지로 꾸준히 정진해야 한다.

이 『참선요지』는 10여 년 전에 여시아문 출판사에서 역자의 번역으로 출간한 적이 있었다. 이번 신판에서는 이전 여시아문 판의 기본 골격을 유지하되 제3부를 새로 추가했고 제1, 2부도 원문과 다시 대조하면서 완전히 새로 번역하다시피 했다(구판에는 번역이 잘못되거나 역주가 미진한 곳들이 적지 않았다). 제1부 '참선요지'의 번역에서는 '한 생각 일어나기 전'을 관하라고 하는 스님의 방법이 일종의 묵조적 방법임을 유념했는데, 이것은 예전에는 미처 발견하지 못한 점이었다. '참선요지 원문'은 한자 오류들을 수정하고 일부 한자를 새 번역 대본과 다른 텍스트를 대조하여 교체했으며, 구두점을 다시 정비하고 어휘 각주들을 개선했다. 제2부 '선칠개시'에서는 구판에 없던 '선칠연기'와 '기칠법어'를 서두 부분에 보완했고, 제목도 '선칠법문'에서 '선칠개시'로 바꾸었다. '선칠개시'의 일부 날짜 법문은 구판에 없던 더 자세한 내용을 담고 있다. 제3부 '수시설법'은 다양한 장소에서 서로 다른 주제로 한 법문이지만, 스님의 사상과 주요 관심사를 엿볼 수 있다. 그 뒤에 실린 '허운화상 약전'은 이전 판의 내용을 거의 대체하면서 새로 정리한 것으로, 한결 풍부한 내용과 일관된 흐름을 갖게 되었다. 권말의 용어 해설과 인명 해설도 더 개선했다. 그리고 책 전반에 걸쳐 인용된 문구나 낯선 구절들의 내용과 출처를 밝히는 각주를 새로 달거나 더 보완했다.

참선 공부는 쉽고도 어렵다고 한다. 그러나 비록 어렵다 해도 뚫고 나갈 길은 있는 법이다. 스님이 말하듯이, 선禪은 우리의 마음을 밝혀 성품을 보는 일이며, 망상과 집착을 여의고 자신의 여래 지혜와 덕상을 증득하여 부처를 이룰 수 있는 수승한 길이다. 집착과 분별을 놓고 바로 들어갈 수만 있다면, 이것은 누구에게나 가장 쉽고 직접적인 수행 노선이다. 그러나 이것을 믿지 못하는 사람들이 의외로 많은 것이 현실이다. 근년에 우리나라에서는 '간화선은 문제가 있다', '대승불교는 중국화된 불교다', 심지어 '대승경전은 불설이 아니다(즉, 위경이다)' 라는 식의 관념이 널리 유포되면서, 많은 사람들이 대승불교와 선에 대한 믿음을 버리고 다른 불교 전통에서 대안을 찾고 있다. 하지만 그것은 성급한 판단일 수 있고, 불법의 진리는 세간적 분별이나 학문적 분석을 넘어서 있다는 점을 유념할 필요가 있다. 어떤 전통이나 행법을 선호하기 이전에 법에 대한 바른 견해를 갖추는 것이 더 중요하다. 잘못된 견해를 갖게 되면 어떤 전통을 따르더라도 수행에서 깊은 성취를 이루기 어렵다. 하물며 조사 · 선사들의 경지를 어떻게 이해할 수 있겠는가? 대승의 바탕에서 계 · 정 · 혜 삼학에 투철했고, 평생 철저한 수행과 자비보살행으로 일관했던 허운 선사의 삶과 가르침은 이 점에서 우리에게 많은 교훈을 줄 것이다. 겸허한 마음으로 이 책을 읽으신 독자는 곧 스님의 사상과 정신을 흡수한 것이니, 이미 공붓길의 절반은 터득한 것이나 다름없다. 독자 여러분의 부단한 정진과 수행의 성공을 기원한다.

2011년 1월 25일 옮긴이 씀